总主编简介

丁 煌
武汉大学"珞珈学者"特聘教授、博士生导师
武汉大学政治与公共管理学院院长
武汉大学公共管理硕士（MPA）教育中心主任
武汉大学公共政策研究中心主任

本书作者简介

黄志球，男，汉族，1972年8月生，广东阳江人。中山大学理学学士，武汉大学公共管理硕士、管理学博士，高级工程师。现任职于深圳海事局，主要研究领域为比较公共行政管理。在《甘肃社会科学》《中国航海》《航海技术》等刊物发表论文32篇，逾18.5万字。

公共行政与公共政策研究学术论丛
总主编 丁煌

中国海上搜救管理体制创新研究
—— 基于治理理论的视角

黄志球 著

武汉大学出版社

图书在版编目(CIP)数据

中国海上搜救·管理体制创新研究——基于治理理论的视角/黄志球著. —武汉：武汉大学出版社,2016.1
公共行政与公共政策研究学术论丛
ISBN 978-7-307-17494-8

Ⅰ.中… Ⅱ.黄… Ⅲ.海上搜索—管理体制—研究—中国 Ⅳ.U676.8

中国版本图书馆 CIP 数据核字(2016)第 006571 号

责任编辑：詹　蜜　　责任校对：汪欣怡　　版式设计：马　佳

出版发行：**武汉大学出版社**　（430072　武昌　珞珈山）
（电子邮件：cbs22@whu.edu.cn　网址：www.wdp.whu.edu.cn）
印刷：湖北省荆州市今印印务有限公司
开本：720×1000　1/16　印张：15.75　字数：226 千字　插页：2
版次：2016 年 1 月第 1 版　　　2016 年 1 月第 1 次印刷
ISBN 978-7-307-17494-8　　　定价：35.00 元

版权所有，不得翻印；凡购我社的图书，如有质量问题，请与当地图书销售部门联系调换。

总　　序

"公共行政"是英文"Public Administration"一词的汉译，在我国大陆地区，为了避免不必要的意识形态上的联想以及对"管理"问题的重视，人们在传统上也习惯于将其称为"行政管理"或"公共行政管理"，自20世纪90年代末以来，随着我国国务院学位委员会新颁布的《授予博士、硕士学位和培养研究生的学科、专业目录》中公共管理一级学科的增设，尤其是公共管理硕士（MPA）专业学位项目在中国的设立和发展，也有人将其译为"公共管理"。

作为一种专门以社会公共事务为管理对象的社会管理活动，公共行政具有十分悠久的历史，无论是在东方国家，还是在西方世界，自古都不乏公共行政的思想。然而，这些早期的公共行政思想因缺乏系统化和理论化而尚未成为一种专门的学科，公共行政真正形成一个相对完整的理论体系，成为一门独立的学科，则是在特定的社会历史背景下于19世纪末20世纪初首先在美国产生，然后迅速扩及西方各国的，其产生的公认标志便是曾任普林斯顿大学校长的美国第28届总统伍德罗·威尔逊于1887年发表在《政治学季刊》上公开主张政治与行政分离，第一次明确提出应该把公共行政当作一门独立的学科来进行研究的《行政学研究》一文。在之后的一百多年里，公共行政学在西方历经初创、演进、深化、拓展等主要阶段的发展历程，日渐成熟，迄今已经成为一门既具有丰富的理论内涵，又不乏重要的实践价值的综合性学科。

在中国，现代意义上的公共行政学起步相对较晚，作为一门独立学科的公共行政学从根本上来说实属"舶来品"，而且，公共行政学在我国的大陆和港台地区的发展情况也有很大的差异。在我国的香港和台湾地区，由于众所周知的原因，它们的政府管理体制、高等教育体制以及学术研究体制更多地是受到英国和美国的影响，它们高等学校公共行政学专业的人才培养体系基本上是对英美相应专业人才培养体系的沿袭和移植，尤其是它们的专业师资队伍和学术研究队伍大多要求在英美等西方发达国家受过系统的专业学习和训练，他们基本上可以及时地了解英美等西方发达国家公共行政学发展的最新研究成果，客观地讲，我国香港和台湾地区的公共行政学一直都处在对英美公共行政学的跟踪发展过程之中，其公共行政学的发展水平与英美等西方发达国家相差不是很大。

在我国大陆，尽管新中国成立以后中国共产党及其领导的人民政府从我国国情和不同阶段的不同任务出发，对改善我国的行政管理状况作出了巨大的艰苦努力并且积累了一定的行政管理的历史经验和教训，但是，由于众所周知的原因，作为一门学科的公共行政学却在1952年我国高校院系调整时与某些学科一样被撤销了。实事求是地讲，这在相当程度上影响了我国政府行政管理科学化的进程，也影响了我国公共行政学的历史积累和发展，更影响了我国公共行政理论与实践的有效结合。

客观地说，在我国大陆，关于公共行政的学科研究是改革开放的产物，公共行政学也是伴随着中国改革开放的进程而勃兴的。1979年3月30日，邓小平在理论务虚会上谈到了至今中国政治和行政学界依旧难忘的一段话："政治学、法学、社会学以及世界政治的研究，我们过去多年忽视了，现在需要赶快补课。"（邓小平：《邓小平文选》（第2卷），人民出版社1994年版，第180~181页）

中共十一届三中全会以来，经过拨乱反正，纠正"左"的错误，为政治学、法学、社会学以及行政学等社会科学的恢复和繁荣发展创造了良好的政治条件。1980年12月中国政治学学会的成立，酝酿了恢复和发展公共行政学的氛围，一些研究者开始公开撰文呼吁和讨论有关公共行政学的问题。1982—1984年我国行政改革过程中暴露出来的缺乏系统的科学行政管理理论指导的缺陷，则对恢复和发展公共行政学提出了现实要求。这就从理论和实践两个方面为恢复和发展公共行政学创造了充分的条件。自此，公共行政学这门学科得到了非常迅速的发展，受到了党和国家领导同志的高度重视。1984年8月，国务院办公厅和当时的劳动人事部在吉林联合召开了行政管理学研讨会，发表了《行政管理学研讨会纪要》。9月，国务院办公厅正式发文，号召各省、市、自治区政府高度重视公共行政学的研究，并于该年年底成立了中国行政管理学会筹备组，进而开创了公共行政学研究的新局面。1985年，当时的国家教育委员会决定在我国的高等教育体系中设置行政管理本科专业并且选定武汉大学和郑州大学作为试点高校，并于1986年正式招生。随后，在全国范围内很快掀起了一股学习和研究行政管理学的热潮，不少大学和研究单位也相继设置了行政管理学专业或开设了行政管理学课程，同时成立了一批行政管理干部学院，行政管理学甚至被视为我国几千万党政干部的必修课程。1988年10月13日，中国行政管理学会正式成立，并且发行了会刊《中国行政管理》，标志着公共行政学作为一个独立学科已获得公认并明确肯定下来，也标志着中国公共行政学的恢复和重建工作初战告捷。进入20世纪90年代以来，特别是伴随着社会主义市场经济体制的建立和经济全球化进程的加快，我国的公共行政学研究以加速度的节律迅速发展，表现为学科体系、学科分化、应用研究不断扩大和深入，尤其是研究领域开始触及世界公共行政研究的某些前沿问题。可以这么说，改革开放每前进一步都对公共行政学理论提出了新的要求，更推动了中国公共行政学的理论创新和学科发展。

　　回眸中国公共行政学二十多年的发展历程，我们不难发现，中国的公共行政学从无到有、逐步完善，无论是对西方公共行政学研究成果的引介，还是对中国行政管理学理论体系的探索，无论是对学科基础理论的建设，还是对现实行政管理问题的研究，都取得了可喜的成绩，迄今为止，不仅基本上确立了行政管理学的理论框架，取得了斐然的科研成果，而且还形成了从专科、本科、硕士研究生和博士研究生以及博士后研究等多层次的相对完备的专业人才培养体系，为我国的社会主义现代化建设作出了重要贡献。

鉴于公共行政学在西方起步较早且有长期的理论积累，而且，在对社会公共事务进行管理的公共行政过程中，公共政策愈来愈发挥着重要作用，它通过改变社会公众的预期而激励、约束、引导着其行为；通过制定和实施特定的行为准则而改变、调整和规范社会公众之间的利益关系；通过解决公共问题而维护、增进和分配社会公共利益。正是通过公共政策的有效运作，社会公共生活才能保持稳定和谐的发展局面。不管是在哪种政治体制和政治文化背景下，不仅公共政策是政府实施公共行政的主要手段和方法，而且公共政策的制定和实施都是公共行政管理活动必不可少的组成部分。因此，作为我国最早开办行政管理专业的高校之一，我所在的武汉大学较早地在其行政管理专业的研究生教育中设置了比较公共行政和公共政策的研究方向，尤其是在博士研究生培养层次上，为了拓展行政管理专业博士研究生的"国际视野"和坚持行政管理学科研究的"政策导向"，我本人多年来一直在"比较公共行政管理"和"公共政策的理论与实践"这两个研究方向招收和培养博士研究生，在业已毕业的博士研究生中，有不少学生已经成长为公共行政实务部门的中坚力量和行政管理专业教学与研究机构的学术骨干，本学术论丛所结集出版的研究成果便是我培养的部分博士研究生的博士学位论文。

改革开放以来，伴随着中央向地方以及政府向社会的分权和放权，特别是市场经济体制带来的利益多元化格局的形成，诸如"上有政策、下有对策"，"政策走样"等公共政策过程中的执行问题在我国现阶段已经引起了政界和学界的广泛关注。**定明捷博士的《转型期政策执行治理结构选择的交易成本分析》一书以"政策执行鸿沟"**为对象，以理论分析为起点，以实证研究为支撑，以交易成本理论为分析工具，以乡镇煤矿管制政策为研究案例，借鉴和吸收委托代理、资源依赖等理论观点，详细分析了"政策执行鸿沟"产生的内在机制，从中央政府的角度分析了中央政府是如何选择不同的治理结构来消解"政策执行鸿沟"现象的，着重阐释了中央政府选择治理结构的理论依据及其效果。该书的研究表明，虽然转型期频频出现"政策执行鸿沟"现象，中央政府仍然有能力应对地方政府选择性执行中央政策的行为，尤其是那些被中央政府优先考虑的政策领域。而且，作者在书中对中央政府在政策执行治理结构调整方面的不完善之处进行深入剖析的基础上提出了颇具参考价值的政策建议。

协调是组织高效运行的必要前提，政府组织更不例外，协调的缺失不仅会导致政府组织产生功能和权力及资源等碎片化，而且更会产生信息不对称、条块分割、各自为政、孤岛现象及信任危机等阻碍政府组织整体性运作和绩效提升的棘手问题。**曾凡军博士的《基于整体性治理的政府组织协调机制研究》**一书在广泛吸收和借鉴学界相关研究成果的基础上，恰当地运用当代公共行政与公共政策研究领域的最新成果——整体性治理及其相关理论为分析工具，基于对政府组织协调困境之表象和生成机理的阐释和对政府组织协调困境之救治策略的勾勒，建构起由整体性结构协调机制、整体性制度协调机制和整体性人际关系协调机制组成的整体性政府组织协调机制。

新疆生产建设兵团是我国在特定的社会历史背景下产生的一种特殊的行政管理体制，改革开放以来，随着我国经济社会体制的转型，传统意义上的兵团体制愈来愈面临着新的挑战。**顾光海博士的《现代组织理论视阈下兵团体制转型研究》**一书以理论分析为起点，以实证研究为支撑，以新制度主义组织理论为基础，借鉴和吸收自然选择理论、资源依赖理论的观点，以组织同构理论为基本分析工具，对新疆生产建设兵团体制的发生机制、成长机制以及转型路径进行了系统的分析和深入的研究。作者在广泛的实证调查和深入的理论分析基础上认为，作为党、政、军、企合一的特殊性组织，新疆生产建设兵团是履行屯垦戍边使命的有效载体，尽管兵团的特殊体制会伴随着其屯垦戍边的历史使命而继续存在和发展下去，但是这种体制需要调整和改革，以适应环境的变化；兵团体制的转型要在保持兵团基本体制大框架不变的原则下进行，兵团体制应从宪政制度、功能重心、组织管理结构和运行机制等方面进行调整和改造；特别建制地方政府模式可以成为兵团体制转型的方向选择。

湖泊水污染防治是一个世界性难题，更是一个典型的跨域公共治理问题。叶汉雄博士的《基于跨域治理的梁子湖水污染防治研究》一书以位于武汉城市圈腹地的全国十大淡水湖之一——湖北省梁子湖水污染防治为例，对当今世界日益增多且错综复杂的跨区域、跨领域、跨部门社会公共事务管理问题进行了颇具价值的探讨。作者基于对跨域治理理论的系统梳理，客观地描述了梁子湖水污染防治的现实状况，深入地剖析了梁子湖水污染防治困难的根本原因，正确地借鉴了国内外湖泊水污染防治的成功经验，系统地探讨了梁子湖水污染跨域治理的对策建议。作者沿着"现状——原因——对策"的逻辑主线，通过对梁子湖水污染防治的实证研究，全面地阐释了跨域公共事务在治理主体、治理信任度、治理合作等方面存在的问题及原因，有针对性地提出了解决跨域公共治理问题的路径选择。

当前，我国各类安全事故此起彼伏，人员伤亡极其惨重，这一严峻的职业安全与健康形势不仅引起了政界的高度关注，而且形成了学界的研究热潮。郑雪峰博士的《我国职业安全与健康监管体制创新研究》一书以我国现阶段严峻的职业安全与健康形势为背景，以制度变迁理论为分析工具，从组织结构设置、职能划分、权力配置和行政运行机制等四个维度，全面梳理了我国职业安全与健康监管体制从计划经济时代到市场经济时代的变迁历程，客观描述了现阶段我国职业安全与健康监管体制存在的主要问题，并在此基础上恰当地运用由戴维·菲尼总结的制度安排的需求和供给分析框架，系统地分析了影响我国职业安全与健康监管体制创新的制度需求因素和制度供给因素以及我国职业安全与健康监管体制由非均衡状态向均衡状态变迁的内在动力、变迁主体、变迁方式及变迁过程，进而科学地提出了我国职业安全与健康监管新体制的制度设计框架及其具体实现路径。

当下，中国的城市化已进入了加速期，工业化创造供给，城市化创造需求，城市化有助于解决中国经济长期以来依赖出口、内需不振的问题。**洪隽博士的《城市化进程中的公共产品价格管制研究》**一书基于对城市与城市化概念的内涵界定和对工业化与城市化之间的关系阐释，得出了城市化是经济社会发展的必然趋势，总结了中国城市化出现的环境污染、交通拥挤等主要问题，进而引申出价格管制政策在城市化进程中的重要作用。作者认为，随着广大市民对公共产品的需求持续上升，政府可以通过科学的价格管制来保证公共产品的有效提供及服务质量的改善，科学的价格管制能够有效增加公共产品供给，运用差别价格政策可控制和平衡有效需求。在作者看来，价格管制属于政府经济性管制的一种重要形式，它的理论基础主要是公共产品理论、政府管制理论、博弈论以及激励性管制理论等，用者付费则把价格机制引入公共服务中。作者力图从公共管理而不是经济学的角度去研究价格管制问题，他不仅提出了解决城市化过程中出现的环境污染、交通拥挤等问题需要双向思维——增加公共产品的供给和减少有效需求等创新观点，而且强调指出，只有发挥价格机制在城市基础设施、公交优先、环境保护方面的积极作用，引入竞争和激励机制，促进企业加强成本约束，才能推进城市的可持续发展。

社区是社会的细胞，是建设和谐社会的基础。随着经济社会的发展和城市化进程的加快，城市的范围在不断扩大，"村改居"社区数量也在不断增加。"村改居"社区如何治理，不仅成为新形势下社区管理工作者必须解决的难题，更是我国现阶段社会管理体制创新的重要内核。**黄立敏博士的《社会资本视阈下的"村改居"社区治理研究》**一书是运用当代公共行政与公共政策研究领域流行的社会资本理论探讨"村改居"社区治理的一项实证研究。作者认为，社会资本是一个具有概括力和解释力的概念，尤其是对于以"差序格局"和熟人关系网络为特征的"村改居"社区具有天然的契合，社会资本是"村改居"社区中最重要的传统因素，它在"村改居"社区治理中发挥着重要作用。在本书中,作者通过对深圳市宝安区的"村改居"社区在其社区治理体制变革前后变化的实证研究,系统地考察了在"村改居"社区治理过程中,社会资本如何发生影响和作用,"居站分设"模式下社会资本出现怎样的变化,这些变化带来哪些影响,进而揭示过渡型的社区——"村改居"社区治理中社会资本的重要性,最后得出结论:保持"村改居"社区社会网络,借助"村改居"的社会资本,加大对"村改居"社区建设的投入,实行以党组织为核心的多组织共治,是"村改居"社区推进公众参与和节约政府管理成本,实现社区善治的共赢途径。

伴随着具有中国特色的社会主义现代化建设事业向纵深推进,特别是体制的改革和社会的转型,我国正迈入社会矛盾和冲突的高发期,公共危机日渐显现出常态化的特征,常态化的公共危机不仅对中国社会的稳健发展造成了严重的威胁,而且对中国政府的公共治理能力提出了严峻的挑战。**钱正荣博士的《政策能力视域下的公共危机治理研究》**一书从公共危机常态化的现实动因入手,以深入分析当前我国研究公共危机治理需要把握的社会时代背景为前提,在凸显政府之于公共危机治理的核心角色和责任并揭示公共政策与公共危机之间内在逻辑关联的基础上,尝试着从公共政策的视角透视公共危机治理过程中的政策能力缺失并力图从社会转型带来的风险治理、难以预测的突了公共事件的应急治理以及当代公共管理的共同面向即风险社会的政策能力建设三个层面来建构公共危机治理的整体性框架,进而探索公共危机治理的政策能力重构路径。

食品安全是人类发展的一个根本性问题。人类社会最初出于本能的食品安全保障措施和行动,可以说是人类最早的食品安全政策及其执行。从被动的保障到主动保障,从零时的措施到系统的措施,从宗教化的禁忌到科学的制度体系,正是人类食品安全政策执行力发展的历史背景。孙文博士的《社会转型期公共政策执行力的系统分析——基于我国食品安全政策的实证研究》一书基于作者长期从事产品质量和食品安全监管工作的实践经验,紧扣社会转型期的时代特征，恰当地运用现代公共政策与公共管理的理论与方法，以我国食品安全政策为例，对社会转型期的公共政策执行力问题进行了颇具特色的系统分析。作者认为，作为政策结构与机制中的一个重要变量，政策执行力反映的是政策执行过程中效果与预期的契合程度。而社会转型期本身所固有的特定社会关系和社会矛盾，为食品安全公共政策执行力研究提供了更有针对性和限制性的平台，使得相关的研究和讨论可以更加的集中和聚焦。有鉴于此，作者分别通过食品安全保障历史进程的分析、食品安全政策及其执行的历史分析、监管体制对食品安全政策执行力的影响分析、制度设计对政策执行力的影响分析以及食品安全政策执行在操作层面的因素分析对公共政策执行力及其限度、体制基础、逻辑载体和兑现形式进行了深入系统的探讨，进而从公共政策执行力提升对策的视角明确主张，必须在尊重历史发展和社会治理基本规律的基础上，以理性和科学的态度主导相关食品安全政策的制定与执行，同时要把客体导向原则引入政策制度与执行之中，充分体现以权力分享为特征的现代治理理论对于食品安全政策及其政策执行力的影响，给予食品生产经营企业更多的利益表达、权益维护、发展选择等方面的主导权，重塑社会道德体制（包括市场诚信体系）、建立统一并且平衡的法制环境以及渐进式的行政体制调整，将是我国食品安全体系建设的必由之路。

伴随着我国国家治理体系和治理能力现代化进程的日益加快，特别是海洋强国战略的全面实施，中国海上交通运输进入了一个新的快速发展阶段，海上搜救工作面临极其严峻的挑战，在海上搜救工作中具有核心和统率作用的海上搜救管理体制必须作出适应性的改革创新，以促进海上搜救能力和水平的提高。**黄志球博士的《中国海上搜救管理体制创新研究——基于治理理论的视角》**一书基于作者长期从事海事管理工作的实践经验，以现代公共治理理论为方法论指导，在全面回溯中国海上搜救管理体制演变历程的基础上，分别从组织结构、权责关系、管理机制、制度体系等方面对中国现行海上搜救管理体制存在的突出问题及其产生的根源进行了深入剖析，并广泛借鉴美、英、法、澳、日等世界上主要海洋国家和海运大国的有益经验，有针对性地提出了对中国海上搜救管理体制进行重塑与再造，实现海上搜救从一元管理到多元治理的转变，以更好地调动政府、市场、社会等方面的力量共同参与海上搜救工作，从而最大限度地实现、维护、增进公共利益等颇具创新意义和实践价值的理论观点和政策建议。

在此需要强调指出的是，作为这套学术论丛中各位作者的博士指导教师，一方面，我为他们顺利地完成博士研究生学业、通过博士学位论文答辩并获得博士学位，尤其是能够在博士论文基础上出版专著，由衷地感到欣慰和自豪；另一方面，我所能给予他们的更多的是基于我职业经验的"两方"指导，即"研究方向"和"研究方法"方面的指导，至于每一篇博士论文的主题研究领域，具有专门研究的各位作者才是真正拥有"话语权"的"专家"，我衷心地祝愿各位作者继续在各自的专长领域不懈努力，取得更多、更辉煌的成就！

最后，作为这套学术论丛的总主编，我非常感谢武汉大学出版社领导王雅红女士以及胡国民先生等各位编辑为本套丛书的编辑和出版所付出的宝贵心血；我还真诚地希望读者能够给我们提供宝贵的批评意见，以推动我们在人才培养和科学研究方面有新的突破；作为公共行政与公共政策研究领域的一名学者，我坚信，伴随着我国改革开放和社会主义现代化建设事业的进一步发展尤其是国家治理体系和治理能力现代化进程日益加快，作为一门方兴未艾的学科，公共行政学必将在理论研究、学科发展、人才培养、为党和政府提供决策咨询和智力支持等方面继续焕发出勃勃生机，显现出更为强大的生命力，发挥出更加重要的"智库"作用！

丁　煌
于珞珈山

目 录

1 绪 论 ·· 1
  1.1 研究的缘由与意义 ·· 1
  1.2 研究的现状与评价 ··· 15
     1.2.1 关于治理理论及其实际运用的研究 ················· 17
     1.2.2 关于海上搜救及其管理体制的研究 ················· 21
  1.3 研究的目的、思路与方法 ···································· 29
  1.4 本书的内容与结构 ··· 33
  1.5 本书的创新点 ·· 34

2 一元管理：中国现行海上搜救管理体制的弊端 ············ 38
  2.1 基本概念的再认识 ··· 39
     2.1.1 海上搜救：基于公共物品理论的阐述 ············· 39
     2.1.2 海上搜救管理体制：基于现代公共管理的理解 ····· 50
  2.2 当前问题的新思考 ··· 58
     2.2.1 政府、市场、社会共享权力、共担责任的组织
           结构尚未形成 ··· 59

2.2.2　各参与主体各司其职、协同合作的权责关系
　　　　　还不明确 …………………………………………… 62
　　2.2.3　以信任、服务、合作为特征的管理机制
　　　　　远未建立 …………………………………………… 65
　　2.2.4　正式和非正式制度参与的制度体系有待加强 …… 67
　　2.2.5　跨领域、区域性合作的工作格局急需强化 ……… 70

3　治理理论：中国海上搜救管理体制创新的基础 …………… 73
　3.1　治理理论兴起的背景 ……………………………………… 74
　3.2　治理理论的主要内容 ……………………………………… 83
　3.3　治理理论对中国海上搜救管理体制创新的
　　　适切性分析 ………………………………………………… 95
　　3.3.1　治理是应对中国海上搜救管理体制面对挑战的
　　　　　客观需要 …………………………………………… 98
　　3.3.2　治理是解决中国海上搜救管理体制现存问题的
　　　　　必然要求 …………………………………………… 101
　　3.3.3　治理是适应中国海上搜救管理体制结构变化的
　　　　　理性选择 …………………………………………… 104

4　历史回望：中国海上搜救管理体制的历史演变 …………… 108
　4.1　萌芽时期：1949—1973年 ………………………………… 111
　4.2　确立时期：1973—1978年 ………………………………… 115
　4.3　转变时期：1978—2003年 ………………………………… 119
　4.4　发展时期：2003年至今 …………………………………… 124
　4.5　重要启示 …………………………………………………… 130
　　4.5.1　海上搜救管理体制创新要服务于公共利益的
　　　　　实现 ………………………………………………… 130
　　4.5.2　海上搜救管理体制创新要适应于经济社会的
　　　　　变迁 ………………………………………………… 133
　　4.5.3　海上搜救管理体制创新要服从于政府职能的
　　　　　转变 ………………………………………………… 138

5 国外镜鉴：西方海上搜救管理体制的有益启示 … 143
5.1 美国的海上搜救管理体制 … 144
5.2 英国的海上搜救管理体制 … 147
5.3 法国的海上搜救管理体制 … 150
5.4 澳大利亚的海上搜救管理体制 … 151
5.5 日本的海上搜救管理体制 … 154
5.6 西方海上搜救管理体制的经验借鉴 … 157
5.6.1 综合统筹的领导机构 … 158
5.6.2 集中统一的协调中心 … 159
5.6.3 协同参与的各方机构 … 160
5.6.4 分级负责的运行机制 … 160
5.6.5 专群结合的工作网络 … 161

6 未来前瞻：中国海上搜救管理体制的创新对策 … 163
6.1 海上搜救管理体制创新的内涵特点 … 165
6.2 海上搜救管理体制创新的影响因素 … 167
6.2.1 经济状况 … 168
6.2.2 政治制度 … 168
6.2.3 科技条件 … 170
6.2.4 文化传统 … 171
6.3 海上搜救管理体制创新的基本原则 … 172
6.3.1 立足当前与着眼长远相统一 … 172
6.3.2 重点突破与整体推进相统一 … 173
6.3.3 先易后难与攻坚克难相统一 … 174
6.3.4 顶层设计与基层创新相统一 … 175
6.4 海上搜救管理体制创新的对策措施 … 176
6.4.1 继续优化组织结构 … 176
6.4.2 着力健全权责体系 … 181
6.4.3 积极完善激励约束机制 … 186
6.4.4 大力培育志愿服务机构 … 192
6.4.5 努力推进机制制度建设 … 198

7 结论与讨论 …………………………………………………… 204

参考文献 ……………………………………………………………… 212

后记 …………………………………………………………………… 234

1
绪　　论

1.1　研究的缘由与意义

众所周知,海洋与人类的命运息息相关、休戚与共。人类的生存和发展,世界文明的兴起和繁荣都与海洋有着密不可分的关系。海洋面积3.62亿平方公里,占地球表面面积约5.1亿平方公里的71%①,它不仅是人类赖以生存的地球的主要组成部分,也是许多国家或地区的重要组成部分。据统计,全世界大约有1/2以上的人口,200多个人口在100万以上的大城市中的3/4,以及70%的工业资本集中在沿海地带。② 人类社会发展的历史雄辩地证明,海洋不仅是人类生命的摇篮,为人类生命的诞生、进化与繁衍提供了不

---

①　季国兴.中国的海洋安全和海域管辖[M].上海:上海人民出版社,2009:3.
②　季国兴.中国的海洋安全和海域管辖[M].上海:上海人民出版社,2009:4.

可或缺的条件；它也是人类社会实现永续发展的支持系统和物质保障，为解决人口膨胀、资源短缺、能源危机、环境污染、生态恶化等一系列严重影响和制约人类的生存、繁衍和发展的问题提供了极为可靠的出路。①

正因如此，人类很早就认识到了海洋的重要性。早在公元前5世纪，古希腊著名政治家伯里克利（Pericles）就曾说过："陆地和海洋，每部分对人类都是珍贵和有用的。海洋的任何地方都可以受你的支配，不单是你的权力所及之处，也包括其他地方，只要你决心向前。"② 随着时代的发展和科学技术的进步，海洋对人类的影响越来越大，人们对海洋的重视程度也越来越高。19世纪末美国海军理论家阿尔费雷德·赛耶·马汉（Alfred Thayer Mahan）曾经断言："在整个历史上，控制海洋是决定一个国家的领导地位和繁荣的主要因素，同时也常常是决定一个国家存亡的主要因素。"③ 历史也反复证明，谁拥有海洋，谁就能在世界上拥有举足轻重的地位。进入现代以来，人类对海洋的认识更是达到了一个前所未有的新高度。在21世纪这个属于海洋的新世纪④，海洋不仅是各国（地区）联系和交往的重要纽带，而且也是各国（地区）竞相争夺的焦点所在，许多国家（地区）都视海洋为战略重地和未来希望，纷纷制定了立足海洋、面向海洋、开发海洋、向海洋进军的国家（地区）发展战略，各国（地区）围绕海洋展开的争夺和斗争因而风起云涌、空前激烈。⑤

海上交通运输，即使用船舶通过海上航道在不同的区域之间运

---

① 里程. 海洋——世界各国竞争的新领域 [J]. 经济世界，1996（8）：21-22.

② 余起芬. 国际战略论 [M]. 北京：军事科学出版社，1998：333.

③ [美] A. T. 马汉. 海权对历史的影响（1660—1783）[M]. 安常容，成忠勤，译. 北京：军事科学出版社，1998：29.

④ 张天赦. 海员给我们带来了…… [N]. 中国水运报，2014-06-23.

⑤ 季国兴. 中国的海洋安全和海域管辖 [M]. 上海：上海人民出版社，2009：3.

送货物和旅客①，是人类开发和利用海洋的一种重要方式。作为一个有着悠久历史的古老行业，海上交通运输远比铁路和空中交通早，甚至比道路交通还要早。② 海上交通运输与其他的运输方式相比，具有运量大、能耗少、运费低廉等优点，因而对于实现和促进人们的交通出行、经济往来、文化交流具有不可替代的特殊作用和重要意义。自15世纪开始，随着欧洲资本主义的萌芽，人类进入了世界大航海时代。③ 由于新航路的开辟和新航海技术的应用，海上交通运输把世界各国（地区）紧紧地联系在了一起，各国（地区）依靠海上交通运输来往交流、进行贸易、传播文化。目前，海上交通运输货物量占全部国际货物运输量的比例达到了80%以上，海上交通运输的安全畅通与否，直接关系到各国（地区）生产、生活和战略物资的进出口，是世界经济社会能否正常运转和可持续发展的关键因素之一，海洋因此成为联系世界各国（地区）的交通大道和促进世界经济发展的桥梁与纽带，被誉为世界经济的"蓝色动脉"。④ "没有海运业，世界上一半人要挨饿，另一半的人要挨冻。"⑤ "我们今天生活在一个由全球经济支持的社会中，若没有船舶和海运，这个经济就无法运行。"⑥ "经济财产的级别与在世界许多地区的高规格生活，没有船运与海上运输将不会存在。"⑦

---

① 陈伟建. 治理理论视阈下的海域溢油应急反应体系建设——基于深圳的考察［D］. 上海：复旦大学，2011：4.
② 吴兆麟，朱军. 海上交通工程［M］. 大连：大连海事大学出版社，2004：11.
③ 季国兴. 中国的海洋安全和海域管辖［M］. 上海：上海人民出版社，2009：8.
④ 季国兴. 中国的海洋安全和海域管辖［M］. 上海：上海人民出版社，2009：4.
⑤ 中国国际海运网. 船员的机遇与挑战［EB/OL］.［2014-09-11］. http：//info. shippingchina. com/blueview/index/detail/id/68. html.
⑥ 中国水运报编辑部. 如果没有海员的贡献［N］. 中国水运报，2014-06-23.
⑦ Aldo Chircop. 海上运输规章与海岸一体化管理：需要整合的两种管理方法［M］.// 傅崐成，等. 弗吉尼亚大学海洋法论文30年精选集：1977—2007（第四卷）. 厦门：厦门大学出版社，2010：1531.

所有这些，无不生动形象而又准确有力地说明了海上交通运输对于现代人类社会的极端重要性和不可或缺性。所以，对于一个国家而言，海上交通运输是衡量它是否成为海洋强国的重要指标之一。①

然而，海上交通运输在造福人类，给人们带来极大的便利、实惠和财富的同时，由于海洋的波谲云诡、神秘莫测，也具有高度的复杂性、危险性和不确定性，稍有不慎，就容易酿成各类海上突发事件，给人命和财产安全造成严重的损失，同时也给海洋环境资源带来严重的破坏，以致影响海洋经济乃至整个经济社会的运行、发展。海上搜救作为政府协调一切资源和力量，为海上遇险的旅客、观光人员及各类海上从业人员提供搜寻与救助的一项公益性事业②，是最大限度地减少各类海上突发事件对人命财产和海洋环境资源造成的损害，创造良好的海上交通运输环境和海上安全生产作业环境的一项重要手段。根据美国著名经济学家、现代公共物品理论的开创人之一保罗·萨缪尔森（Paul A. Samuelson）在《公共支出的纯理论》中对公共物品（他称之为"集体消费物品"）所给出的界定："集体消费物品（Collective Consumption Goods）是指这样一种物品，即'每个人对这种物品的消费都不会导致其他人对该物品消费的减少'"③，以及另一位美国著名政治经济学家、公共物品理论的代表人物理查德·马斯格雷夫（Richard Abel Musgrave）"公共物品是非竞争性消费的物品。它通常还具有消费上的非排他性"④的观点，海上搜救从物品的消费属性角度而言，同时具有明显的非竞争性和非排他性，因而是一种典型的公共物品。从这个意义上讲，海上搜救的实际状况如何，在相当程度上

---

① 薛忠义. 海洋交通运输发展是衡量海洋强国的重要指标 [EB/OL]. [2014-09-11]. http：//www.zgsyb.com/html/news/159068.html.

② 杜永东. 我国海上搜救机制研究 [M] // 吴兆麟. 海事公共管理研究. 大连：大连海事大学出版社，2012：501.

③ Paul A. Samuelson. The Pure Theory of Public Expenditure [J]. The Review of Economics and Statistics. 1954, 36 (4)：387-398.

④ Richard Abel Musgrave. Provision for Social Goods [M] //J. Margolis, H. Guitton. Public Economy. London：MacMillan, 1969：124-144.

反映了一个国家（地区）的公共管理和公共服务的能力和水平。

进入 21 世纪以来，随着人类社会的显著进步和科学技术的迅猛发展，海上交通运输进入了一个前所未有的崭新的发展阶段，并获得了史无前例的飞速发展，但其中相伴而来的巨大风险同样不容忽视，相应地，海上搜救的重要意义也日益凸显。影响海上搜救绩效的因素非常之多，包括人员、设备、设施、技术、资金等，但管理体制对其影响最为显著。正如中国改革开放的总设计师邓小平在 1980 年发表的著名讲话《党和国家领导制度的改革》中所指出的，领导制度、组织制度问题相比其他方面的问题更带有根本性、全局性、稳定性和长期性，"这些方面的制度好可以使坏人无法任意横行，制度不好可以使好人无法充分做好事，甚至会走向反面。"① 对于海上搜救这样一个成分多元、结构复杂、体量庞大的系统，管理体制作为规定政府机构、市场主体、公民社会组织、公民个人在各自方面的管理范围、权限职责、利益需求及其相互关系的一项根本制度，在其中居于至为特殊的地位，发挥至为关键的作用，直接决定着海上搜救的能力、水平乃至成败。在一定的经济社会环境、技术装备条件和人员队伍状况下，海上搜救管理体制的创新与变革，往往可以在较短的时间内使海上搜救的面貌为之一新，焕发出在旧有的管理体制下所未曾有过的勃勃生机与强大活力。

中国海陆兼备，不仅是一个国土广袤的大陆国家，也是一个拥有漫长海岸线和辽阔海域的海洋国家，大陆海岸线约 1.8 万公里，岛屿岸线约 1.42 万公里，拥有 500 平方米以上的岛屿 6900 多个，500 平方米以下的岩礁 10000 多个②，可管辖海域（含专属经济区）面积约 300 万平方公里，相当于陆地领土面积的 1/3。③ 海洋自古以来就对中华民族的繁衍生息和文化传承发挥着极其重要的作

---

① 邓小平文选（第二卷）[M]. 北京：人民出版社，1994：333.
② 季国兴. 中国的海洋安全和海域管辖 [M]. 上海：上海人民出版社，2009：13.
③ 季国兴. 中国的海洋安全和海域管辖 [M]. 上海：上海人民出版社，2009：145.

用，中国也因此成为世界航海文明的发祥地之一。① 沿海一带的中国先民，很早以前便和海洋打交道，最早的海上活动是渔业捕捞，随后便是海上交通运输。有确凿的史料记载，中国的航海实践早于西方 1000 多年，春秋时期（公元前 770—前 476 年）就已航行到朝鲜和日本。② 同时，中华民族在长期的航海实践中逐渐形成了颇具特点的海洋观念。③ 战国时期，诸子百家之一的韩非子在总结治国经验时就提出了"历心于山海而国家富"的论断。④ 明代初期，中国历史上最杰出的航海家郑和曾说过："欲国家富强，不可置海洋于不顾。财富取之海洋，危险亦来自海上。"⑤ 进入近代以后，爱国有识之士更是深刻地提出了"观察各国势力，即以其海上权力之大小定之。……能主管海上权者，必能主管海上贸易；能主管海上之贸易者，即能主管世界之富源"⑥ 的主张。到了民国时期，伟大的民主革命先驱孙中山先生也认识到了海权与国家兴衰的本质联系，强调"世界大势变迁，国力之盛衰强弱，常在海而不在陆，其海上权优胜者其国力常优胜"⑦。

中华人民共和国成立以后，中国海上交通运输的发展大致经历了三个阶段：1949—1978 年，中国海上交通运输在面临西方经济封锁的特定情况下缓慢发展；1978—2000 年，随着改革开放和现代化建设的逐步实施和不断深化，中国海上交通运输取得了长足的进步，中国海运大国的地位渐趋形成；2001 年到现在，随着中国

---

① 中国水运报编辑部. 如果没有海员的贡献 [N]. 中国水运报，2014-06-23.

② 季国兴. 中国的海洋安全和海域管辖 [M]. 上海：上海人民出版社，2009：14.

③ 吴珊珊，李永昌. 中国古代海洋观的特点与反思 [J]. 海洋开发与管理，2008（12）：15-16.

④ 季国兴. 中国的海洋安全和海域管辖 [M]. 上海：上海人民出版社，2009：14.

⑤ 王诗成. 欲国家富强不可置海洋于不顾（一）——郑和海洋战略思想研究 [J]. 齐鲁渔业，2000，17（1）：1-3.

⑥ 皮明勇. 海权论与清末海军建设理论 [J]. 近代史研究，1994（2）：37-47.

⑦ 彤新春. 通往海运强国之路 [N]. 人民日报，2014-02-01.

加入世界贸易组织（World Trade Organization，简称WTO），中国经济在融入全球化的同时持续快速健康增长，海上交通运输面临着深刻的变革，中国在经历了一系列的改革以后，从海运大国向海运强国迈进。① 目前，中国海上交通运输已逐渐发展成为综合交通运输体系的重要组成部分之一，水路货运量和货物周转量在综合交通运输体系中分别占到了12%和48%，水路承担了中国90%以上的外贸货物运输量，港口接卸了95%的进口原油和99%的进口铁矿石，有力地保障了国民经济、对外贸易和区域经济的全面、协调、可持续发展。② 与此同时，中国在世界海运界的影响和地位不断提升，已发展成为港口大国、航运大国和集装箱运输大国，自1989年起，连续13次当选为国际海事组织③（International Marine Organization，简称IMO）A类理事国。④

近年来，随着中国社会主义现代化建设的全面推进尤其是海洋强国战略的加快实施，世界经济全球化和贸易自由化的不断发展，中国海上交通运输的发展态势异常迅猛，各类海上作业和活动愈益增多，情况也更趋于复杂多变，发生海上突发事件的风险与日俱增、不断积聚，海上搜救面临前所未有的严峻挑战，其重要性、复

---

① 彤新春. 通往海运强国之路 [N]. 人民日报，2014-02-01.

② 中国共产党新闻网. 解曼莹：现代综合运输体系中水运举足轻重 [EB/OL]. [2012-10-28]. http：//cpc. people. com. cn/n/2012/0704/c77791-18440927. html.

③ 国际海事组织（International Marine Organization，简称IMO）是联合国下的一个专业代办处。它是一个专门负责海上航行安全和防止船舶造成海洋污染的机构，也是一个促进各国政府和各国航运业界在改进海上安全、防止海洋污染及海事技术上合作的国际组织。总部设在英国伦敦。IMO大会为其最高权力机构，每两年召开一次。IMO理事会是IMO大会的执行机构，在两年一届的大会期间履行大会的有关职责。其由40个理事国组成，分为A、B、C三类，A类为10个海运大国，B类为10个海上贸易大国，C类为20个代表世界主要地理区域的重要海运国家。上述三类理事国享有同等的权利和义务。

④ 王宏伟. 中国连续第13次当选国际海事组织A类理事国 [EB/OL]. [2014-03-07]. http：//www. moc. gov. cn/zhuzhan/jiaotongxinwen/xinwenredian/201312xinwen/201312/t20131201_1520918. html.

杂性和艰巨性相应地大幅提高，这对推进中国海上搜救管理体制创新，完善和发展中国海上搜救管理体制提出了更新、更高、更迫切的要求。当前，中国在政府的统一领导下，交通运输部门力量（主要是海事执法力量、专业救助力量）、其他涉海涉水部门力量、军队与企事业单位力量、社会力量共同参与的海上搜救管理体制，总体上是适应中国经济社会发展要求的，对于有效开展海上搜救行动，及时处置海上突发事件，保障海上人命财产安全和保护海洋环境资源发挥着重要的支持、依托和保障作用。但同时也必须充分认识到，中国海上搜救管理体制还存在着诸多明显的缺陷：①各方面参与主体应对海上突发事件的权力、责任和权利、义务不够明确；②统一协调、快速有效、灵敏应对海上突发事件的法律、制度、机制尚未完全形成；③一些行政机关、救助力量和志愿服务机构应对海上突发事件的责任感不够强，危机意识不够高，依法可以采取的应急处置措施也不够充分、有力；④海上突发事件的预防与应急准备、监测与预警、应急处置与救援等手段、制度、机制依然不够完善，导致一些能够预防的海上突发事件未能得到及时、科学、有效的预防；⑤社会广泛参与应对海上突发事件的机制远没有健全，公众危机意识有待提高，自救与互救能力不强。上述这些缺陷的存在，其原因是异常复杂的，源自于多个方面，其中既有客观因素，也有主观问题，但究其根本，在于脱胎于高度集中的社会主义计划经济体制下的中国现行海上搜救管理体制，尽管改革开放30多年来为了适应中国由传统计划经济体制转向社会主义市场经济体制对海上搜救所带来的客观环境和形势任务的显著变化，从许多方面和诸多环节做出了不少适应性的调整和改变，也取得了相当显著的效果，但由于在旧的经济体制下业已形成的制度惯性和主观偏见的原因，无论是其理论框架、价值取向还是制度安排、具体实践，都仍然没有摆脱传统的公共管理的思想观念和运作方式的影响和束缚。这就迫切需要从海上搜救这一公益性事业的公共物品属性出发，适应当前中国推进全面深化改革，完善和发展中国特色社会主义制度，实现国家治理体系和治理能力现代化提出的新的更高的要求，以宽广的视野、崭新的理念、系统的思维，在总结中国海上搜救管理体制得失成败的基础上,把握中国海上搜救管理体制的变迁规律,提出和实施创新性的对策措施,通过改革创新推动中国海上搜救管理体制的逐步完善和不断发展。

兴起于20世纪90年代的治理理论,是西方学者由于在对政府和市场的长期信赖中,逐渐认识到在社会资源的配置中既存在市场的失效,也存在国家的失效,单纯地依赖市场和政府,都无法达到资源配置的最优化①,因而对政府与市场、政府与社会、政府与公民这三对基本关系进行反思而提出的关于政府、市场、非政府部门共同治理国家和社会的一种新的理论。② 治理理论的主要观点是强调了治理(Governance)和统治(Government)之间的区分③,主张通过多元、合作、协商、伙伴关系、确立认同和共同的目标等方式实施对公共事务的管理。④ 它是对作为传统公共管理的公共行政理论进行反思和批判,并且对新公共管理理论和新公共服务理论的合理内核进行有机整合的结果⑤,治理理论打破了原来传统理论上的公共与私人、国家与市场的两分法,模糊了国家与市场、政府与社会之间的分界线,强调通过建立政府、市场、社会三者相互依赖与多元合作的公共事务治理模式,达到良好的治理(Good Governance)目的,因而在管理的主体、方法、职能等各方面都作了扩展。⑥ 总之,治理理论作为一种新兴的公共管理范式,为现代

---

① 俞可平.引论:治理和善治[M]//俞可平.治理与善治.北京:社会科学文献出版社,2000:6-7.
② 任声策,陆铭,尤建新.公共治理理论述评[J].华东经济管理,2009,23(11):134-137.
③ 唐昊.社会是治理的对象也是治理的主体[N].深圳特区报,2014-02-18.
④ 陈振明.构建公共治理体系[N].社会科学报,2008-10-23.
⑤ 丁煌.西方公共行政管理理论精要[M].北京:中国人民大学出版社,2005:455.
⑥ 胡仙芝.治理理论与公共管理变革[C]//董克用.公共治理与制度创新(第一届中美公共管理学术研讨会论文集).北京:中国人民大学出版社,2004:102.

公共管理提供了一种新的认识图式和组织框架①，而且同原来的公共行政和公共管理理论相比，它具有更为广泛的覆盖面和适用性②，因而迅速成为引导西方乃至全球公共管理改革的主要理论之一。现今，治理理论已经在一些国家和地区的治理变革过程中发挥了重要的指导作用，表现出了非凡的生命力。③ 尽管治理理论是西方学者为了应对其自身面临的问题而提出的一种理论框架，与治理的实施主体所在客观环境的实际情况与具体特点不可割舍、紧密联系，但随着时间的推移和实践的发展，"它所提倡的一些价值日益具有普遍性"④，反映了现代公共管理的新的发展趋势，因此，治理理论对于中国海上搜救管理体制创新而言具有宝贵的借鉴价值，为其提供了可资利用的学术资源和理论武器。正如中国学者何增科所言，治理理论作为一种分析框架，"对于研究、总结和展示我国改革开放以来政治发展的成就极为有用。"⑤ 随着中国由传统社会主义计划经济向中国特色社会主义市场经济转轨，它的社会结构、社会组织形式、社会利益格局、社会思想观念等诸多方面都发生了剧烈而深刻的改变，与之相适应，传统意义上的国家行政正逐步向公共治理转变，政府不再是唯一的行使公共管理权的主体，越来越多的非政府力量开始参与到各种社会公共事务的管理和服务活动之中，参与程度亦逐步加深。海上搜救管理体制作为中国公共管理体制的重要组成部分之一，必须顺势而为、与时俱进，通过深化改革

---

① 丁煌．西方公共行政管理理论精要 [M]．北京：中国人民大学出版社，2005：458．

② 胡仙芝．治理理论与公共管理变革 [C] // 董克用．公共治理与制度创新（第一届中美公共管理学术研讨会论文集）．北京：中国人民大学出版社，2004：102．

③ 丁煌．西方公共行政管理理论精要 [M]．北京：中国人民大学出版社，2005：458．

④ 何增科．治理、善治与中国政治发展 [J]．中共福建省委党校学报，2002 (3)：16-19．

⑤ 何增科．治理、善治与中国政治发展 [J]．中共福建省委党校学报，2002 (3)：16-19．

创新，努力适应这种新的变化提出的新的挑战。"改革呼唤新的理论。"① 被视为"21世纪国际社会科学的前沿理论之一"② 的治理理论无疑为此提供了新的理论视野和理论工具。

海上搜救是一个专业性、技术性和实践性都非常强的领域，在中国，对它进行研究的主体是航海高等院校的专家学者和在读学生，以及交通运输、海事、救捞、航运、港口等实务界的管理人员，因而其研究主要聚焦于法律规范、管理机制、技术系统和人才资源等问题，这些方面的研究文献如恒河沙数，而专门研究海上搜救管理体制的学术成果则寥若晨星。然而，管理体制在海上搜救中处于核心和统率的地位，它的适当、合理、科学与否，直接关乎海上搜救的效率、效益和效能，没有扎实深入、专门系统的理论研究作为支撑，不仅海上搜救管理体制自身难以得到应有的完善、发展，海上搜救的各项具体工作也会受到不同程度的影响和制约。目前，中国海上搜救管理体制的改革创新虽然取得了一些重大进展，但仍然存在较多制约海上搜救科学发展的体制机制障碍。现在和今后一个时期，中国公共管理体制改革的重点是切实将政府职能转移到市场监管、宏观调控、社会管理和公共服务上来，建立完善市场主体自律与社会组织协调机制，逐步形成政府、市场、社会既分工明确、又相互协调的新型结构。③ 显然，这对中国海上搜救管理体制提出了深化改革创新的新的历史任务。"理论是实践的先导和行动的指南。"④ 运用治理理论，对中国海上搜救管理体制进行全面、深入、系统的研究，对于进一步完善和发展中国海上搜救管理体制

---

① 周志忍. 当代西方行政改革与管理模式转换 [J]. 北京大学学报（哲学社会科学版），1995 (4)：81-87.

② 何增科. 治理、善治与中国政治发展 [J]. 中共福建省委党校学报，2002 (3)：16-19.

③ 王德颖，苏超，冯俏彬. 深入推进行政体制改革（前沿关注）——我国行政体制改革近10年的回顾与前瞻 [EB/OL]. [2014-03-08]. http://news.sina.com.cn/c/2012-09-10/054625136967.shtml.

④ 中国共产党新闻网. 尉健行论中国共产党反腐倡廉理论与实践的重大发展 [EB/OL]. [2015-05-04]. http://fanfu.people.com.cn/GB/10531193.html.

乃至促进整个中国海上搜救工作的发展、进步无疑具有极为重要的现实意义和深远的历史意义，而且在当前中国全面深化改革的新的历史条件下，更是推进中国海上搜救管理体制改革创新的必要的理论准备和舆论引导。

海上搜救担负着海上人命救助、环境救助和财产救助等重任，是海上交通安全管理工作的重要内容，也是国家应急管理工作的重要组成部分，因而，海上搜救对于中国政府而言，是履行公共管理和公共服务职能的重要体现。同时，中国作为《国际海上人命安全公约》①和《1979年国际海上搜寻与救助公约》②的缔约国，实施海上搜救也是履行国际义务的具体要求。中国现行的海上搜救管理体制自2005年5月基本形成以来，总体运行良好、成效明显，但距离充满活力、富有效率、更加开放、有利于科学发展的要求还存在相当大的差距。正如前文所述，由于海上搜救的专业特点，长期以来，中国有关海上搜救的研究主要集中在实务的层面，从理论尤其是公共管理理论方面对海上搜救开展研究的相对较少，对海上搜救管理体制进行专门探讨的则更是极为鲜见。

故而，作为运用治理理论比较全面、深入、系统地审视中国海上搜救管理体制改革创新问题的一次探索，本书的意义力求达到以下三个方面：

（1）比较全面地总结中国海上搜救管理体制的发展历程。开创中国历史上著名的"贞观之治"的一代有为明君唐太宗李世民

---

① 1912年4月14日，英国建造的豪华客轮"泰坦尼克"（Titanic）号，在从英国至美国的首航途中与冰山发生碰撞，造成1500多人丧生的历史上空前惨重的海难事故。1913年底，英国政府召集了第一次国际海上人命安全会议，出席会议的13个海运国代表共同签订了第一个国际海上人命安全公约。现行生效的《1974年国际海上人命安全公约》系由其几经修订形成的。

② 《1979年国际海上搜寻与救助公约》系为开展国际合作搜寻营救海上遇险人员而制定的公约，由国际海事组织（IMO）于1979年4月9日至27日在德国汉堡召开的国际海上搜寻救助会议讨论并制定。

有句名言："以古为镜，可以知兴替。"① 法国著名作家维克多·雨果（Victor Hugo）也曾经说过："历史是什么：是过去传到将来的回声，是将来对过去的反映。"② 足见，我们的今天是从昨天而来的，回望历史可以更好地观照现实。认真总结并借鉴历史经验，可以使改革创新的工作减少盲目性和随意性，增强前瞻性和自觉性。因而，了解、把握中国海上搜救管理体制的变迁规律，是对其进行改革创新的重要基础，也是改革创新取得成功的有力保障。基于此，本书首先从政府职能定位的维度出发，系统回顾、梳理、分析新中国成立以来中国海上搜救管理体制的萌芽、形成、发展和演变过程，从而寻求其变迁的根本动因、基本规律和主要特点。从现有的研究文献看，由于长久以来中国对海上搜救的研究更多地关注实务，而非理论；关注微观，而非宏观；关注技术，而非管理，所以，实事求是地讲，这方面的研究工作迄今为止还是相当不足甚至是严重匮乏的。当然，囿于研究视角和个人识见的原因，本书对中国海上搜救管理体制变迁的历史阶段的划分及其主要特点的认定，未必能够得到理论界和实务界完全一致的认同，但对中国海上搜救管理体制问题的思考、研究提供了一个可供参考的角度和线索。

（2）比较深入地分析中国海上搜救管理体制的存在问题。问题是改革创新的原动力。③ 中共中央总书记、中国国家主席习近平强调指出："改革是由问题倒逼而产生，又在不断解决问题中得以深化。"④ 英国著名哲学家、思想家、科学家弗朗西斯·培根（Francis Bacon）也曾这样说过："如果你从肯定开始，必将以问题

---

① （后晋）刘昫，等.旧唐书·列传第二十一 [M].北京：中华书局，1975：156.
② 梁彩恒.刘晓明大使在牛津大学发表题为"以史为鉴，可以知兴替"演讲 [EB/OL].[2014-09-14].http：//news.163.com/12/1010/19/8DFRSFIA00014JB6_all.html.
③ 詹勇.用问题意识积聚改革力量 [N].人民日报，2014-03-10.
④ 新华网.习近平：关于《中共中央关于全面深化改革若干重大问题的决定》的说明 [EB/OL].[2014-09-15].http：//news.xinhuanet.com/2013-11/15/c_118164294.htm.

告终；如果你以问题开始，必将以肯定结束。"① 对于改革创新而言，看不到问题是最大的问题。看不到问题，就会安于现状、故步自封，使得问题不断积聚、升级、恶化，以至于小问题酿成大问题，大问题最后变得无法收拾。因此，改革创新必须树立强烈的问题意识。而问题意识越是强烈，越能激荡出改革创新的力量。② 换言之，问题不仅能够倒逼改革，而且能够为改革积聚力量。历史唯物主义认为，社会存在决定社会意识，社会意识对社会存在具有能动的反作用。③ 改革创新的根本目的是兴利除弊，增进公共利益，但公共利益和个人利益并非任何时候、任何情形、任何条件下总是一致的，因而改革创新不可避免地要对现有的利益格局进行某种程度的调整，从而涉及和触动某些个人或群体既有的利益，这使得改革创新在一定意义上成为不同利益间博弈和妥协的过程。④ 因此，改革创新需要最大程度地凝聚社会的共识，社会对改革创新的共识越强大，改革创新取得成功的可能也越大。而要凝聚社会对改革创新的共识，归根到底取决于社会在多大的范围和多高的程度上认识到问题的存在，只有越来越多的人深刻地认识到问题的严重性，不改革创新没有出路，改革创新才会真正成为社会的共识。本书基于治理理论的崭新视角，从组织结构、权责关系、管理机制、制度体系、区域合作等诸多方面对中国现行海上搜救管理体制存在的突出问题及其产生的主要根源进行剖析，主要目的既是为中国海上搜救管理体制创新找准努力方向，增强创新的针对性、目的性和实效性，也是期望通过问题唤起社会各有关方面强烈的创新意识，从而为中国海上搜救管理体制创新凝聚必要的共识和力量。

---

① 蒋希华．增强"问题意识"［EB/OL］．［2014-09-15］．http：//www.jxnews.com.cn/jxrb/system/2013/06/17/012470020.shtml.

② 詹勇．用问题意识积聚改革力量［N］．人民日报，2014-03-10.

③ 肖前，李秀林，汪永祥．历史唯物主义原理（修订本）［M］．北京：人民出版社，1991：19.

④ 牛新春．"摸着石头过河"可能会错过改革的最佳时机［EB/OL］．［2014-03-10］．http：//www.takungpao.com.hk/sy/2012-11/05/content_1343298.htm.

(3) 比较系统地提出中国海上搜救管理体制的创新对策。对于改革创新而言，找出问题不是目的，解决问题才是根本。所以，在改革创新中，看不到问题是最大的问题，对问题没有解决的办法则是最可怕的问题。① 当前，中国海上搜救管理体制存在的突出问题具有一定的系统性、综合性和复杂性，其产生的主要根源，既有思想认识障碍，也有体制机制障碍。着力解决这些突出问题，是牵一发而动全身的综合性工程，这意味着中国海上搜救管理体制创新进入到必须向纵深全面推进的新的历史阶段。在这种新的形势条件下，没有先进理论的引领是不可想象的。毕竟，对改革创新来说，如果今天我们的理论橱窗里还都陈放着已经过时的理论，这绝不是一件幸事。② 本书运用治理理论而非传统公共管理理论的框架，从现代公共管理而非一般专业技术的范畴，对中国海上搜救管理体制进行系统的研究，一方面，希望从根本上廓清传统的公共管理理念和管理模式对海上搜救实务界特别是各级管理人员带来的错误认识，从而推动实现各方面、各层次在海上搜救的管理理念、价值取向、职能定位上的转变，为创新中国海上搜救管理体制提供观念先导；另一方面，旨在从当前中国的发展阶段、发展环境和发展特点出发，针对中国现行海上搜救管理体制存在的突出问题，从理论和实践的紧密结合上提出一整套具有一定的科学性、先进性和前瞻性、可行性的操作方案，为完善和发展中国海上搜救管理体制提供有用的参考和借鉴。

1.2 研究的现状与评价

西方公共行政管理学的鼻祖托马斯·伍德罗·威尔逊（Thomas Woodrow Wilson）认为："对于前人在这同一领域所已经做过的工作应该有某种估计，这也就是说要了解一下这一研究工作

---

① 詹勇. 用问题意识积聚改革力量 [N]. 人民日报, 2014-03-10.
② 牛新春. "摸着石头过河"可能会错过改革的最佳时机 [EB/OL]. [2014-03-10]. http://www.takungpao.com.hk/sy/2012-11/05/content_1343298.htm.

的历史。"① 这说明，科学研究不能从零开始②，更不能漠视过往学者共同努力得来的成果。③ 对海上搜救的研究亦莫能外。海上搜救是一个理论性极强的领域，涉及海上交通工程、航海科学与技术、航海信息工程、救助与打捞工程及地理、天文、气象、法律、管理、医学、国际关系等多个学科，存在相当多的理论问题值得探讨，也有相当多的理论空白需要填补。同时，海上搜救的实践性也极强，它的理论研究成果为具体实践提供了理论指导和智力支持，具体实践反过来又为理论研究提供了大量生动的素材、资料以及成果应用的机会，使理论得以不断丰富、完善和发展。对于这样一个涉及众多学科的重要的理论与实践领域，面对巨大的现实与理论需求，许多前辈专家学者从不同的学科角度对事关海上搜救的一些重大问题进行了颇多富有价值的研究，留下了大量探索的足迹，这些成果弥足珍贵，是后人对其开展进一步深入研究的重要基础。

此外，正如威尔逊早在一个多世纪前就谆谆告诫我们的："免除这样一种忧虑，即我们有可能会盲目地把某些与我们的原则不相符合的东西加以引进。"④ 对于作为一种"舶来品"的治理理论而言，尽管它在西方国家的公共管理改革中发挥了重要而积极的作用，但在中国这样一个发展中国家、转型中国家和世界人口大国应用这一理论，绝不能照搬照抄，完全采用西方的理论主张和实践模式，而必须根据中国公共管理的实践发展和现实需要，选择更具有战略性和针对性的理论与实践课题进行研究，以推动其基础理论研究和知识创新，从而适应迅速、剧烈变化着的中国公共管理的实践要求。⑤ 因此，对于作为本书主要理论工具的治理理论在中国的研

---

① ［美］威尔逊. 行政学研究［J］. 国外政治学，1987（6）：30-51.
② 丁煌. 西方公共行政管理理论精要［M］. 北京：中国人民大学出版社，2005：16.
③ 丘成桐. 学问、文化与美——在北京师范大学附属中学的演讲［J］. 人民教育，2011（24）：30-33.
④ ［美］威尔逊. 行政学研究［J］. 国外政治学，1987（6）：30-51.
⑤ 陈振明，薛澜. 中国公共管理理论研究的重点领域和主题［J］. 中国社会科学，2007（3）：140-152.

究状况及其成果，也必须认真、深入、系统地进行了解、分析。只有这样，才能在对治理理论的主要内涵和精神实质作进一步准确、全面、深入把握的基础上，结合中国特殊的基本国情与实际问题加以灵活运用，进而探索出既符合中国国情又能适应世界潮流的治理模式。

1.2.1 关于治理理论及其实际运用的研究

20世纪90年代治理理论在西方世界兴起以后，由于其提出了公共管理一种新的理念、机制和模式，反映和代表了公共管理的世界性潮流和最新发展趋势①，与经济社会正在经历着深层转变的中国公共管理改革的现实需要相契合，加之治理理论在一些国家和地区的公共管理改革中成功实施的巨大示范效应，因而受到了众多中国学者的广泛关注和高度重视，迅速被引介到中国。近年来，在经济学、政治学、行政学、管理学、社会学、法学和国际关系学等多种学科的热切响应与大力支持下，治理理论逐渐成为中国学术界的一门"显学"②，掀起了一阵"治理"的热潮。③ 人们研究的重点也从开始时对治理理论进行引介和评述逐渐转向如何将其引入到中国的政治发展和公共管理改革的具体实践中④，探讨中国实施治理的理论、模型、工具与方法。⑤

从总体上看，迄今为止，有关治理理论的研究工作，中国学者主要循着两个方面开展，一方面对治理的分支方向进行深入的研

---

① 何增科. 治理、善治与中国政治发展 [J]. 中共福建省委党校学报，2002（3）：16-19.

② 张磊，罗思洁，于洋航. 关于治理理论的研究综述 [J]. 长春教育学院学报，2013，29（14）：7-8.

③ 蒋虹. 论有中国特色的治理理论 [J]. 法制与社会，2009（10）：3-4.

④ 王晓青，苑丰，刘武芳. 治理理论在我国的适用性探析 [J]. 新疆社科论坛，2005（2）：29-31.

⑤ 陈振明. 构建公共治理体系 [N]. 社会科学报，2008-10-23.

究,另一方面积极将治理理论运用到公共管理的具体领域。①

(1) 关于治理理论分支方向的研究。目前,中国对治理理论分支方向的研究有诸多途径,但大体上可以归结为以下三种:

第一种研究途径,主要以"政府管理"为导向。这一研究途径将治理与政府管理直接联系起来,侧重于从政府部门的视角来认识、理解和把握政府与市场的关系,研究和探索市场化条件下的公共管理改革。这一途径的研究者为数众多,包括了大批的专家学者和政府官员。毛寿龙教授作为"政府管理"导向研究途径的主要代表人物之一,在他的重要著作《西方政府的治道变革》中将"Governance"一词译作"治道",认为"治道"是在市场条件下政府对自己的角色界定以及运用市场的方法和技术管理社会公共事务的道理;至于"治道变革",则是指政府为了适应市场经济有效运行的需要合理界定自己的角色,并进行相应的市场化变革,将市场化理念引进公共领域,以期建设开放有效的公共领域。② 概言之,毛寿龙教授主要依循了新公共管理的理念和做法,强调将企业经营管理的原理、方法、技巧以及市场导向的激励机制运用于社会公共事务的管理。③ 受其影响和鼓舞,其他诸多专家学者从这一研究途径出发,围绕如何使地方政府实现良好治理的目标,延伸出了大量的研究视角,包括激励约束手段、财政分权、制度创新等。

第二种研究途径,主要以"公民社会"为导向。这一研究途径主张从公民社会组织的视角来看待、认识和分析治理,将治理看作是一种横向联合的"公民参与网络",强调一种"社会中心论"的治理观。在采用这一研究途径的学者看来,随着公民社会组织的蓬勃兴起和日益壮大,它们在各种社会公共事务管理活动中愈益受到重视,扮演着越来越重要的角色,或是独力承担某些社会公共管

---

① 任声策,陆铭,尤建新. 公共治理理论述评 [J]. 华东经济管理,2009,23 (11):134-137.

② 毛寿龙. 西方政府的治道变革 [M]. 北京:中国人民大学出版社,1998:7.

③ 史伟锋. 政府治理理论研究综述 [J]. 江西行政学院学报,2008 (Ⅱ):19-21.

理职能，或是与政府机构携手共同履行某些社会公共管理职能。公民社会组织的这种独力承担或者与政府机构共同履行社会公共管理职能的过程实质就是治理，因而，可以将治理认为是公民社会的"自组织网络"。良好的治理作为弥合国家失效和市场失效的一种治理机制，是在政府与公民社会之间相互合作、达成共识的一种状态，其中体现的是两者各以主体身份而存在的合作与对话的机制和模式。① 俞可平教授是"公民社会"导向研究途径目前最负盛名的代表学者之一。在其《中国公民社会的兴起与治理的变迁》一文中，俞可平教授选择有代表性的社会公益组织、行业协会、村民组织、社区组织为例证，研究了随着改革开放而日渐勃兴的中国公民社会组织及其对社会政治生活的影响。俞可平教授认为，治理的本质特征是"公民社会组织对社会公共事务的独立管理或与政府的合作管理"，良好的治理需要公民社会的发展，没有健全的公民社会，不可能有良好的治理；反之，公民社会的发展必然影响治理的变迁。②

第三种研究途径，主要以"合作网络"为导向。这一研究途径为了规避"政府管理"途径陷入片面的"政府中心论"以及"公民社会"途径陷入盲目的"社会中心论"的困境，试图在"网络管理"的总体框架内对上述这两种途径加以适当的调和、整合，认为"治理是政府与社会力量通过面对面的合作方式组成网状的管理系统"③，它"是一种以公共利益为目标的社会合作过程——国家在这一过程中起到关键但不一定是支配性的作用"④。"合作网络"途径在承认"自组织网络"的主要观点，将公民社会组织视

---

① 徐磊. 治理理论与我国政府管理创新 [J]. 理论前沿, 2009 (12)：32-34.

② 俞可平. 中国公民社会的兴起与治理的变迁 [M] // 俞可平. 治理与善治. 北京：社会科学文献出版社, 2000：326-350.

③ D. Kettle. Sharing Power: Public Governance and Private Markets [M]. Washington, D. C.：Brookings Institution, 1993：22.

④ [英] 托尼·麦克格鲁. 走向真正的全球治理 [J]. 陈家刚, 编译. 马克思主义与现实, 2002 (1)：33-42.

作治理的主体，并用其来解释公私部门分权——合作治理的新型关系的同时，也体认"政府管理"途径的重要观点，承认政府在治理中掌控大方向，以及一个负责、高效、法治的政府对于实现良好治理的特殊意义，认同并吸收了"掌舵而非划桨"、市场导向、顾客导向、结果导向等新公共管理的思想精髓。① 陈振明教授是这一研究途径最为人熟知的重要支持者之一。在他看来，在治理的形形色色用法中，无疑"只有网络治理才有新的特征"②。这些新的特征主要体现在：多中心的公共行动体系、反思理性的"复杂人"假设、合作互惠的行动策略、共同学习的行动过程。③

（2）关于治理理论实际运用的研究。进入 21 世纪以来，身处大变革时代的中国学者出于对现实的强烈关怀，对治理理论寄予了厚望，将其与中国现代国家建构、政治发展和公共管理改革紧密地联系起来④，对治理理论的实际运用开展了大量的研究，如水、环境、交通、教育、公共危机等方面的宏观管理。⑤ 任志宏、赵细康从治理的角度讨论环境治理方式创新以及新工具出现的原因，并对环境治理新旧模式之间的关系及其转换过程进行研究。⑥ 刘霞、向良云为了克服公共危机管理理论的缺憾，依据治理理论的基本原理，提出政府、市场、社会等多元主体资源互补、权力分享、风险

---

① 史伟锋. 政府治理理论研究综述 [J]. 江西行政学院学报，2008（Ⅱ）：19-21.

② Beate Kohler-Koch, Rainer Eising. The Transformation of Governance in the European Union [M]. London: Routledge, 1999: 5.

③ 陈振明. 公共管理学——一种不同于传统行政学的研究途径（第二版）[M]. 北京：中国人民大学出版社，2003：88-90.

④ 郁建兴，王诗宗. 治理理论的中国适用性 [J]. 哲学研究，2010（11）：114-120.

⑤ 任声策，陆铭，尤建新. 公共治理理论述评 [J]. 华东经济管理，2009，23（11）：134-137.

⑥ 任志宏，赵细康. 公共治理新模式与环境治理方式的创新 [J]. 学术研究，2006（9）：92-98.

共担、彼此依赖的公共危机治理的概念框架。① 张成福、王耀武运用治理理论研究反贫困问题，认为治理的核心价值不仅在于经济效率和理性，而且还在于公共价值的创造，因此，一个国家的贫困、不发展与治理的质量具有高度的正相关性，反贫困需要重新思考治理的价值，并综合进行政治、经济、公共服务和行政管理等方面的治理变革。② 盛正发将治理理论引入到新建地方本科院校的管理研究，提出一个新建地方本科院校实行多元治理的前提条件和理想模式。③ 李妮、王建伟基于治理理论的视角对交通运输社会管制制度存在的错位、越位、缺位等问题进行研究，提出交通运输社会管制制度创新的关键在于交通运输管理模式由政府一元管理向政府、社会、公众多元治理的转变。④

从目前的研究进展情况看，中国在治理理论的研究方面，不论是按照治理的理论逻辑开展一般性研究还是治理理论在一些具体领域的应用研究，都取得了值得称道的成果，已经积累了非常丰厚的理论基础及实践经验，形成了一大批弥足珍贵的学术文献和思想结晶，这些对开展包括中国海上搜救管理体制创新研究在内的治理实践研究有着相当大的帮助和裨益。

1.2.2 关于海上搜救及其管理体制的研究

在海上搜救领域，由于中国现代意义上的海上搜救起步于"文化大革命"后期，距今仅有不到半个世纪的历史，而且其重要性、必要性和复杂性、艰巨性是在改革开放和现代化建设以后随着社会生产力的发展和经济水平的提高才得以日益凸显的，因此，中

---

① 刘霞，向良云．公共危机治理：一种不同的概念框架 [J]．新视野，2007（5）：50-53．

② 张成福，王耀武．反贫困与公共治理 [J]．中国行政管理，2008（5）：47-49．

③ 盛正发．从一元管理到多元治理——新建地方本科院校治理研究 [D]．长沙：湖南师范大学，2009．

④ 李妮，王建伟．治理理论视阈下交通运输社会管制制度分析 [J]．技术经济与管理研究，2009（5）：67-69．

国学术界和实务界对海上搜救的研究相对比较零星分散，不够系统深入。同时，受到海上搜救领域自身特点的影响，对其进行研究的专家学者主要集中于航海高等院校和交通运输系统，长期以来他们的研究大多聚焦在技术因素，甚少涉足管理方面，并且，除少数学者开展纯理论的探讨外，更多的是业者从自身工作实践的角度提出问题及其破解对策。因此，客观地说，尽管中国对海上搜救的研究是多学科、多角度、多层面的，但就整体而言，目前尚处于初步摸索的阶段，从公共管理的视角对海上搜救进行全面、深入、系统的研究则更是需要待以时日。

不过，值得欣喜的是，进入21世纪以后，特别是近些年来，随着中国行政管理体制改革的不断深化，政府职能转变明显加快，政府的社会管理和公共服务职能逐步得到加强，公众对社会公共事务的重视程度和参与热情也随之日益高涨，海上搜救在持续快速发展过程中逐渐显现的突出问题受到了社会各界的广泛关注，加之受到公共管理学科蓬勃发展的推动，尤其是一大批交通运输、海事、救捞等实务界的管理人员进入高等院校攻读公共管理专业硕士学位①，以及一大批各层次的高等院校行政管理专业毕业生进入到交通运输、海事、救捞等系统②，中国学术界和实务界开始将关注的焦点投向海上搜救公共物品属性，并越来越多地运用公共管理的理论对海上搜救开展研究。主要体现在：

（1）有关海上搜救的公共物品属性的研究。随着海上搜救面临的形势任务和客观环境更为复杂多样和变化多端，越来越多的研

---

① 一方面，交通运输、海事、救捞等系统一大批管理人员出于拓宽理论视野、完善知识结构、提高综合素养的需要，自发攻读了高等院校公共管理专业硕士学位。另一方面，交通运输、海事、救捞等系统为了提高管理人员的能力素质，与大连海事大学等高等院校共同举办了各种形式的公共管理专业硕士学位学习班，选派了一大批管理人员进修学习。

② 2001年以后，交通运输、海事、救捞等系统通过国家公务员考试或事业单位考试招录工作人员，招录人员的专业类别大为拓宽，不再像以往那样一般局限于个别航海高等院校的水上交通运输管理等少数专业，一大批行政管理专业的各层次毕业生得以加入进来。

究者逐渐认识到海上搜救从来都不是一个纯粹的专业技术问题，公共物品属性是海上搜救最重要、最显著和最基础的特征之一，只有正确认识和充分理解海上搜救的公共物品属性，才能有助于更加及时、有效、科学、公平、合理地组织海上搜救。如：尼树会援引《1979年国际海上搜寻与救助公约》的规定条款，阐述了海上搜救的公共物品属性，提出海上搜救是政府应负的责任和应尽的义务，也是公民应当获得的帮助和应当享有的权利，海上搜救作为一项重要的维护公平的社会政策，无论什么原因和何种情形，只要公民在海上遇险，政府就应该及时、迅速、有效地组织实施搜救。[1] 刘华山依据国际公约和中国法律，从公共物品的非竞争性和非排他性两大特征出发，对作为一种公共物品的海上搜救进行了较为系统的论述。[2] 李宇服在运用公共管理理论分析了海上搜救的诸多要素后，认为海上搜救是一项包括政府在内的各相关公共组织提供的一种重要的公共服务；为各类海上遇险人员提供及时、有效的搜救服务，是一个国家和社会的公共管理和公共服务能力的重要体现。[3]

（2）有关海上搜救的实现方式的研究。由于在日趋复杂、繁重、艰巨的海上搜救任务面前，政府自身能力的局限性以及传统公共管理的弊端逐渐暴露出来，有不少研究者主张加强和改进以政府为中心的行政管理，同时，也有许多研究者提出在发挥政府主导作用的同时，对海上搜救的实现方式进行必要和适度的变革创新。根据研究者所提出理论主张的不同，大致可以分为以下三种研究途径：

第一种，以"行政管理"为重点的研究途径。循着这一途径开展研究的研究者主要来自于承担海上搜救日常事务的交通运输部门和海事机构，他们从自身的工作经历中，深切感受到了作为一个

---

[1] 尼树会. 浅议我国海上搜寻救助存在的问题及对策[J]. 珠江水运, 2007 (9): 30-32.
[2] 刘华山. 防城港海上搜救应急管理研究[D]. 大连：大连海事大学, 2012.
[3] 李宇服. 钦州海上搜救能力提升对策研究[M]// 吴兆麟. 海事公共服务研究. 大连：大连海事大学出版社, 2014: 359-382.

协调议事机构的海上搜救（分）中心在组织、指挥、协调海上搜救行动过程中的种种困难，而且这些困难随着参与主体的日益多元化和多样化愈发加重，因而主张强化政府尤其是交通运输部门和海事机构在海上搜救工作中的中心地位和主导作用。如：彭信发分析了海上搜救过程中时常发生的多头管理、各自为战、推诿扯皮、敷衍搪塞等现象，认为中国现行海上搜救管理体制由于存在较为突出的结构性问题，导致各级海上搜救（分）中心的组织协调功能和统筹整合能力无形中被弱化，提出建立统一、权威的中国海上搜救组织指挥机构。① 零建广结合广西北部湾海上搜救的工作实际，针对海上搜救组织协调不畅的问题，提出参考、借鉴美国海岸警卫队的模式，建立一支列入军队编制的海上救助队伍，专门承担海上搜救工作。② 陈远亮通过对广东省海上搜救中心协调指挥的海上搜救个案进行分析，提出由于受到职权的限制，海上搜救（分）中心在组织协调各方面力量开展海上搜救行动方面存在很大的局限性，使得海上搜救处于被动状态，进而建议以立法的形式明确各级海上搜救（分）中心对海上搜救的指挥和协调权力。③ 杜永东在回顾中国海上搜救管理体制历史沿革的基础上，从法律与现实的冲突入手，分析了海上搜救在交通运输部内外面临的各种困境及其原因，认为由于缺乏必要和适当的法律作为支撑，加上各成员单位之间没有上下级隶属关系，海上搜救机构不具备足够的权威性，因而在海上搜救的组织协调过程中步履维艰、困难重重；同时参考、借鉴美国和日本两国海上搜救机构的组织模式，提出在国务院应急办的基础上成立一个由国务院直接领导的高层次协调机构，统筹、整合交通运输部所属的中国海上搜救中心、海事局、救捞局等海上搜救力

---

① 彭信发. 海上交通突发公共事件搜寻救助研究 [D]. 武汉：华中科技大学, 2005.
② 零建广. 北部湾海上交通突发公共事件搜寻救助问题的研究 [D]. 南宁：广西大学, 2008.
③ 陈远亮. 广东省海上搜救现状分析及对策研究 [D]. 广州：中山大学, 2008.

量,统一负责海上突发事件应急反应的组织和实施。①

第二种,以"市场参与"为重点的研究途径。这一途径的研究者吸纳了新公共管理的基本观点和方法,主张合理界定政府与市场在海上搜救中的职责边界,并通过市场机制的有效发挥,吸引更多的企业参与到海上搜救中来,以解决政府在海上搜救中存在的资源不多、能力不足、效率不高的问题。如:林志豪结合海上搜救成员单位之一的某船舶油污水作业公司参加海上搜救行动,投入大量的人力、物力、财力资源,事后却得不到必要和合理的补偿,导致企业自身运作困难、濒临破产的实际案例,提出行政手段、法律手段、经济手段三者并用、相互结合,方能保证海上溢油应急反应机制乃至整个海上搜救体系的有效运行和持续完善。② 黄军根、王盛明、孔祥昆从深圳的具体实践出发,围绕海上搜救重要组成部分之一的海域污染应急反应体系如何引入市场理念和市场机制,通过以市场为导向,充分发挥政府机构和市场主体两方面的积极性和创造性问题,提出海域污染应急反应体系建设要坚持走政府主导、企业参与、市场调节、专群结合的发展之路。③ 杨仲林、朱玉柱、许志远着眼于有效利用社会救捞资源特别是社会商业性救捞资源,对中国与美国、加拿大两国海上救助分级体系的相似性和相异性及其主要原因进行了分析,强调科学合理的海上救助分级体系在协调社会(商业)专业力量和政府力量方面能够发挥积极而有效的作用,达到既节约国家资源又促进社会(商业)专业救捞力量发展的目的,从而增强国家的整体海上搜救实力。④ 周江华根据宁波舟山港海上

---

① 杜永东. 我国海上搜救机制研究 [M] // 吴兆麟. 海事公共管理研究. 大连:大连海事大学出版社,2012:499-518.

② 林志豪. 运用经济手段完善深圳溢油应急反应机制 [J]. 交通环保,2003(12):7-11.

③ 黄军根,王盛明,孔祥昆. 按市场机制构建深圳海上污染应急反应体系 [C] // 中国航海学会2004年度学术交流会优秀论文集专刊. 航海技术,2004:147-149.

④ 杨仲林,朱玉柱,许志远. 国内外海上救助分级体系分析 [J]. 中国海事,2006(11):28-30.

搜救的现状，针对由于海上搜救补偿机制的缺失导致商船、渔船等市场力量参与海上搜救得不到及时、合理、正当补偿的问题，提出建立海上搜救基金，并对海上搜救基金的建立、补偿、获得、管理等问题进行了探讨。① 韦长庆在分析广西海上搜救应急力量现实状况的基础上，提出借鉴西方发达国家的先进经验，采取特许经营、合同外包、政府补贴等多种方式，扶持若干家有实力的企业投入到海上搜救中来，以期增强海上搜救的整体实力。②

第三种，以"志愿服务"为重点的研究途径。改革开放和现代化建设以后中国公民社会组织的迅速兴起和蓬勃发展及其在中国社会生活中产生的愈益重要的影响极大地鼓舞着这一途径的研究者，他们论述了志愿组织在海上搜救中的重要地位和独特作用，并对志愿组织的组织形式、参与方式、运行模式、激励机制和保障措施等提出了意见、建议。如：交通运输部海事局第一期赴英国海上搜救管理培训团认为，建立海上搜救志愿者组织，是发达国家普遍采用的搜救人员构成模式，既有利于政府节约大量的人员成本，又能够为实现搜救力量的有效覆盖提供充足的人力资源。中国目前可以采取分步走的策略建设和造就一支高素质的海上搜救志愿者队伍，即起先通过志愿者推广海上安全知识，其后为志愿者配备必要的装备和开展适当的培训提高其实战能力。③ 施向红、黄志球、陈伟建强调海上搜救作为一种典型的公共服务产品，在中国经济社会急剧转型和快速发展的过程中面临日益严峻的挑战，政府试图以一己之力单独应对是不可能也不可取的，因而应当按照政府职能转变的要求，发动社会各方力量积极参与进来。④ 刘凯然认为搜救志愿

---

① 周江华. 宁波舟山港海上搜救资金补偿机制研究 [J]. 浙江海洋学院学报（自然科学版），2007，26（1）：59-64.

② 韦长庆. 广西海上搜救应急管理对策研究 [D]. 大连：大连海事大学，2012.

③ 交通部海事局第一期赴英国海上搜救管理培训团. 对比中英两国海上搜救管理 [J]. 中国海事，2007（2）：53-54.

④ 施向红，黄志球，陈伟建. 加强政府职能转变 提高海上搜救水平 [J]. 中国海事，2008（6）：37-39.

者是海上搜救应急队伍的重要组成部分，并对国内外海上搜救志愿者队伍的现状和所面临的形势进行了比较分析，同时以深圳的具体实践为例，提出了开展海上搜救志愿者队伍建设的对策建议。① 朱玉柱、李勤荣、李小文重点对美国、加拿大、爱尔兰以及中国等不同国家的海上搜救志愿服务奖励设置状况进行了比较研究，建议中国扩大海上搜救的奖励对象范围，将在平时的志愿工作中为海上搜救提供支持、帮助的团体和个人纳入进来，同时加大对在海上搜救工作中作出突出贡献的个人或组织的精神奖励，以表达对他（它）们的感激之情。② 员锡涛提出借鉴、吸收西方发达国家海上搜救志愿者队伍建设的有益经验，完善和改进中国海上搜救志愿者的组织形式、计划管理、招募管理、培训管理、使用管理、激励体制、资金筹措与管理、保障措施等。③

（3）有关海上搜救的机制体制的研究。海上搜救具体行动中大量问题的反复出现，使得不少研究者在继续致力于个案研究的同时，开始重视宏观管理的研究，将关注的目光投向了在海上搜救中发挥重要的基础、依托和保障作用的机制体制建设，他们认为机制体制的不合理、不健全、不完善是海上搜救行动过程中诸多问题持续不断发生的主要根源，并重点研究了目前中国海上搜救的组织机构设置、职能权限划分和管理制度建立等问题。如：周江华在浙江省推进宁波舟山港一体化建设的背景下，通过对宁波舟山港海上交通情况的实地调查，分析了其海上搜救的现状与存在问题，提出了适应港口一体化建设要求的海上搜救新模式，并对实施新模式应重点解决的搜救体制改革、搜救法规完善、搜救资源整合和搜救网络建设等方面问题提出了对策建议。④ 许晓江在肯定中国沿海水域在

---

① 刘凯然. 海上搜救志愿者队伍建设 [J]. 中国海事，2010（8）：47-49.
② 朱玉柱，李勤荣，李小文. 各国对海上搜救的奖励机制 [J]. 中国海事，2010（12）：39-42.
③ 员锡涛. 我国海上搜救志愿者管理研究 [D]. 大连：大连海事大学，2012.
④ 周江华. 宁波舟山港海上搜救体系模式的研究 [J]. 宁波大学学报（理工版），2008，21（1）：126-130.

国家搜救力量的覆盖范围之内，业已形成以"点、线、面"相结合为特点的海上搜救力量整体布局，建立了较完善的海上搜救网络的同时，认为目前专业救助力量相对薄弱，社会救助力量未能得到有效整合和充分利用，海上搜救（分）中心组成部门和单位在海上搜救工作中的职责分工也不明确，并提出了相应的对策建议。[①]李煜运用公共危机管理理论，针对长江泰州段水上搜救存在的突出问题，提出建立完善水上搜救的危机预警机制、资金保障机制、信息沟通机制，以推动形成快速动员、协同应对的水上搜救多方共治的新格局。[②]陈伟建基于治理理论的视角，针对深圳海域溢油应急反应体系存在的主要缺陷，从结构组成、权责关系、运行机制、制度供给、资源环境等方面剖析了原因，并对于构建政府主导下的政府、市场、社会共享权力、共担责任、各司其职、协调合作的海域溢油应急反应体系目标提出了相应的对策措施。[③]

应当承认，经过众多专家学者多年来卓有成效的努力，中国运用公共管理理论对海上搜救的研究已经取得一个良好的开端。同时，也有充足的理由相信，在中国全面深化改革的新形势下，随着公共管理理论的不断发展，海上搜救实践的不断深入，从公共管理的视角对海上搜救的研究必将向新的广度和深度发展，也必将取得更多、更新、更大的成果。但即便如此，也毋庸讳言，目前在这一方面的理论研究还有着十分明显的缺陷：实证分析的多，文献研究的少，更缺乏相关理论模型建构的研究；不少研究分析是零散而非系统的，是疏略而非细致的，因而，综合性的研究文献较少，尚未形成一个严谨、完整、周密的理论体系；有许多的研究结论或评述甚至停留在"断言"的程度，带有研究者本人强烈的主观意识和感情色彩，缺乏一定的理论高度和认识深度，甚至缺乏必要的逻辑

---

① 许晓江. 我国水上搜救工作现状与对策 [J]. 物流工程与管理，2010，32 (7)：157-158.

② 李煜. 水上搜救危机管理研究——以长江泰州段为例 [D]. 上海：上海交通大学，2010.

③ 陈伟建. 治理理论视阈下的海域溢油应急反应体系建设——基于深圳的考察 [D]. 上海：复旦大学，2011.

推演。尤其是在运用治理理论对中国海上搜救管理体制的研究方面，研究者就连海上搜救管理体制都极少触及，稍有触及的在对海上搜救管理体制的概念进行界定时又大多含混不清、飘忽不定、前后矛盾，更遑论运用治理理论对其开展整体上、宏观上的系统性研究，因此，目前仅有的为数不多的研究情况都散见或夹杂于其他的研究成果之中。尽管如此，所有这些研究结论或结果都为包括本书在内的有关中国海上搜救管理体制的系统深入研究提供了一定的参考和借鉴，至少是思考的线索或批判的方向。

1.3 研究的目的、思路与方法

中共十八届三中全会通过的《中共中央关于全面深化改革若干重大问题的决定》（以下简称"《决定》"）提出："全面深化改革的总目标是完善和发展中国特色社会主义制度，推进国家治理体系和治理能力现代化。"《决定》同时强调："科学的宏观调控，有效的政府治理，是发挥社会主义市场经济体制优势的内在要求。必须切实转变政府职能，深化行政体制改革，创新行政管理方式，增强政府公信力和执行力，建设法治政府和服务型政府。"[1] 这显然对中国海上搜救管理体制创新作出了具体的部署，提出了明确的要求，指明了努力的方向。本书旨在这一总要求、总目标、总任务的指导下，运用治理理论的崭新视角，系统回顾中国现代海上搜救确立以来，中国海上搜救管理体制所发生的历史性变迁，进而总结规律、找出问题、分析原因，并在参考借鉴西方主要发达国家海上搜救管理体制的有益做法和成功经验的基础上，提出具有一定理论价值和实践意义的对策建议。

本书的主要思路是通过治理理论的全新视角，在把握中国海上搜救管理体制的发展与变迁规律，分析其当前所面临的形势、任务与机遇、挑战的基础上，通过与西方主要发达国家的比较，认清与

---

[1] 新华网. 中共中央关于全面深化改革若干重大问题的决定 [EB/OL]. [2014-03-08]. http://news.xinhuanet.com/mrdx/2013-11/16/c_132892941.htm.

西方主要发达国家的差距，提出创新中国海上搜救管理体制的目标、方法与途径，以更好地适应中国全面深化改革和加快实施海洋强国战略的新的时代背景下海上搜救科学发展的需要。

对于公共行政管理学研究的方法，威尔逊曾经指出："要准确地断定什么是发展这一研究工作的最佳方法。"① 为了力求达到研究的目的，本书在方法上主要运用公共管理和西方经济学的基本原理，采取文献研究法、历史研究法、比较研究法、访谈研究法、案例研究法。

（1）文献研究法。百科全书式的英国伟大物理学家艾萨克·牛顿（Isaac Newton）最为人熟知的一句名言是这样说的："如果我看得更远的话，那是因为我站在巨人的肩膀上。"② 所谓站在巨人的肩膀上，就是要对已有的研究成果进行全面透彻的分析。③ 无论是对公共管理，还是对海上搜救，长期以来许多的前辈专家学者都做了诸多深入、扎实、系统的研究，形成了不少的著述。所有这些前人的研究成果，都是本书的研究得以顺利开展的一个重要基础。本书从公共管理和海上搜救两个方面入手，对国内外的有关文献竭尽可能地进行汇集、阅读、鉴别、整理，并通过对众多文献的反复研究，归纳其含义、要点和精髓，力求形成科学性的认识，努力运用到研究之中。

（2）历史研究法。《战国策·赵策》称："前事之不忘，后事之师。"④ 对于学术研究而言，"管理学者从历史上可以吸取许多经验教训，其中重要的一条就是把研究过去作为研究管理的入门。"⑤

---

① [美] 威尔逊. 行政学研究 [J]. 国外政治学，1987（6）：30-51.

② 龚旭. 鼓励创新的制度基础——关于科学的规范系统与奖励系统的思考 [J]. 科学文化评论，2004，1（5）：5-11.

③ 陈振明，张成福，周志忍. 公共管理理论创新三题 [J]. 电子科技大学学报（社科版），2011，13（2）：1-5.

④ （西汉）刘向. 战国策全译 [M]. 王守谦，喻芳葵，王凤春，李烨，译注. 贵阳：贵州人民出版社，1992：488.

⑤ [美] 丹尼尔·A. 雷恩. 管理思想的演变 [M]. 孙耀君，等，译. 北京：中国社会科学出版社，1986：4.

在一定的历史条件下，特有的政治、经济以及社会、文化等诸种因素影响并塑造着当时的公共管理，与之相适应，其公共管理体制呈现出特定的历史形态，这当中既有可供后人学习、借鉴的成功经验，也有值得反思、吸取的深刻教训；不同历史条件下的公共管理体制的特定形态之间又存在着某种必然的逻辑联系，反映出一定的客观规律性。因此，研究不同历史条件下的公共管理体制以及它们之间传承、发展、演变的过程，对于公共管理体制的调整、创新和变革无疑具有极大的助益作用。中国海上搜救管理体制作为中国公共管理体制的组成部分，自然也有一个产生、传承、发展、演变的过程，并非"天外来物"，也不是"一朝突变"的结果。因而，本书对中国现代海上搜救工作肇始以降各个历史阶段的中国海上搜救管理体制的基本形态、主要特点及其相互关系进行回顾、梳理、分析，试图在准确把握其得失成败的基础上，找出它的历史变迁规律和发展趋势，以达到更全面、更客观、更理性地对待过去、认识现在、预见未来的目的。

（3）比较研究法。他山之石，可以攻玉。邓小平说过一句振聋发聩的话："社会主义要赢得与资本主义相比较的优势，就必须大胆吸收和借鉴人类社会创造的一切文明成果，吸收和借鉴当今世界各国包括资本主义发达国家的一切反映现代社会化生产规律的先进经营方式、管理方法。"① 吸收和借鉴外国经验，最好的方法之一是进行比较研究。正如美国著名比较公共行政学家费勒尔·黑迪（Ferrel Heady）指出的，通过对跨国界的公共行政进行比较研究，对于更加深入地认识不同民族国家的行政特点进而相互借鉴彼此的成功经验，不无益处。② 治理理论起源于西方，在国外的公共管理改革实践中取得了颇多丰硕的成果。具体到海上搜救管理体制的建立、完善和发展方面，西方发达国家也都运用治理理论进行了诸多有益的探索，积累了不少的成功经验。所有这些同样属于人类社会

---

① 邓小平文选（第三卷）[M]．北京：人民出版社，1993：373．
② 丁煌．西方公共行政管理理论精要[M]．北京：中国人民大学出版社，2005：240．

共同的文明成果,值得我们认真、积极地吸收和借鉴。为此,本书通过对当今世界西方主要发达国家和中国的海上搜救管理体制进行比较分析,寻找其相似性和相异程度,以更好地学习、借鉴和吸收国外的实践经验和理论成果。

(4) 访谈研究法。访谈是搜集历史资料、还原历史事实的一种必要的方法与途径。通过访问历史现场的见证人,从他们的原始谈话记录当中筛选、抽取有关的史料,再与其他的历史文献进行比对、分析,可以让历史更加接近于具体的历史事件真实。因此,对于中国海上搜救管理体制创新这样一项涉及时间跨度较大但历史文献相对匮乏的学术课题研究,访谈研究法的重要性和必要性是不言而喻的。为此,本书在写作的过程中,多次就有关问题和疑惑深入地访问中国海上搜救重大事件和重要活动的领导者、组织者和亲历者、见证者,得到了他们不少颇为有益的帮助。当然,正如学者所言,有时候从国人口中得到公正的、坦诚的回答还是比较困难的,毕竟他们通常很小心地回答涉及非个人事件的问题。① 所以,对众多当事人的回忆、叙述和文字资料,还结合已有的历史文献进行认真、细致、深入的比较研究,以达到去伪存真、去芜存菁的目的,从而为本书的认识、观点和主张提供有说服力和公信力的事实支持。

(5) 案例研究法。任何事物都既有共性又有个性,共性即普遍性,个性即特殊性。唯物辩证法认为,共性和个性两者是辩证统一的关系,共性寓于个性之中,个性又受共性的制约。因而,面对特定个案的深入研究有助于提供解释性的洞见。② 海上搜救是一个实践性非常强的领域,其管理体制的得失、优劣、成败无疑会通过具体的海上搜救行动个案直观、充分、彻底地反映出来,所以,对具体的海上搜救行动的经验与教训进行研究、分析,梳理、甄别、

---

① Bian Yanjie. Work and Inequality in Urban China [M]. Albany: State University of New York Press, 1994: 19-20.

② [美] 艾尔·巴比. 社会研究方法 (第十一版) [M]. 邱泽奇,译. 北京:华夏出版社,2009: 297.

归纳出带有典型性、普遍性、趋向性的问题，显然有助于提高对海上搜救管理体制整体的认识。本书通过选择中国海上搜救的典型案例进行剖析，以冀望提高对中国海上搜救管理体制存在的问题及其产生原因的认识与把握，并在此基础上提出有创见性和可行性的对策建议。

1.4　本书的内容与结构

本书通过剖析中国海上搜救管理体制在组织结构、权责关系、管理机制、制度体系和区域合作等方面存在的亟待解决的突出问题及其主要成因，提出这种以政府为中心的传统的一元管理模式已然不能适应新的形势任务下中国海上搜救工作发展、进步的需要，因而必须运用治理理论，对其进行根本性的改革创新，从而推动中国海上搜救实现由传统的一元管理向多元治理的转变，以更好地应对日益复杂化、多样化和高发化的海上突发事件的挑战，并着眼于政府、市场和社会的多元治理，在参考借鉴西方主要发达国家海上搜救管理体制的有益做法和成功经验的基础上，提出有针对性的对策措施。

本书分为绪论和主体两部分：

第1章，"绪论"部分。着重围绕中国全面深化改革和加快实施海洋强国战略的新的形势和任务对中国海上搜救提出的新的要求和挑战，论述开展课题研究的背景与动因，介绍研究的目的、思路和方法，同时对中国国内有关治理理论和海上搜救的研究现状进行综合分析和客观评价，阐明课题研究的意义与价值。

第2章，"一元管理：中国现行海上搜救管理体制的弊端"。除了运用公共管理理论对海上搜救和海上搜救管理体制这两个本书所涉及的核心概念进行认识、理解和界定，重点从政府、市场、社会关系的视角，分析中国现行海上搜救管理体制存在的突出问题及其产生的主要原因，进而指出造成这些问题的根源在于传统的政府一元管理模式。

第3章，"治理理论：中国海上搜救管理体制创新的基础"。

详细阐述治理理论的产生背景和主要内容,辨析治理与统治的区别,并从当前中国海上搜救管理体制面临的内、外部环境的变化出发,对治理理论在中国海上搜救管理体制创新中的适切性进行深入分析。

第4章,"历史回望:中国海上搜救管理体制的历史演变"。循着中国现代海上搜救确立近半个世纪以来的历史沿革,对中国海上搜救管理体制的演变过程进行阶段划分,并分析其在各个发展阶段的基本形态与主要特点,以寻求其变迁规律。

第5章,"国外镜鉴:西方海上搜救管理体制的有益启示"。主要介绍美、英、法、澳、日等在国际航运服务或国际海上贸易方面有重大影响的当今世界西方主要发达国家的海上搜救管理体制,并通过对其共同特点的归纳、分析,梳理、总结出对中国海上搜救管理体制创新具有重要的借鉴意义和参考价值的成功做法和有益经验。

第6章,"未来前瞻:中国海上搜救管理体制的创新对策"。全面阐明中国海上搜救管理体制创新的内涵特点、影响因素、基本原则,继而运用治理理论,针对中国海上搜救管理体制存在的突出问题,提出改革创新的对策措施。

第7章,"结论与讨论"。对本书的主要观点进行进一步的总结、归纳、提炼、阐述、分析本书存在的不足,并对未来的研究作出展望。

1.5 本书的创新点

本书的创新点主要体现在以下三个方面:

第一,研究对象的创新。海上搜救管理体制是关系到海上搜救工作全局和长远发展的一个非常宏大而又十分重要的问题。在现实中,海上搜救工作所碰到的或大或小的问题往往都与海上搜救管理体制密切相关,因此,人们对海上搜救管理体制不可谓不关心、不重视。然而,由于中国对海上搜救进行研究的专家学者主要集中于交通运输工程领域的理论界和实务界,他们的研究大多从专业技术的角度出发，较少触及海上搜救管理体制，纵使有所涉猎，也常常存在一种微观、泛化、静态式的研究倾向。这些研究者虽然或多或少地对海上搜救管理体制的含义与性质有所领会，但往往倾心于中国现行海上搜救管理体制的组织结构和具体制度的研究，对海上搜救管理体制的整体，包括海上搜救管理体制的构成要素及其结构则缺乏足够的思考和探索，甚至连何谓海上搜救管理体制也语焉不详，难有权威的定义，更遑论对海上搜救管理体制的历史演变与未来发展的探讨。正因为缺少这种将海上搜救管理体制置身于经济社会变迁大背景下的全景式、立体化的研究，所谓的问题分析和对策建议往往有所偏颇，甚至流于表面，这在某种程度上不仅不能推动中国海上搜救管理体制的变革与创新，反而阻碍了中国海上搜救管理体制的完善和发展。本书以中国海上搜救管理体制为研究对象，比较系统地阐述了海上搜救管理体制的构成要素、海上搜救管理体制对海上搜救的重要作用，深入地研究了1949年新中国成立以来中国海上搜救管理体制随着经济社会的发展变迁而萌芽、形成、发展和演变的过程，客观地剖析了中国现行海上搜救管理体制的主要弊端及其问题根源，并提出了相应的对策措施，这不仅有助于全面、准确、深入地了解中国海上搜救管理体制的变迁历史，从而更好地把握海上搜救管理体制与经济社会大环境的动态平衡关系，以及中国海上搜救管理体制的发展规律与未来走向，也在一定程度上拓宽了中国海上搜救的研究领域。

第二，分析框架的创新。海上搜救工作是一个专业性、技术性和实践性都非常强的领域，过往中国的专家学者对海上搜救的研究往往坚持工具理性优先，着眼于通过技术系统的改进、发明、创造追求海上搜救的效果和效益的最大化，而较少关注海上搜救的公共性，或简单、片面、主观地认为海上搜救仅仅是国家政府内部事务，至少局限于所谓的体制内，以至于对海上搜救作为一种公共物品和公共服务，在新的经济社会条件下如何整合公共的或私人的各方面的因素、资源和力量，以更充分、合理、有效地进行供给，从而最大程度地实现、维护和增进公共利益，甚少进行专门、深入、系统的研究，更鲜有足以为人称道的成果。经过改革开放和现代化建设 30 多年的发展，中国海上搜救管理体制在经历了多次的调整和变革以后，已经出现一些明显的变化，逐渐显现出了治理体制的基本框架特征，但就其实质而言，仍然还是传统的公共管理模式，海上搜救"政府单一供给"的模式并未发生根本性的改变。当前，中国进入全面深化改革的崭新的历史时期，经济社会各领域的改革继续向纵深发展，政府与市场、政府与社会、政府与公民的关系进一步调整，中国海上搜救管理体制得以存在、运行、发展的经济社会基础正发生极其广泛而深刻的变化。在复杂性、多样性、不确定性日益提高的海上搜救形势任务面前，海上搜救"政府单一供给"的模式不仅不合时宜，而且力不从心，难敷需求。时代的剧烈变革，给中国海上搜救管理体制创新提出了更紧迫、更强烈、更深刻的要求。兴起于 20 世纪 90 年代的西方世界并已经在一些国家和地区的公共管理改革过程中发挥了重要指导作用的治理理论，最能够代表现代公共管理理论的发展趋势，为现代公共管理实践提供了一种新的适用的理论范式，对中国海上搜救管理体制创新具有现实的借鉴意义。基于此，本书运用治理理论的分析框架，针对中国现行海上搜救管理体制的主要弊端及其产生根源，在分析、参考、借鉴西方主要发达国家有益做法和成功经验的基础上，提出了系统性、根本性、创造性的对策措施，这对于中国海上搜救的研究现状而言，无疑是具有一定开拓性的尝试。

第三，理论观点的创新。目前中国学者对海上搜救的研究尽管立足于多个维度，涉及多个学科，也取得了一定的成果，但其主要侧重于技术性、实证性的研究，而较少理论性、规范性的研究。单是对海上搜救公共物品属性的研究，研究者也大多采取主观论断的方式，往往缺少必要和恰当的演绎分析，因而其结论从一定程度上讲，是缺少足够的说服力，至少是难以令人服膺的。另外，实证性研究所得出的观点、主张，虽然和具体情况结合得比较紧密，但更多地局限于某个区域、某个系统、某个事件，其是否真正具有普遍的适用性、指导性和可行性，很多时候也还需要结合特定的时空情景进行进一步的客观深入的分析研究，方才能够运用于海上搜救的具体实践。因此，系统地研究海上搜救的有关概念与范畴，以及对其开展必要的规范性研究是当前中国海上搜救研究方面相对薄弱、亟待加强的工作。本书从现代公共管理的角度出发，详细分析、论述了海上搜救的公共物品属性，并对海上搜救管理体制的概念、内涵与特点进行了深入细致的阐述，相信这些对于今后中国海上搜救的研究是具有一定的参考价值的。尤其重要的是，本书运用治理理论，在回顾、梳理、分析中国海上搜救管理体制的发展历史脉络的基础上，提出中国现行海上搜救管理体制依然是传统的公共管理模式，而如果其改革创新继续囿于这种传统的公共管理模式，纵使有些所谓的改革创新措施能收一时之效，但都不免陷入南辕北辙的困境，这必将导致中国现行海上搜救管理体制最终成为制约海上搜救发展的桎梏，故而，中国海上搜救管理体制创新的根本之道在于引入治理理论，将政府、市场和社会的资源、力量进行有效的统筹与整合，使之真正实现由一元管理向多元治理的转变；同时对如何实现这种管理范式的转变，建立适应中国经济社会剧烈变革和全面转型需要的现代海上搜救管理体制，以更有效地应对日益复杂化、多样化、高发化的海上突发事件的挑战，保障和促进中国海上交通运输乃至整个经济社会的发展，提出了创新性、系统化、复合型的对策建议。所有这些理论观点和政策主张在目前中国的海上搜救研究中也是具有一定独创性的。

2

一元管理：中国现行海上搜救管理体制的弊端

美国著名管理学家拉塞尔·L. 阿克奥夫（Russell L. Ackoff）曾经尖锐地指出："要想成功地解决问题，就必须对真正的问题找到正确的方案。我们经历的失败常常更多的是因为解决了错误的问题，而不是因为我们为真正的问题找到了错误的解决方案。"① 美国著名行政学家埃莉诺·奥斯特罗姆（Elinor Ostrom）也曾说过这样一段饱含哲理的话："我们要进行改革，最重要的是首先确定我们在什么地方，然后才能确定我们要走向哪里，即进行什么改革。"② 由此可见，研究中国海上搜救管理体制创新问题，首要的一项任务是明确海上搜救管理体制创新的若干核心概念，包括海上搜救、管理体制、海上搜救管理体制，同时也要明确中国现行海上搜救管理体制存在的主要问题。离开了这些，研究就没有了依托和

---

① ［美］威廉·N. 邓恩. 公共政策分析导论［M］. 谢明，等，译. 北京：中国人民大学出版社，2002：137.
② ［美］埃莉诺·奥斯特罗姆，等. 公共服务的制度建构：都市警察服务的制度结构［M］. 宋全喜，任睿，译. 上海：上海三联书店，2000：11.

根据，也就失去了价值和意义。

2.1 基本概念的再认识

2.1.1 海上搜救：基于公共物品理论的阐述

海上交通运输自古是一个充满风险和挑战的行业，始终与艰险和危机同行，与险情和事故为伴，而船舶对来自海上的遇险求救信号作出响应是一个古老的海上传统①，因而，海上搜救并不是人类进入现代社会才出现的一种现象。世界上有记录的最早的海上搜救行动可以追溯到 1656 年 4 月 28 日，一艘荷兰籍商船"费居德·德雷克"（Vergulde Draeck）在澳大利亚西海岸莱奇点（Ledge Point）南边海域沉没。沉船事故发生后，幸存者曾经发出了遇险求救信号，附近的船只则进行了三次搜救行动，但由于当时的自然环境条件极其恶劣，所有的搜救行动全部以失败告终。②进入现代以来，一方面，得益于科学技术的迅猛发展，船舶建造工艺不断改进，船用设备持续更新，海上通信手段明显改善，船舶技术条件发生了前所未有的优化，海上交通运输的安全环境总体上得到了相当大程度的改善③；另一方面，随着冷战的结束，海洋对人类社会发展进步的重要作用日益突出，海洋便捷的航运功能、储量丰富的资源和能源为人类社会尤其是沿海国家（地区）的经济社会发展提供了源源不断的动力，使得人类对海洋的重视与日俱增，人类在海洋中的作业和活动也日益频繁，加上受到自然条件、交通环境、船员操纵能力和船岸管理水平等诸多因素的影响，海洋仍然是一个充满危机

---

① 付玉慧，朱玉柱. 水上安全监督管理（下册）[M]. 大连：大连海事大学出版社，2001：124.
② 范希伟. 海上搜救环境研究 [D]. 大连：大连海事大学，2013.
③ 付玉慧，朱玉柱. 水上安全监督管理（下册）[M]. 大连：大连海事大学出版社，2001：123.

和挑战的场所①，各类海上突发事件不仅不可避免，而且有时候呈现易发、多发、频发的趋势，给人类社会带来了重大的损害，甚至是灾难。因此，对海上遇险的船舶和人员开展及时、迅速、有效的搜救，从而最大程度地减少乃至于避免海上人命财产和海洋环境资源的损失，就显得极其重要和迫切。

那么，什么是"海上搜救"？海上交通工程学对此给出了一个详细、具体、明确的解释。按照大连海事大学付玉慧教授、朱玉柱教授主编，吴兆麟教授主审的高等院校航海技术（海事管理）专业用书——《水上安全监督管理（下册）》所下的定义，海上搜救（Search and Rescue at Sea，简称SAR）是指船舶海上遇险②后，除遇险船舶外，任何海上救助力量在获得海上遇险信息后对其所采取的搜寻和救援行动。海上搜救包括海上搜寻和海上救助两部分，海上搜寻是由海上交通安全主管机关（通常是海上搜救协调中心或海上搜救协调分中心）协调，利用现有的人员、设备设施和技术条件来确定遇险人员位置的行动；海上救助则是指由任何可以利用的救助力量（SAR Resources），包括公共的或私人的力量对遇险人员实施拯救，为其提供初步的、基本的医疗或其他所需要的服务，并将其转移到安全地点的行动。由于海上搜寻与海上救助两部分在工作时间上紧密相连，在工作内容上密切相关，因而，学术界和实务界通常将这两项工作并称为"海上搜寻救助"，简称"海上搜救"。③

国际海事组织（IMO）则主要从三个方面对海上搜救进行了具

---

① 朱晓鸣. 新时期中国海上危机管理研究 [D]. 上海：华东师范大学，2008.

② 根据《水上安全监督管理（下册）》的解释，船舶海上遇险是指船舶、船员或海上设施在海上航行、锚泊或作业时遭遇严重而迫切的危险。所谓"严重而迫切的危险"是就危险的紧迫性和严重程度而言的，指的是危险即刻或必将发生，并足以危及船舶、财产和人命的安全。参见付玉慧，朱玉柱. 水上安全监督管理（下册）[M]. 大连：大连海事大学出版社，2001：124.

③ 付玉慧，朱玉柱. 水上安全监督管理（下册）[M]. 大连：大连海事大学出版社，2001：123-124.

体的界定：①政府使用各方面的资源履行遇险监测、通信的职责；②政府使用公共的或私有的资源，履行协调和搜救的职能；③政府组织承担医疗援助或医疗移送责任。另外，国际海事组织（IMO）还赋予海上搜救协调中心（或海上搜救协调分中心）协调船舶开展防范海盗和武装劫持船舶的职责。①

美国、英国、法国、澳大利亚、日本等西方主要发达国家大多遵从国际海事组织（IMO）的界定。中国作为《国际海上人命安全公约》和《1979 年国际海上搜寻与救助公约》的缔约国，对海上搜救的界定，除遵从国际海事组织（IMO）的界定外，还根据自身国情，考虑到各类海上险情可能会威胁到海上遇险人命与船舶设施安全以及海洋环境资源等各种情形，同时有鉴于中国的海上搜救机构②是海上安全值守的唯一机构，除其之外，再没有其他机构专门承担海上安全应急值守的任务，从而将海上搜救的工作范围扩大到财产救助和环境救助，以及应对各类海上突发事件。这样对于中国而言，海上搜救是一个有关海上安全的综合概念，并不仅仅局限于国际海事组织（IMO）所界定的单一的海上人命救助和防范海盗及武装劫持船舶的范畴。③

根据上述界定，在中国，海上搜救的主要作用可以归结为以下三个方面：

①保证海上人命安全。这是海上搜救至为重要的一项作用，也是海上搜救得以存在的根本原因所在。无论是国际公约，还是中国法律，都明确要求国家政府和岸上的各有关机构、船舶设施必须尽自己的最大努力，采取一切可能的措施对海上遇险的一切人员进行义务救助，以最大程度地减少人员伤亡，减轻他们的痛苦。这是因

---

① 杜永东. 我国海上搜救机制研究 [M] // 吴兆麟. 海事公共管理研究. 大连：大连海事大学出版社，2012：501.

② 中国海上搜救机构指各级海上搜救中心或分中心，其中，中国海上搜救中心设在交通运输部，省级及以下海上搜救（分）中心通常为地方政府的协调议事机构，其日常办事机构一般设在海事部门。

③ 杜永东. 我国海上搜救机制研究 [M] // 吴兆麟. 海事公共管理研究. 大连：大连海事大学出版社，2012：501.

为海上交通运输在人类经济社会的发展、进步中扮演着异常重要的角色,然而,它又是一个充满了挑战与危险的行业,海上各类从业人员、观光人员和旅客遭遇生命危险的概率远大于其他行业,因此,作为海上交通安全最后一道防线的海上搜救,必须首先肩负起保证海上遇险人命安全的神圣职责。

②保护海洋环境清洁。船舶海上遇险的情形多种多样,包括船舶碰撞、触礁、搁浅、倾覆、漏水、失火、爆炸、沉没、灭失、遭遇冰灾或风暴的袭击、重要属具损坏、船体破裂以及人员落水等。[1] 由于船舶航行于海上,诸多的船舶遇险情形都极有可能会"城门失火,殃及池鱼",给海洋环境资源造成不同程度的威胁或损害,尤其是由于船舶遇险所引发的船舶溢油污染事故,严重的甚至会对海洋环境资源造成无法恢复的永久破坏。所以,从这个意义上讲,对海上遇险船舶进行及时、迅速、有效的搜救,既是保证海上人命安全的必然要求,也是保护海洋环境清洁的客观需要。一旦发生海上突发事件,海上搜救进行得越及时、迅速、有效,对海洋环境资源的损害程度就越轻,反之亦然。正是基于这样的原因,为了有效地保护海洋环境和海洋资源,中国政府明确将防治船舶污染海域乃至整个对海洋环境的救助纳入海上搜救的范畴。

③保障海上交通发展。海上突发事件实质是一种公共危机,不仅会对遇险的船舶和人员本身造成损害,而且常常危及海上交通运输的安全作业环境,而海上交通运输的可持续发展须臾离不开安全可靠的作业环境,因此,相应地,海上搜救属于一种公共危机应对,它既是对海上遇险船舶人命的个体救援,也是对海上安全作业环境的整体救护。各类海上突发事件及时、迅速、有效的处置,不仅会使海上安全作业环境经受住考验,而且能够提高海上相关从业人员乃至整个业界对海上安全作业环境的信心,激发他们从业的热情,增强他们的积极性和创造性,从而促进海上

---

[1] 付玉慧,朱玉柱.水上安全监督管理(下册)[M].大连:大连海事大学出版社,2001:124.

交通运输持续、健康、快速的发展。随着国家政府、企业组织和社会公众海上交通安全意识的日益提高，海上搜救逐渐由被动应急向主动防范转变，海上搜救对海上交通运输发展的支持和保障作用将更为显著。

  海上搜救是一项义务性的工作，这是有关国际公约和中国法律法规赋予海上搜救的质的规定性。海上搜救的义务性主要体现在对海上遇险人命的救助上，有关的国际公约和中国法律法规对此均作出了十分明确、具体的规定。对于船舶的义务，有关公约、法律、规定明确要求，船舶遇到遇险船舶和人员，或收到求救信号，应当全力进行救助，除非这种救助会严重危害到自身的安全。如：国际上最早提及海上搜救义务的公约——《1910年统一关于海上救助打捞若干规则的国际公约》① 第十一条规定："每位船长都必须，只要不会对本船、船员及旅客造成严重危险，就应向在海上发现的处于危险中的任何人提供救助，即使是敌人也是如此。"② 《1974年国际海上人命安全公约》第五章第十条规定："海上船舶的船长，在收到船舶、艇或救生筏遇险信号时，必须全速驶向遇险者并提供救助，可能时，应通知遇险者他自己正在前往。如果船长不能前往援助，或因情况特殊，认为前往援助为不合理或不必要时，他必须将未能前往援助遇险人员的理由载入航海日志。"③ 《联合国海

---

  ① 为了争取各国海上救助打捞法律的统一，鼓励海上救助打捞事业的发展，经过国际上旨在促进海商法统一的非政府间国际海事委员会（Comite Maritime International，简称CMI）的努力，于1910年9月23日在比利时布鲁塞尔召开的第三届海洋法外交会议上通过了《1910年统一关于海上救助打捞若干规则的国际公约》，自1931年3月1日起生效。公约规定的法律原则，后来成为世界上许多国家有关立法的依据。

  ② 付玉慧，朱玉柱．水上安全监督管理（下册）[M]．大连：大连海事大学出版社，2001：124-125.

  ③ 宁波海事局．1974年国际海上人命安全公约[EB/OL]．[2014-09-23]．http://www.nbmsa.gov.cn/portal/section/10/2010/10/24/50f0701cd7f74863b25d33d656c46ef0/.

洋法公约》① 第九十八条有关"救助的义务"规定："每个国家应责成悬挂该国旗帜航行的船舶的船长，在不严重危及其船舶、船员或乘客的情况下：①救助在海上遇到的任何有生命危险的人；②如果得悉有遇险者需要救助的情形，在可以合理地期待其采取救助行动时，应尽速前往救助；③在碰撞后，对另一船舶和旅客给予救助并在可能的情况下，将自己船舶的名称、船籍港和将停泊的最近港口通知另一船舶。"② 《中华人民共和国海上交通安全法》③ 第三十六条规定："事故现场附近的船舶、设施，收到求救信号或发现有人遭遇生命危险时，在不严重危及自身安全的情况下，应当尽力救助遇难人员，并迅速向主管机关报告现场情况和本船、设施的名称、呼号和位置。"④ 《中华人民共和国海商法》⑤ 第一百七十四条规定："船长在不严重危及本船和船上人员安全的情况下，有义务尽力救助海上人命。"⑥

对国家和岸上有关机构，有关国际公约和中国国内法律也明确规定了它们在海上搜救中的义务与责任，包括保持安全值班、建立

---

① 《联合国海洋法公约》于1982年12月10日在牙买加蒙特哥湾召开的第三次联合国海洋法会议最后会议上通过，自1994年11月16日起生效，目前已获150多个国家批准。该公约对当前全球各处的领海主权争端、海上天然资源管理、污染处理等具有重要的指导和裁决作用。

② 新华网. 联合国海洋法公约 [EB/OL]. [2014-09-23]. http：//news.xinhuanet.com/ziliao/2005-04/04/content_2784208.htm.

③ 《中华人民共和国海上交通安全法》由1983年9月2日第六届全国人民代表大会常务委员会第二次会议通过，1983年9月2日中华人民共和国主席令第七号公布，自1984年1月1日起施行。该法是为了加强海上交通管理，保障船舶、设施和人命财产的安全，维护国家权益而制定的。

④ 中国政府门户网站. 中华人民共和国海上交通安全法 [EB/OL]. [2014-09-24]. http：//www.gov.cn/banshi/2005-08/23/content_25604.htm.

⑤ 《中华人民共和国海商法》由1992年11月7日第七届全国人民代表大会常务委员会第二十八次会议通过，1992年11月7日中华人民共和国主席令第六十四号公布，自1993年7月1日起施行。该法旨在调整海上运输关系、船舶关系，维护当事人各方的合法权益，促进海上运输和经济贸易的发展。

⑥ 人民网. 中华人民共和国海商法 [EB/OL]. [2014-09-23]. http：//www.people.com.cn/zixun/flfgk/item/dwjjf/falv/8/8-1-02.html.

岸基设施、开展搜救行动、培育专业队伍、加强相互合作等。如：《1958年日内瓦公海公约》① 第十二条第二款规定："每个沿岸国应促进建立和维护与海上安全有关的足够和有效的搜救设施，如情况需要，与邻国就这一目的进行相互的区域性合作。"② 《1974年国际海上人命安全公约》第五章第十五条规定："各缔约国政府应承担义务安排必要的沿岸值守并救助其沿岸海上的遇险者。""各缔约国政府应提供其现有救助设施及计划的信息以供交换。"③ 世界上第一个有关海上搜救的专门国际公约——《1979年国际海上搜寻与救助公约》更是规定"各缔约方须保证对任何海上遇险人员提供救援。提供救援须不考虑这种人员的国籍或身份，或者遇险人员所处的情况"，同时要求缔约国最大限度地使搜救程序标准化，建立搜救组织，以有利于各国搜救组织之间的直接联系，保证搜救中的海面单位和空中单位之间有效合作。④ 《中华人民共和国海上交通安全法》第三十七条规定："主管机关接到求救报告后，应立即组织救助。有关单位和在事故现场附近的船舶、设施，必须听从主管机关的统一指挥。"⑤

从上述国际公约和中国法律法规的有关规定中，不难看出，海上搜救是一种公共物品而非私人物品。这可以依循公共物品的内涵

---

① 《1958年日内瓦公海公约》于1958年2月24日至4月27日在瑞士日内瓦召开的第一次联合国海洋法会议上通过，1962年9月30日生效。参加该公约的国家共有50多个。此公约系1958年决议的四大海洋法公约之一，主要用以规范各国船舶、设施在公海上的活动，以确保公海向全世界开放并保障各国的合法利用。其多数原则皆已包括在后来增订的1982年海洋法公约之中。

② 中国网.1958年日内瓦公海公约 [EB/OL]. [2014-09-24]. http://www.china.com.cn/law/flfg/txt/2006-08/08/content_7057244.htm.

③ 宁波海事局.1974年国际海上人命安全公约 [EB/OL]. [2014-09-23]. http://www.nbmsa.gov.cn/portal/section/10/2010/10/24/50f0701cd7f74863b25d33d656c46ef0/.

④ 中国网.1979年国际海上搜寻与救助公约 [EB/OL]. [2014-09-24]. http://www.china.com.cn/law/flfg/txt/2006-08/08/content_7057068.htm.

⑤ 中国政府门户网站.中华人民共和国海上交通安全法 [EB/OL]. [2014-09-24]. http://www.gov.cn/banshi/2005-08/23/content_25604.htm.

进行辨析、判定。但正如学者所指出的那样,很少有一个概念像"公共物品"这样有如此之多的解释,这种状况一方面说明公共物品的重要性,另一方面也说明对公共物品的理解还存在分歧①,因此,要正确认识和准确把握海上搜救的公共物品属性,就必须从公共物品理论发展史上对公共物品内涵的诸多理解和界定出发,从多个角度对其进行认真、全面、深入的审视。

首先,从物品的消费特征上看。公共物品是人类社会发展到一定阶段才出现的一个历史范畴,它是公共部门与私人部门分化、分离之后的产物。② 对于"何谓公共物品"的问题,萨缪尔森从消费特征角度赋予了公共物品形式化的定义。③ 他认为,所谓公共物品(他称为"集体消费物品")是指增加一个人对该物品的消费,并不同时减少其他人对该物品消费的那类物品。④ 显然,这一定义是在与私人物品的对比中得出的,公共物品这种每个人对它的消费并不同时减少他人的消费量的特性,被称为"消费上的非竞争性"(Non-rivalry in Consumption)。⑤ 马斯格雷夫在萨缪尔森的基础上对公共物品问题作了进一步的深入研究,在其著作《公共财政理论》中,他在对公共物品的概念进行定义时引入了价格的排他原则的非适用性,将消费的非排他性(Non-excludability from Consumption)与非竞争性并列,作为界定公共物品的两大标准之一。⑥ 依马斯格雷夫看来,但凡公共物品(他开始称之为"社会需要",后改称为

---

① 臧旭恒,曲创. 从客观属性到宪政决策——论"公共物品"概念的发展与演变 [J]. 山东大学学报(人文社会科学版),2002(2):37-44.

② 张康之,王喜明. 公共性、公共物品、自利性的概念辨析 [J]. 行政论坛,2003(7):8-11.

③ 梁学平. 公共物品内涵的多角度诠释 [J]. 商业时代,2012(3):111-113.

④ Paul A. Samuelson. The Pure Theory of Public Expenditure [J]. The Review of Economics and Statistics, 1954, 36(4):387-398.

⑤ 马珺. 公共物品问题:文献述评 [J]. 中华女子学院学报,2012(1):5-17.

⑥ 梁学平. 公共物品内涵的多角度诠释 [J]. 商业时代,2012(3):111-113.

"社会物品"),"任何人都同等地消费,不管他是否为此付费。"①萨缪尔森和马斯格雷夫的观点被广为采用,人们称之为"萨缪尔森—马斯格雷夫传统"(简称"萨—马传统")。这样公共物品一般被界定为独立于私人物品之外,具有非竞争性(Non-Rival)和非排他性(Non-Exclusive)的产品或服务。② 海上搜救的非竞争性和非排他性从根本上讲,产生于其义务性。如前文所述,国际公约和中国法律规定,对海上遇险的任何人,有关国家、机构和船舶、设施如无严重危及自身的特殊情况都应当也必须予以救助,这说明对某一遇险人员的搜救,并不能作为对其他遇险人员不予救助的理由,当再有其他人员遇险时,同样须予搜救;对于需要予以搜救的海上遇险人员,有关国家、机构和船舶、设施在不严重危及自身安全的情况下,不得因为遇险人员自身特定的原因,如国籍、种族、民族、性别、身份、政治倾向、宗教信仰、经济状况等不予搜救,换言之,任何海上遇险的人员都有得到搜救的权利,而不应以任何理由被排斥在外。可见,海上搜救就其物品的消费特征而言,同时兼具非竞争性和非排他性的双重特点,因而根据萨—马传统的阐述,无疑是一种典型的公共物品。

其次,从物品的供给特征上看。美国著名经济学家、公共选择理论的主要代表人物詹姆斯·M. 布坎南(James Mcgill Buchanan)在给公共物品下定义时,抛弃了从物品描述性特征进行界定的主流思路,另辟蹊径③,认为公共物品是由供给特征所决定的。他强调:"任何集团或者社团因为任何原因决定通过集体组织提供商品或服务,都将被定义为公共商品或服务……包括'公共性'程度

---

① Richard Abel Musgrave. The Theory of Public Finance [M]. New York: McGraw-Hill, 1959: 10.
② 梁学平. 公共物品内涵的多角度诠释 [J]. 商业时代, 2012 (3): 111-113.
③ 马珺. 公共物品问题:文献述评 [J]. 中华女子学院学报, 2012 (1): 5-17.

从 0 到 100%的其他一些产品和服务。"① "人们观察到有些物品和服务通过市场制度实现需求与供给，而另一些物品与服务则通过政治制度实现需求与供给，前者被称为私人物品，后者则称为公共物品。"② 根据布坎南的逻辑，某些物品只要进入了公共组织部门供给的范围，就可以将它认为是公共物品。这将人们的研究思路引向了公共选择过程，不少学者循着这一方向对公共物品的内涵展开了更为深入细致的分析。日本财政学者井手文雄在其《日本现代财政学》中将是否为国家生产供给作为公共物品与私人物品的分野，指出只要是国家生产、供给的产品或服务都可以认为是公共物品。③ 美国著名公共行政学家戴维·H. 罗森布鲁姆（David H. Rosenbloom）与罗伯特·S. 克拉夫丘克（Robert S. Kravchuk）合著的美国行政学标准教材——《公共行政学：管理、政治和法律的途径》认为："政府因为不受市场力量主导，故较能以不考虑利润的原则从事各项运作。""政府可以提供某些企业所不愿提供的服务或产品。这些服务或产品常被称之为'公共物品'（Public Goods）或'准公共物品'（Quasi-public Goods）。"④ 马莫洛（Marmolo）则直截了当地认为，公共物品对应于政府供给，而私人物品对应于市场供给；物品的供给方式决定了物品的"公共性"。⑤ 由此可以认定，是否由政府或其他的公共组织供给可以作

---

① James Mcgill Buchannan. An Economic Theory of Clubs [J]. Economic, 1965, 32 (125): 1-14.

② James Mcgill Buchannan. The Demand and Supply of Public Goods [M]. Chicago: Rand McNally & Company, 1968: 3.

③ [日] 井手文雄. 日本现代财政学 [M]. 陈秉良, 译. 北京: 中国财政经济出版社, 1990: 23.

④ [美] 戴维·H. 罗森布鲁姆, 罗伯特·S. 克拉夫丘克. 公共行政学: 管理、政治和法律的途径（第五版）[M]. 张成福, 等, 校译. 北京: 中国人民大学出版社, 2002: 11.

⑤ E. Marmolo. Constitutional Theory of Public Goods [J]. Journal of Economic Behavior & Organization, 1999 (38): 27-42.

为公共物品与私人物品的划分界限。① 海上搜救的高风险性、高投入性和非收益性决定了它不可能也不适于通过市场机制由企业或公民个人承担，而只能由国家政府或其他的公共组织提供，作为一种公共物品存在。对此，不论是从国际公约和中国法律的规定，还是从具体的海上搜救实践中都可以得到有力的印证。

最后，从物品的外部性特征上看。在现实生活中，按照萨缪尔森和马斯格雷夫的消费特征角度，即萨—马传统严格定义的公共物品是不多见的。② 因而，公共物品的非竞争性与非排他性的双重属性被一些学者所诟病，他们认为，对公共物品的定义不应仅仅停留在非竞争性和非排他性的消费特性上，还应从外部性视角考察公共物品的概念属性。③ 何谓"外部性"？简单地讲，外部性可以认为是一个经济主体的生产或消费活动对另一个经济主体所施加的有利或不利的影响。④ 萨缪尔森指出："生产和消费过程中当有人被强加了非自愿的成本或利润时，外部性就会产生。更为精确地说，外部性是一个经济机构对他人福利施加的一种未在市场交易中反映出来的影响。"⑤ 公共物品与外部性有着很强的相关性。在一个偏好相互依赖且存在多个消费者或生产者的场合，当一种行为影响不止一个人的福利时，外部性就有了公共影响，这个行为就成为一个类似于公共物品的共同消费，可以称之为"公益"或"公害"。⑥ 这正如美国著名哲学家约翰·杜威（John Dewey）曾经说过的那样：

---

① 梁学平. 公共物品内涵的多角度诠释 [J]. 商业时代，2012（3）：111-113.

② 梁学平. 公共物品内涵的多角度诠释 [J]. 商业时代，2012（3）：111-113.

③ 沈满洪，谢慧明. 公共物品问题及其解决思路——公共物品理论文献综述 [J]. 浙江大学学报（人文社会科学版），2009（10）：45-56.

④ 梁学平. 公共物品内涵的多角度诠释 [J]. 商业时代，2012（3）：111-113.

⑤ [美] 保罗·A. 萨缪尔森，威廉·D. 诺德豪斯. 经济学 [M]. 萧琛，主译. 北京：华夏出版社，1999：267.

⑥ 梁学平. 公共物品内涵的多角度诠释 [J]. 商业时代，2012（3）：111-113.

"公共是所有这些人构成的,他们受到交易之间接后果的影响到这一地步,及其必要使这些结果的提供得以系统化。"① 所以,就外部性特征而言,公共物品是因存在外部性而具有一定的公共影响的物品。② 对于海上搜救来说,通过对前文所援引的国际公约和中国法律规定的分析,海上搜救的逻辑起点和最终指向都确定无疑,那就是——人,但其生产和供给的目的从整体而言并非为了特定的某个个人,而是为了所有的社会成员,因而任何人都有可能从海上搜救中受益,不论他(她)是海上的遇险人员,抑或是其他的相关者,如遇险人员的亲属、朋友、同事等;与此同时,海上搜救对海洋环境资源的救助和海上交通运输的促进,无疑也是对所有人都有益的。从上述分析可以看出,海上搜救是具有很强的正外部性的一类物品,毫无疑问可以而且应当归为公共物品的范畴。

综上所述,基于公共物品理论,可以对海上搜救的概念作出如下定义:海上搜救是政府组织协调一切可能的力量,包括公共的或私人的力量,为因海上突发事件的发生而遇险的各类人员和环境资源提供义务救助,以减少海上人命财产损失和环境资源破坏,从而最大程度地保障海上交通运输发展、维护社会公共利益的行为。

2.1.2 海上搜救管理体制:基于现代公共管理的理解

在中国的古代文献中,"体制"一词指的是文学艺术作品的格局和体裁,后来逐渐被用来表示国家机关和企事业单位有关机构设置和权限划分的制度。③ 根据《辞海》的解释,所谓"体制",是指"国家机关、企业事业单位在机构设置、领导隶属关系和管理权限划分等方面的体系、制度、方法、形式等的总称"④。《现代汉

---

① John Dewey. The Public and It's Problems [M]. New York: Henry Holt & Company, 1927: 15-16.
② 梁学平. 公共物品内涵的多角度诠释 [J]. 商业时代, 2012 (3): 111-113.
③ 徐智鹏. 中外公路管理体制比较研究 [D]. 西安: 长安大学, 2003.
④ 夏征农. 辞海 [M]. 上海: 上海辞书出版社, 1999: 644.

语词典》对体制的定义则是:"国家机关、企业、事业单位等的组织制度。"① 中国学者李程伟教授研究认为,目前学术界在使用"体制"一词时,主要有三种范围的含义:①与观念、组织、机制相并列,指的是正式的制度规则体系,这是最窄范围的理解;②与机制相并列,主要指制度规则体系(包括正式制度和非正式制度,在非正式制度中包含达到一定共识性的观念或理念)与组织机构体系的复合体,这是中等范围的理解;③将其理解成制度规则体系、组织机构体系及其运行机制三个次级系统相互作用的有机统一体,这是最宽范围的理解。② 从公共管理的发展趋势,尤其是当前中国海上搜救所面临的形势和任务看,唯有从最宽范围的体制的角度方能比较全面、完整、准确地把握中国海上搜救管理体制创新的内涵与实质。基于此,本书主要从最宽范围上认识、研究、探讨中国海上搜救管理体制创新问题。

　　管理自古就有,历史十分悠久,它是人类社会最基本和最普遍的一种社会实践活动。③ 管理作为人类一种特定的社会实践活动,必然有其赖以进行的物质基础和一定的社会组织形式的表现。把"体制"一词引申到管理领域便产生了"管理体制"的概念。④ "管理体制"是指管理系统的结构和组成方式,即采用怎样的组织形式以及如何将这些组织形式结合成一个合理的有机系统,并以怎样的手段、方法、途径来实现管理的任务和目的。管理体制的核心是管理机构的设置、各管理机构职权的分配以及各管理机构之间的相互协调。它的好坏直接影响到管理的效率、效益和效能,在整个管理中起着决定性和基础性的作用。

　　一般来说,对海上搜救管理体制的理解有广义和狭义的区分。广义的理解是从公共管理的范畴出发,主要指整个海上搜救管理系

---

① 中国社会科学院语言研究所词典编辑室.现代汉语词典 [M].北京:商务印书馆,1992:1130.
② 李程伟.社会管理体制创新:公共管理学视角的解读 [J].中国行政管理,2005(5):39-41.
③ 郭跃进.管理学 [M].北京:经济管理出版社,2005:3.
④ 徐智鹏.中外公路管理体制比较研究 [D].西安:长安大学,2003.

统，即与海上搜救有关的一切力量，包括政府和非政府组织，为了合理有效地应对海上突发事件而形成的体系化、制度化的结构和组成方式。狭义的理解则是基于行政管理的视角，仅仅从政府系统内部出发，主要指为了实现对海上搜救的有效管理，保证海上搜救的顺利进行，政府内部围绕权力的划分和运行而形成的关系模式。显然，狭义的理解既不完全符合中国海上搜救的现状，也不能够准确反映现代公共管理的基本走向。毕竟，公共管理并不等同于行政管理，用行政管理完全替代公共管理会有失之偏颇之处。① 当前，随着中国社会主义市场经济的不断发展和公民社会组织的日益兴起，来自政府之外的各种利益单元（港口、码头、船公司、船舶服务单位、志愿组织和公民个人等）不仅越来越广泛和主动地介入到海上搜救的各项工作中，而且发挥着越来越重要和显著的作用。不承认它（他）们在海上搜救中的管理主体地位，这不仅不符合现代公共管理的要求和趋势，也无助于破解中国海上搜救当前面临的种种难题和困境，更无法推进中国海上搜救管理体制的完善和发展。这就迫切需要我们从现代公共管理的视角对海上搜救管理体制进行重新的认识、理解和把握。

根据上述综合分析，本书将海上搜救管理体制的概念定义为：海上搜救管理体制是为了更好地调动包括政府和非政府组织在内的一切力量对各类海上突发事件实施及时、迅速、有效的应急反应而在整个海上搜救管理系统内进行的机构设置、职权划分以及为了保证海上搜救的顺利开展而确定的相关制度、准则和机制的总称，即围绕海上搜救的有效开展，采用怎样的组织形式以及如何将这些组织形式结合成一个科学合理的有机系统，并以怎样的手段、方法和途径来实现海上搜救管理的任务和目的。

海上搜救管理体制是一个综合的、复杂的、宏大的系统，对它的主要内涵的认识、理解要从以下三个方面进行把握：

①权责划分是海上搜救管理体制的核心问题。美国早期杰出的

---

① 薛冰. 论公共管理的历史与逻辑 [J]. 西北大学学报（哲学社会科学版），2010，40 (3)：13-19.

公共行政管理学家伦纳德·D. 怀特（Leonard D. White）认为：
"政府的行政效率从根本上来说是以行政组织中责任与权力的适当分配为基础的。这是我们必须注意的一条重要原则。"① 为了防止由于权责关系的混乱状况而导致行政失误频繁发生，怀特还特别提出："适当的权力必须与确定的责任同时存在。"② 从前文分析中不难得出结论，海上搜救管理体制存在的唯一目的和正当理由，就是为了及时、迅速、有效地对海上遇险的各类船舶和人员开展搜救，以最大程度地保证海上人命财产安全和保护海洋环境资源。为此，海上搜救管理体制的建立、改革、创新和完善，都是围绕与保证海上人命财产安全和保护海洋环境资源相关的海上搜救的权力和职责的划分或分配进行的，权责是它的基本要素，在其中占据至为重要的地位。尤其值得注意的是，在权责的划分上要重点处理好两对关系：

其一，集权与分权的关系。"人们在权力下放之后又追求集权化，而集权化之后又追求新一轮的权力下放。"③ 公共管理改革中的这种屡见不鲜的现象不仅从一个侧面反映了由于缺乏系统性的改革创新措施所导致的公共管理上的治乱循环，也充分说明了正确处理集权与分权的关系始终是公共管理的核心问题之一。事实上，集权与分权更多的是一个相对的概念，绝对的集权或绝对的分权都是不可取的。过度的集权或分权，信息都可能被歪曲，不能到达需要它并依靠它进行工作的人手中。④ 因而，真正需要研究的其实不是应当集权还是分权，而是哪些权力应当集中、哪些权力应当分散，以及在什么样的情形下，集权的成分应当多一些，什么样的时候又需要更多的分权。海上搜救管理体制上自中央、下达地方，涉及诸多的层级，要解决好纵向上的权力分配，以有利于发挥各层级的各

---

① ［美］怀特. 行政学概论［M］. 上海：商务印书馆，1947：67.
② ［美］怀特. 行政学概论［M］. 上海：商务印书馆，1947：74.
③ ［美］B. 盖伊·彼得斯. 政府未来的治理模式［M］. 张成福，校对，吴爱明，夏宏图，译. 北京：中国人民大学出版社，2001：18.
④ Harold L. Wilensky. Organizational Intelligence［M］. New York：Basic Books，1967：68-69.

自优势和积极性；在同一层级上，海上搜救管理体制也涉及不同的部门和组织，同样需要解决好横向上的权力分配，尤其是政府与非政府组织之间的权力分配。

其二，权力与责任的关系。美国杰出的公共行政管理理论家和实践家卢瑟·哈尔西·古利克（Luther H. Gulick）认为，部门领导的权力与其责任应该相称。① 英国著名公共行政管理学家林德尔·福恩思·厄威克（L. Urwick）在对前人的管理理论进行归纳并提出一套系统化的公共行政管理原则时同样强调，有权必须有责，权责必须相符。② 显然，公共组织是一个权责体系，必须贯彻权责一致的原则，消除和避免有责无权或有权无责的现象。③ 海上搜救涉及多种领域、多个部门、多方力量，必须科学、合理、明确地规定各方面的职责范围、相应权限和责任（包括对上、对下的责任），以确保各部门和组织各司其职、各负其责。

②组织机构是海上搜救管理体制的必要载体。正如现代管理学之父彼得·德鲁克（Peter F. Drucker）所言，组织化的社会（Organization Society），不仅是20世纪社会最大的特征，也是未来社会运作的主要形态。④ 随着人类社会的高度组织化和经济社会的不断发展，公共管理成为一个日益综合、复杂、宏大的结构体系。在这个结构体系中，公共管理组织是公共管理的物质基础，而科学合理的公共管理组织能够有效地达到公共管理的目的。⑤ 海上搜救组织机构是海上搜救各组成部门、机构或组织在空间上的各种纵横

---

① 丁煌. 西方公共行政管理理论精要[M]. 北京：中国人民大学出版社，2005：92.

② 丁煌. 西方公共行政管理理论精要[M]. 北京：中国人民大学出版社，2005：106.

③ 丁煌，柏必成，魏红亮. 行政管理学[M]. 北京：首都经济贸易大学出版社，2009：69.

④ 张成福，党秀云. 公共管理学[M]. 北京：中国人民大学出版社，2001：130.

⑤ 丁煌，柏必成，魏红亮. 行政管理学[M]. 北京：首都经济贸易大学出版社，2009：56.

交错的关系模式，它是海上搜救得以发挥其应有作用的必不可少的权力与功能的载体。假设没有一定的组织机构作为支撑和依托，海上搜救工作就难以顺利有效地组织，甚至无法开展起来。因此，海上搜救管理体制的建立、改革、创新和完善，总是与海上搜救组织机构的建立、改革、创新和完善紧密相连的。《1979 年国际海上搜寻与救助公约》明确各沿岸国要"开展国家搜救服务"及"建立救助协调中心和救助分中心"①，就是因为充分认识到了组织机构在海上搜救工作中所发挥的不可替代的作用。在海上搜救组织机构设立的前提，即其重要性和必要性问题皆已得到解决的情况下，组织机构的设立实际上可以归结为两个问题，即"设立什么样的组织机构"及"如何设立组织机构"，这主要表现为两个核心要素：

第一，职能。美国行为主义政治学的代表人物之一加布里埃尔·A. 阿尔蒙德（Gabrial A. Almond）曾经这样说过："体系是指各部分之间的某种相互依存以及体系同环境之间的某种界限。所谓相互依存，就是指在一个体系中，当某个组成部分的具体性质发生变化时，其他所有的组成部分以及整个体系都会受到影响。"② 海上搜救作为国家公共管理的组成部分，它的目标任务和活动范围必定受到国家的政治状况、经济条件、社会环境、文化传统和行政体制等众多因素的影响，鉴于此，要根据一定时期海上搜救面临的客观形势、目标任务、活动范围，确定各有关方在海上搜救中所应承担的职责、发挥的作用和扮演的角色，核心是明确"政府应当做什么、市场应当做什么、社会应当做什么"，从而确定海上搜救组织机构的职能。

第二，结构。组织结构指的是组织的各部门及各层级之间所建立的一种相互关系的模式。③ 从这个意义上理解，海上搜救组织结

---

① 张涛. 十年改革与创新 中国海事护航水运新跨越 [EB/OL]. [2014-03-16]. http://www.zgsyb.com/GB/Article/ShowArticle.asp? ArticleID = 32844.
② ［美］加布里埃尔·A. 阿尔蒙德，小 G. 宾厄姆·鲍威尔. 比较政治学：体系、过程和政策 [M]. 曹沛霖，等，译. 上海：上海译文出版社，1987：26.
③ 丁煌，柏必成，魏红亮. 行政管理学 [M]. 北京：首都经济贸易大学出版社，2009：56.

构是指海上搜救组织机构的各构成要素在空间上的各种纵横交错的排列组合形态。在这里，构成要素和组合方式同等重要，有时候构成要素相同，但组合方式不同，海上搜救组织机构会呈现出不同的形态，因而可能会有截然不同的运行效果。一个结构设置科学合理、运转灵活有效的组织机构，其行为往往是规范有序的，也一定是科学高效的，这是海上搜救得以顺利开展的重要保障。而"通过设计不同类型的组织结构和过程，可以实现不同价值的极大化，满足不同的需求，实现不同的目标"①，因此，海上搜救组织机构的结构决定于海上搜救的宗旨与使命，并且只有当它与海上搜救面临的形势任务和目标要求相适应时，才能保障海上搜救的顺利开展，而不是相反。

③制度程序是海上搜救管理体制的重要部分。行政的主要功能在于执行国家意志，执行的过程实际上也就是管理的过程。② 在这个过程中，"无论组织怎样决策，如果决策不能执行，那么决策意味着不完全。"③ 不难理解，海上搜救就其实质而言，也是一种重要的管理活动，离开了具体的管理，海上搜救的成效便难以保证。海上搜救的决策从下达到执行，贯穿从指挥中枢到行动现场的整个管理链条，需要不同层级、不同方面、不同环节既各司其职、各负其责又相互协调、密切配合，不论是哪个层级、哪个方面、哪个环节出现问题或存在梗阻，都极有可能影响到决策执行的效果，甚至最终功亏一篑。因此，海上搜救在运行上是否顺畅、科学、合理，直接影响决策执行的成败，而海上搜救在运行上的顺畅、科学、合理需要一套与之相匹配的行之有效的例行化的惯例规则，即制度程序。毕竟，对于海上搜救这样一种关涉海上人命财产和海洋环境资

---

① [美] 戴维·H. 罗森布鲁姆，罗伯特·S. 克拉夫丘克. 公共行政学：管理、政治和法律的途径（第五版）[M]. 张成福，等，校译. 北京：中国人民大学出版社，2002：147.

② 丁煌，柏必成，魏红亮. 行政管理学 [M]. 北京：首都经济贸易大学出版社，2009：3.

③ [美] 尼古拉斯·亨利. 公共行政与公共事务（第八版）[M]. 项龙，译. 北京：中国人民大学出版社，2002：129.

源的特殊的公共管理活动，正如现代社会学和公共行政学最重要的创始人之一马克斯·韦伯（Max Weber）所指出的那样："重要的是制度、法规和正式职务，而不是个性；是公事公办，而不是个人关系；是技术专长，而不是心血来潮，一时聪明。"① 没有一定的管理制度、工作程序、运行机制作支撑，海上搜救就不能得到顺畅、科学、合理的运行，海上搜救管理体制也便失去了应有的功能和意义。因此，海上搜救作为国家公共管理和应急管理的组成部分之一，既要按照公共管理的一般原则，也要按照应急管理的特殊要求，结合自身的特点和实际情况，建立和完善有关的制度程序，如应急预案、运作机制和管理制度等。

毋庸置疑，海上搜救管理体制在海上搜救工作中处于异常重要和特殊的地位，对其发挥着其他方面不可比拟也不可替代的作用，它有着十分鲜明的特点：

①基础性。正如蓝志勇教授所说："行政体制是国家管理活动中的硬件设备和操作系统。"② 海上搜救管理体制是由各个不同的构成要素按照其固有的运行规则运动的管理工具，海上搜救的有效运行通常要依赖于与其相适应的海上搜救管理体制的支持、依托与保障。一方面，海上搜救管理体制决定权责关系的确定、组织机构的建立、制度程序的设定，这些都是海上搜救工作中最基本的方面，对海上搜救的运行起到基础性的作用，严肃规范和约束着海上搜救工作中各方面的行为及其相互关系，直接影响和决定海上搜救的运行效率及其目标任务的实现。另一方面，海上搜救运行过程中所碰到的或大或小的现实问题几乎都与海上搜救管理体制相关，需要从海上搜救管理体制上寻求解决问题的根本办法，因为，"如果不坚决改革现行制度中的弊端，过去出现过的一些严重问题今后就有可能重新出现。""只有对这些弊端进行有计划、有步骤而又坚

---

① 孙耀君．西方管理学名著摘要［M］．南昌：江西人民出版社，2007：279．

② 蓝志勇．从十八大的大政方针看深化中国行政改革的策略［M］//俞可平．中国治理评论（第3辑）．北京：中央编译出版社，2013：30．

决彻底的改革"①,现实中的种种问题才有可能迎刃而解,否则,海上搜救管理体制的弊端最终将成为制约海上搜救发展的瓶颈。而在一定的经济社会、科学技术和文化心理条件下,海上搜救管理体制的改进、变革和创新,又能为海上搜救注入新的强大活力,甚至在短期内极大地改进海上搜救工作,使之焕发出勃勃生机。

②稳定性。海上搜救管理体制关系海上搜救工作的全局和长远发展,是海上搜救的一项根本制度,一旦形成,就具有一定的稳定性,这是由客观条件所决定的,同时也是海上搜救得以有效运行和持续发展的重要前提之一。一方面,在海上搜救管理体制所处的经济社会环境不出现重大变动的情况下,一般其变迁的预期成本高于其变迁的预期收益,因而不容易发生变化,从而成为"稳定的、受珍重的和周期性的行为模式"②。另一方面,海上搜救管理体制不可能对经济社会每时每刻发生的变化都作出反应,不然,就有可能会导致管理的混乱,使海上搜救的各有关部门和组织陷入无所适从的困境之中。因而,在社会变迁没有发生质的飞跃时,海上搜救管理体制一般不会经常变动。

③阶段性。海上搜救管理体制是一定的历史条件下,为了适应一定的形势任务而建立的,是阶段性的产物,它的稳定性只是相对的、暂时的,从长期来看,不可能一成不变、不可更易。由于经济社会的发展变迁,尤其是社会结构的改变、公民意识的提高、管理理念的更新以及科学技术的进步,海上搜救面临的形势任务和客观环境将相应地发生变化,海上搜救管理体制必然要作出与之相适应的调整和变革,而不能裹足不前,制约和束缚经济社会的发展。

2.2 当前问题的新思考

改革开放和社会主义现代化建设 30 多年来,为了更好地适应

---

① 邓小平文选(第二卷)[M].北京:人民出版社,1994:333.
② [美]塞缪尔·P.亨廷顿.变化社会中的政治秩序[M].王冠华,等,译.北京:三联书店,1987:12.

经济转轨和社会转型的要求，经过各方长期积极艰苦的探索，中国初步建立了政府主导、企业协同、社会参与的海上搜救管理体制，对于发展社会主义市场经济条件下加强海上搜救工作、保证海上人命财产安全、保护海洋环境资源、保障海上交通运输发展发挥了重要的支持、依托和保障作用。但是，也必须客观清醒地看到，中国现行海上搜救管理体制仍然还存在诸多亟待解决的根本问题，严重制约着海上搜救工作的进一步完善和发展。及时、妥善、有效地解决好这些问题，是当前和未来相当长一个时期中国海上搜救管理体制创新面临的重要课题和艰巨任务。

2.2.1 政府、市场、社会共享权力、共担责任的组织结构尚未形成

中国改革开放和现代化建设的过程实质上是国家与社会功能逐渐分化的一个过程，这一分化过程不仅直接导致了政府系统内部的关系变化，也直接导致了政府与外部系统之间，即政府与市场的关系、政府与社会的关系等的变化。① 与之相对应，在改革开放和现代化建设的推动下，中国社会逐渐形成了三个相对独立的子系统，即：以党政组织为基础的国家系统、以企业组织为基础的市场系统、以社会组织为基础的社会系统。② 中国社会结构这一巨大变化同样在海上搜救的运行基础和外部环境上全面而深刻地反映出来，中国海上搜救管理体制为了应对和适应这些变化发生了相当大程度的调整，以政府一元参与、大包大揽为主要标志的旧的管理体制逐步被打破，取而代之的是国家政府、市场主体和公民社会组织共同参与的基本适应于社会主义市场经济体制要求的新的管理体制。然而，对于所谓新的海上搜救管理体制来说，尽管参与主体出现了多元化和多样化的发展趋势，但国家政府仍然被视为不容置疑的海上

---

① 麻宝斌，等. 当代中国行政改革 [M]. 北京：社会科学文献出版社，2012：257.

② 俞可平. 重构社会秩序 走向官民共治 [J]. 国家行政学院学报，2012 (4)：4-5.

搜救的唯一主体，至少处于单一主体的地位上，其他参与主体则被置于被动的配合和执行的地位，彼此之间远未形成良好的民主、合作、互动的关系。

（1）非政府参与主体明显缺乏。经过改革开放和现代化建设30多年的调整与变革，中国海上搜救的参与主体得到了较大程度的拓展，不再单纯地局限于政府系统内部，一些市场主体和公民社会组织陆续参与进来。然而，这些非政府参与主体的加入，是在政府的绝对主导和严格控制下进行的，其出发点和最终目的归根结底在于进一步强化政府对海上搜救的管理，因此，从某种程度上讲，这些非政府参与主体所扮演的角色充其量只不过是政府的"附属机构"，它们的活动事实上成为政府行政管理的一种延伸。这样一来，相对于数量众多而且实力雄厚的政府部门，非政府参与主体即市场主体和公民社会组织显得异常的势单力薄，不仅数量甚少、规模较小，能力和作用也相当有限，这与当前中国港口航运等领域非公有经济不断发展壮大、公民对社会公共事务的参与意识日益高涨以及各类志愿服务蓬勃兴起的现实状况极其不相称。另外，参与海上搜救的市场主体无一例外都系由政府邀请参加的，它们或是重要的利益相关者，如大中型港口、码头、船公司等业主，或是具有代表性的专业力量，如打捞企业、拖轮公司、清污作业单位等港口服务企业，在各自的行业或领域内往往都具有雄厚的实力和较大的影响力，而更多的市场主体由于各种主客观因素，纵使有再强烈的参与意愿也并不能参与进来，因此，对于市场主体而言，它们能够参加海上搜救在某种程度上既是一份责任，更是一种荣誉。而在志愿服务方面，除了少数公民个人外，如获得中国海上搜救专项资金奖励的浙江省温岭市渔民郭文标①等，目前只有海事机构、救助部门

---

① 郭文标系浙江省温岭市石塘镇小沙头村渔民，他30多年自愿义务救助温岭一带海域的遇险人员，被誉为"民间海上救助第一人"，曾获得第二届"全国见义勇为模范"称号。具体事迹参见段爱成．温岭渔民郭文标荣获"全国见义勇为模范"荣誉称号［EB/OL］．［2014-09-29］．http：//www.zjoaf.gov.cn/dtxx/zyxw/2009/09/21/2009092100015.shtml.

和共青团组织发起成立的少数志愿者队伍参与海上搜救工作,这些志愿者队伍的规模不大,人员稳定性也不强。

(2) 社会参与主体独立性不强。目前中国各地相继成立的海上搜救应急志愿者队伍,从发起、宣传、招募到成立、运行、管理的全过程,毫无例外都由海事机构、救助部门或共青团组织主导,有些地方的志愿组织甚至是为了配合相关部门、组织的新闻宣传活动临时找人拼凑而成的,新闻宣传活动一结束,这些所谓的海上搜救志愿者队伍也就"寿终正寝",濒临解散。纵使有些海上搜救志愿者队伍勉强维持下来,大多在其后的运作过程中既没有建立必要的组织机构,也没有制定成文的组织章程,整个组织处于一种松散无序的状态,而其人员的管理、培训和演练也大多由主导其成立的海事机构、救助部门或共青团组织负责开展,因而,它们的行政色彩非常鲜明,组织化程度较低,独立性和自主性严重不足。此外,绝大部分海上搜救志愿者都是兼职人士,个别人甚至是在有关部门或组织的强制下被动参加进来的,他们大多对海上搜救的作用、价值和意义认识不足,更没有经过专门系统的海上搜救的知识和技能培训,所以,很多时候他们参加海上搜救行动的象征意义远大于实质意义,难以发挥真正的作用,更有甚者,竟自顾不暇,成为海上搜救行动的"包袱"。

(3) 各参与主体利益意识浓厚。海上搜救是一项组织化程度极高的联合行动,它的成功在很大程度上取决于各参与主体的团结协作与密切配合,因此,各参与主体应在各级海上搜救中心(或海上搜救分中心)的统一组织协调下开展海上搜救行动。但由于各参与主体来自不同的行业和领域,彼此之间没有上下级的隶属关系,所代表的利益也不尽相同,加上缺乏必要的组织认同感,因而,在海上搜救的过程中往往不从整体和大局上考虑,而是按照有利于自身利益的原则行事,以致难以形成海上搜救的整体合力,严重的不仅不能发挥应有的作用,而且还会走向相反的方向。政府各部门由于管理关系和经费来源存在较大的差异性,在相对有限的资源条件下,受到所谓"政绩观"的驱动,有的一切以自我为中心,千方百计地追求本部门绩效的最大化,不愿意参与不利于提升本部门形象或需要本部门投入较大资源的海上搜救行动。市场主体一般都是作为专业力量经过政府特许参与进来的，它们参与海上搜救，固然在一定的程度上出于自身保障海上人命财产安全和保护海洋环境资源的社会责任感，但不可否认，还有一个十分重要的现实因素，就是参加海上搜救可能会给企业本身带来某些实实在在的利益，如提升企业的社会形象，取得特许经营，获得政府补贴等。因此，为了追求自身利益的最大化，某些市场主体在具体的海上搜救行动中往往会采取机会主义的态度，一切从自身利益的角度出发，有利可图的就冲锋在前、唯恐落后，无利可得的则退避三舍、不愿担当，甚至为了一己私利不惜损害社会公共利益，如由于搜救资金得不到及时足额的落实，对海上突发事件引发的海域污染坐视不理，或以此为筹码，索要高额的补偿费用等。一些志愿组织由于是在相关政府机构的主导下，通过获取自上而下的行政资源逐步建立和发展起来的，更多代表的是政府机构的利益①，因而它们参加海上搜救行动往往并不受自身的使命、宗旨所驱动，而是完全听命于相关政府机构的指令，置海上搜救机构的组织指挥于不顾，有的甚至在行动前谈条件、讲价钱，在行动后要补助、求回报。

2.2.2 各参与主体各司其职、协同合作的权责关系还不明确

尽管在海上搜救管理体制内对各参与主体的责任和义务作出了明确的规定，强调了彼此间的沟通与合作、协同与配合，如《国务院关于同意建立国家海上搜救部际联席会议制度的批复》明确规定，交通运输部系国家海上搜救部际联席会议的牵头单位，负责组织协调海上搜救行动，公安、农业、卫生、海关、海洋、气象、军队等部门根据各自职责，组织本系统力量参与海上搜救行动②；

---

① 谭日辉. 社会组织发展的深层困境及其对策研究 [J]. 湖南师范大学社会科学学报, 2014, 43 (1): 32-37.

② 中国政府门户网站. 国务院关于同意建立国家海上搜救部际联席会议制度的批复 [EB/OL]. [2014-09-30]. http://www.gov.cn/xxgk/pub/govpublic/mrlm/200803/t20080328_31922.html.

沿海各省（自治区、直辖市）和港口城市也依据国家的有关文件精神，结合自身实际作出了相应的规定①，但这种规定大多只是重复各参与主体自身的工作职责，而非从海上搜救的整体安排和有效开展的角度，对各参与主体的职责进行系统性的重新建构，因而，各参与主体之间的利益格局非但没有被打破，甚至在某种程度上还得到了进一步的强化，这使得各参与主体的协同与配合事实上最终都变成了只是在海上突发事件发生之后的事中反应和现场处置时的临时协同与配合。

（1）参与主体的权责不清晰。除了交通运输部门尤其是海事机构作为水上交通安全和防止船舶污染的行政主管机关，在海上搜救工作中的权力和责任相对清晰、明确、具体外，其他参与主体的权力与责任普遍比较含糊、笼统、宽泛，存在不少职责交叉、模糊和空白的地带。而且，对各参与主体的权力和责任的规定并非以专门的法律或法规予以确定，而是由各级海上搜救中心（或海上搜救分中心）根据实际工作需要协商有关参与主体并报上级部门批准作出的，这些规定具有相当大的主观性、随意性和不确定性，随着各参与主体的地位、力量和作用对比的变化极有可能发生调整和变动，因而对各参与主体缺乏强有力的刚性约束。由于对大多数参与主体的权力与责任缺乏统一、明确、详细的规定，大多数参与主体一般都将海上搜救行动视作应急性战役一样对待，只是在海上突发事件发生以后，在事故应对和现场处置的阶段，凭借着主观意识和工作惯性在自身的职责范围和优势领域内作出必须或必要的配合和响应，平常则大部分时间处于松散、封闭或游离的状态。即使在具体的海上搜救行动中，由于缺乏对各参与主体在每一个阶段、步骤、环节中所应行使的权力、履行的职责和享有的权利、承担的任务及其相互关系的规定，各参与主体常常我行我素、自行其是，难以协调一致、达成共识，甚至导致海上搜救行动陷入混乱无序之中，不仅浪费人力、物力、财力资源，也严重影响海上搜救的效

---

① 沈卉. 履行国际公约义务 完善我国搜救机制 [J]. 黑龙江科技信息，2010（5）：93。

率、效益和效能。

（2）主体之间的权责关系不对等。在中国现行海上搜救管理体制中，交通运输部门由于居于领导核心的地位，而且自身具有层级化、结构化、法定化的组织体系和国家法律法规授予的合法的行政强制权力，因而具备一定的动员、组织、协调和指挥能力，并且在各种突发事件和紧急状况发生时，经过必要的授权还可以突破某些规章制度的约束，具有临机处置、现场决断的权力。与之形成强烈反差的是，对于其他参与主体，却甚少提及它们的权力与权利，强调更多的是责任与义务，尤其是服从指挥和接受命令，以致其他参与主体对自身角色缺乏必要的认知，故此对它们而言，参加海上突发事件应急处置行动在更大程度上取决于自己的政治责任感和社会使命感，而不是受到自身在海上搜救工作中的责任义务所驱使。由于权力和责任的严重不对等，在某些地方，交通运输部门往往很少顾及其他参与主体的权力与责任，更不愿意与它们分享权力、共担责任，甚至在紧急状态时，还可能由于某些行为仅仅从本部门单方面的意愿出发，缺少必要的协商和协调过程，从而对其他参与主体的正当利益造成某种程度的损害，这使得其他参与主体为了维护自身的利益，容易做出"保小家弃大家"的非理性行为，最终导致各参与主体之间的非合作博弈、负和博弈。

（3）对政府外部主体的授权不够。按照现行的管理办法，中国海上搜救实行严格的分级管理，一般的海上突发事件由事发所在省（自治区、直辖市）海上搜救中心组织指挥搜救行动，较大的海上突发事件和需要邻近的省（自治区、直辖市）或中央有关部门支援的海上搜救行动由中国海上搜救中心负责组织指挥。[①] 落实到具体的海上搜救行动上，各级海上搜救中心（或海上搜救分中心）将有关指挥权力进行了相应的分解。然而，由于受到传统的"政府本位"意识的影响，企业和公民社会组织等政府外部主体的价值和作用得不到足够的重视，海上搜救行动的这种授权一般仅限

---

① 杜永东．我国海上搜救机制研究［M］//吴兆麟．海事公共管理研究．大连：大连海事大学出版社，2012：503．

于政府部门内部（主要是交通运输部门尤其是海事系统内），对于政府部门之外的其他参与主体，无论是市场主体抑或是公民社会组织，却一律没有进行必要和适当的授权，反而强调绝对的命令与服从、强制与被强制，这使得它们只能唯政府马首是瞻，一切听命于政府部门的行政命令，无法自动自发地开展行动。因此，在每次海上搜救行动的整个过程中，市场主体和公民社会组织只要碰到事情或问题，无论大小巨细、轻重缓急都要向政府部门尤其是海事机构请示、报告，不能临机决断、自行处置、主动行动，这不单影响了它们参与海上搜救的热情、积极性和主动性，限制了它们的专业特长以及"短平快"优势的发挥，而且久而久之，也使得它们在长期的被动参与中逐渐淡忘了自身参与海上搜救的主体意识、责任意识和使命意识，甚至会在海上搜救行动中习惯性地退居一旁，冷眼旁观，消极对待。其原因，正如20世纪最伟大的古典自由主义学者弗里德利希·冯·哈耶克（Friedrich August von Hayek）所说："强制是一种恶，它阻止了一个人充分运用他的思考能力，从而也阻止了他为社会作出他所可能作出的最大贡献。"①

2.2.3 以信任、服务、合作为特征的管理机制远未建立

不可否认，改革开放和现代化建设30多年来，管理机制建设作为中国海上搜救工作的重要组成部分得到了相当程度的重视，也逐步建立了沟通、协调、信息反馈等诸多方面的管理机制，但受到长期计划经济体制和全能政府模式下所形成的思维定势的影响，这些管理机制尽管为中国海上搜救的有效运行和持续发展起到了不可替代的支持、依托和保障作用，但从其实质和作用而言，仍然是一种以政府为中心、采取自上而下单向度管制的传统的管理机制。

（1）组织动员主要依赖于传统的行政手段和政治动员模式。无论是对海上搜救行动个案抑或是海上搜救管理体制本身，都还缺乏文件化、系统化、结构化的机制和制度安排作为组织动员的必要和坚实的支撑手段和运行平台。因而，很多时候仍旧把海上突发事

---

① ［英］弗里德利希·冯·哈耶克. 自由秩序原理（上）[M]. 邓正来, 译. 北京：三联书店, 1997：165.

件的应急处置当作一种非常态、突发式、偶然性的行动，采取"临危抱佛脚"的态度和做法，由政府实行行政干预和政治动员的模式，通常是指示和命令的方式，发动、调配和组织、指挥各参与主体共同开展海上搜救行动，而其他参与主体几乎完全处于被动员的状态，由此产生的后果则是将其仅仅等同于海上突发事件发生后的临时仓促应对，或者仅仅是对海上突发事件本身的个别紧急处理，海上搜救行动一旦结束，各参与主体的协同与合作即告终结，直到下一次发生海上突发事件，才又由政府开始新一轮的行政干预和政治动员。这样一种"运动战"的组织动员模式，一方面，不仅使得政府成为每一海上突发事件应急处置的焦点和唯一主体，以至于在海上搜救的过程中疲于奔命、左支右绌，而且使得其他参与主体只能被动地等待和接受政府的动员、指挥和组织，从而严重挤压了它们参与海上搜救的空间；另一方面，由于海上突发事件的突发性、瞬时性、紧急性的特点，政府在常态管理中能够奏效的行政干预和政治动员方式可能未必能够在短时间内得到其他参与主体的高度认同和积极响应，容易贻误海上搜救的最佳时机，给海上人命财产和海洋环境资源造成不可挽回的损失。

（2）激励约束主要反映在精神层面和声誉方面。海上搜救充满着困难与危险，对参与海上搜救的主体不带来直接的经济效益，却要它们投入大量的各方面资源，包括人力、物力、财力、精力等，有时甚至要以人的生命为代价，因而有效的激励约束关系到海上搜救的工作大局和可持续发展。为此，《中华人民共和国突发事件应对法》①《国家海上搜救应急预案》② 都有明确的规定，对参加海上搜救行动并作出重要贡献的个人和船舶给予适当的激励，包

---

① 《中华人民共和国突发事件应对法》由第十届全国人民代表大会常务委员会第二十九次会议于 2007 年 8 月 30 日通过，自 2007 年 11 月 1 日起施行。具体条文参见中国政府门户网站．中华人民共和国突发事件应对法［EB/OL］．［2014-09-30］．http：//www.gov.cn/ziliao/flfg/2007-08/30/content_732593.htm.

② 《国家海上搜救应急预案》由国务院于 2006 年 1 月 23 日发布，其编制目的在于规范海上应急反应。具体内容参见新华网．受权发布：国家海上搜救应急预案［EB/OL］．［2014-09-30］．http：//news.xinhuanet.com/politics/2006-01/23/content_4090451.htm.

括表扬、表彰和奖励、补偿等。① 但这种激励的对象范围较窄，加之缺乏统一、明确、可操作性强的标准，因而执行起来大多以精神鼓励为主。对于大多数的组织及其成员个人而言，这种激励方式的效用和影响远不及物质层面的激励来得直接、深切和强烈、有效，因而，对各参与主体及其成员的驱动常常苍白乏力，从而在一定程度上挫伤了它（他）们参与海上搜救的主动性、积极性和创造性。一旦海上搜救行动与自身的职责、时间或利益发生冲突，参与主体往往以各种理由拒绝服从调遣和安排，或是在参与的过程中虚与委蛇、应付了事。另外，《中华人民共和国突发事件应对法》《国家海上搜救应急预案》同时规定，对在海上搜救过程中存在推诿、故意拖延、不服从、干扰海上搜救机构协调指挥的行为，依法追究责任，但相关的规定同样缺乏可操作性，在现实中难以真正得到贯彻落实，故而对违法行为往往只是简单地采取通报批评的方式，威慑力极其有限，这无形中助长甚至纵容了某些参与主体不合理、非理性的自利行为。

2.2.4　正式和非正式制度参与的制度体系有待加强

为了保证各参与主体既各司其职又团结协作，海上搜救管理体制内需要与之相适应的制度规则来规范和协调各参与主体的行为，减少它们行为的不确定性及其风险。这既包括正式制度，也包括非正式制度。当前中国海上搜救制度体系的主要缺陷有：

（1）正式制度供给相对滞后。近年来，为了进一步提高海上搜救的制度化、正规化、科学化水平，中国着力加强海上搜救制度体系建设。2006年，国务院批准并发布了《国家海上搜救应急预案》，将其作为国家25个专项预案之一在全国范围内全面实施。2008年，中国海上搜救中心根据中国政府大部制改革的实际情况，结合抗击南方低温雨雪冰冻灾害的经验教训，对《国家海上搜救应急预案》进行了进一步的修改完善，2009年3月经国务院同意

---

① 朱玉柱，李勤荣，李小文. 各国对海上搜救的奖励机制 [J]. 中国海事，2010（12）：39-42.

颁布施行。为了有效支撑《国家海上搜救应急预案》，交通运输部和中国海上搜救中心还组织编制了各类专用预案和部门预案。根据国务院的相关要求，沿海各省（自治区、直辖市）及长江干线搜救预案也相继编制完成，从而形成了比较完整的预案体系。① 2014年，交通运输部又颁布了《国家海上搜救和重大海上溢油应急处置部际联席会议工作制度》等5项工作制度。② 然而，与日趋复杂艰巨、充满挑战的海上搜救工作对制度供给的迫切需求相比，目前中国海上搜救制度体系还存在明显差距也是不言而喻的。首先，统领海上搜救领域的基本法律——《中华人民共和国海上搜救条例》虽经多年的酝酿，但至今还没有出台，由于缺少全国统一适用的上位法的控制，各项制度之间难免发生冲突，导致海上搜救运行不畅。③ 其次，《国家海上搜救应急预案》和各类专门预案、部门预案，以及《国家海上搜救和重大海上溢油应急处置部际联席会议工作制度》等还需要相应的实施机制和管理制度与之相配套，才能发挥出应有的功能与作用，然而目前这方面的制度建设任务还相当繁重，一些基本的制度机制，如组织、动员、培训、演练、评估、考核、奖惩等方面的制度机制依然付之阙如。最后，现有的许多制度机制基本处于相对独立、封闭、零散的状态，相互之间缺少必要的联系、衔接、观照，还没有真正形成文件化、系统化、结构化的制度体系。④

（2）制度规范得不到有效实施。长期以来，中国海上搜救管

---

① 中国海上搜救中心. 常备不懈 严守防线 全力推进新时期海上搜救工作 [EB/OL]. [2014-04-09]. http://www.moc.gov.cn/zizhan/siju/soujiuzhongxin/lianxihuiyi_BJ/gongzuodongtai/200806/t20080626_502035.html.
② 王洪涌. 部际联席会议五项工作制度颁布 海上搜救和溢油应急处置迈向"五化"[N]. 中国交通报，2014-02-24.
③ 徐雯梅. 我国海上搜救现状及建议 [J]. 水运管理，2009, 31（8）：35-38.
④ 郭雄创. 我国海上搜救工作面临的相关问题及对策 [J]. 珠江水运，2010（5）：78-79.

理制度的建立和变更，更多地表现为政府主导型的强制性制度变迁①，在"强制性变迁型"的制度产生的过程中又缺乏必要的征求意见、协调利益、疏导情绪的工作，所以，建立的制度规范集中反映政府主要是起主导作用的政府部门的利益和意志，其他参与主体往往对其认同和接受的程度不高，加上与居于主导地位的政府部门没有直接的上下级隶属关系，因而，有的采取实用主义的态度，符合自身利益的就贯彻执行，不符合自身利益的就置之不理，有的则对制度随意突破和变通。对于已经颁布实施的规章、制度和规范性文件，各级海上搜救中心（或海上搜救分中心）由于与参与主体不存在上下级隶属关系，缺乏足够的行政强制力作为后盾，因而对其贯彻执行情况也往往缺乏强有力的监督检查，存在重制度制定、轻制度执行的问题，纵使在偶尔的监督检查中发现有违反制度规范的行为，也常常奉行好人主义，采取息事宁人的态度，使大事化小、小事化了，最终形成"破窗效应"，致使制度规范形同虚设、流于形式。

（3）非正式制度严重缺位。以价值信念、伦理规范、道德观念、风俗习惯和意识形态等为主要内容的非正式制度对于调动各参与主体的主观能动性和积极创造性，促进海上搜救的有效运行和可持续发展发挥了广泛、持久的作用。不仅如此，海上搜救的各项制度规则也需要相应的非正式制度与之匹配，才能得到有效的运行，发挥应有的作用。因此，海上搜救机构一直比较注重对各参与主体和社会公众的思想引导和舆论宣传，努力形成有利于海上搜救顺利开展的良好社会氛围。如在每次海上突发事件发生以后，各级海上搜救中心（或海上搜救分中心）在组织开展应急行动、救助人命、

---

① 制度变迁理论把制度变迁分为诱致性制度变迁和强制性制度变迁。诱致性制度变迁是指现行制度安排的变更或替代，或者是新制度安排的创造，由个人或一群（个）人在响应获利机会时自发倡导、组织和实行。强制性制度变迁是指由政府命令和法律引入实行的制度变迁。参见林毅夫．关于制度变迁的经济学理论——诱致性变迁与强制性变迁 [M] // R. 科斯，A. 阿尔钦，D. 诺思，等．财产权利与制度变迁——产权学派与新制度学派译文集．上海：上海三联书店，上海人民出版社，2002：384．

救护环境的同时，也常常注意加强信息公开、新闻报道和舆论引导等工作，但这些情况披露和舆论宣传大多时候只是突发型、应急式，甚至是碎片化、功利性的，缺乏对参与主体和社会公众进行有普遍影响、产生感召力、有利于形成共同价值理念的宣传教育。

2.2.5 跨领域、区域性合作的工作格局急需强化

海上搜救涉及面广，是一项异常复杂而又专业技术性极强的系统工程，经常需要不同部门、不同地区的协同行动。但中国目前条块分割的突发事件应急管理体制以及海上搜救分级管理的制度，却给海上搜救协调、整合不同性质部门和不同地理区域的资源和力量带来了诸多的困难，海上搜救的跨领域、区域性合作仍然任重道远。

（1）跨领域合作亟待加强。中共十六届六中全会通过的《关于构建社会主义和谐社会若干重大问题的决定》提出："建立健全分类管理、分级负责、条块结合、属地为主的应急管理体制，形成统一指挥、反应灵敏、协调有序、运转高效的应急管理机制，有效应对自然灾害、事故灾难、公共卫生事件、社会安全事件，提高突发公共事件管理和抗风险能力。"① 各省级海上搜救中心通过主动向所在地方政府争取支持，也将省级海上搜救应急预案纳入了地方应急管理体系，这在一定程度上推动了海上搜救机构与其他应急管理专项机构和办事机构协调联动机制的基本形成。但到目前为止，中国突发事件应对体制仍然实行分部门、单灾种的条块分割管理。这种分散型应急管理体制容易出现管理上的断档脱节和职责上的交叉重复，造成部门之间的协调性和协同性严重不足，从而制约应急管理水平和能力的提高。目前，中国海上搜救管理体制与其他突发事件的应急管理体制还没有实现真正意义上的工作对接、信息互联、资源共享。在海上突发事件发生之后，当应急力量出现不足

---

① 中国共产党新闻网. 中共中央关于构建社会主义和谐社会若干重大问题的决定 [EB/OL]. [2014-04-10]. http://cpc.people.com.cn/GB/64162/64168/64569/72347/6347991.html.

时，根据《国家海上搜救应急预案》的规定，可以由当地政府动员其他专业应急力量参与或支援海上搜救行动，但对于如何调度、怎样配合，《国家海上搜救应急预案》却并没有明确、详细、具体的规定，因此，在现实当中，海上搜救机构往往只能孤军奋战、独力应对。即便确有需要其他的专业应急力量驰援的，也需要时间较长、环节较多、难度较大的沟通、商议、协调过程，不仅效率低下，实际效果也难以令人满意。①

(2) 区域性合作有待改进。对于海上搜救自身体系内的合作，《国家海上搜救应急预案》规定："责任区海上搜救机构应急力量不足或无法控制事件扩展时，请求上一级海上搜救机构开展应急响应。"② 为了促进海上搜救的区域合作，提高应对海上突发事件的能力，交通运输部将全国划分为北方、华东、华南、长江四个搜救区域联动合作区，发生重大甚至特大险情需要进行搜救应急合作时，由险情发生地所属的省（自治区、直辖市）搜救中心向中国海上搜救中心报告，在中国海上搜救中心的协调、指挥下，启动搜救区域联动合作机制；发生一般、较大险情需要搜救应急合作的，由险情发生地所属的省（自治区、直辖市）搜救中心向相关省（自治区、直辖市）搜救中心提出搜救应急合作请求，启动搜救区域联动合作机制，并向中国海上搜救中心报告、备案。③ 另外，沿海各港口城市在加强海上搜救区域合作方面也作出了不少积极有效的探索，如连云港与日照两市签订了海上搜救区域合作协议。④ 但从运行机制看，不少区域的海上搜救合作仍然停留在相关各方的意愿上，还没有真正建立行之有效的合作机制；在实际效果方面，区

---

① 陈伟建. 治理理论视阈下的海域溢油应急反应体系建设——基于深圳的考察 [D]. 上海：复旦大学, 2011.
② 新华网. 受权发布：国家海上搜救应急预案 [EB/OL]. [2014-09-30]. http://news.xinhuanet.com/politics/2006-01/23/content_4090451.htm.
③ 徐冰, 张旭东. 中国首个海上合作联动搜救区21日正式开始运行 [EB/OL]. [2014-04-10]. http://www.gov.cn/jrzg/2010-04/21/content_1588995.htm.
④ 连云港市安委办. 连云港日照两地共建海上搜救区域合作机制 [EB/OL]. [2014-04-10]. http://www.aqsc.cn/101813/101942/99667.html.

域的合作大多局限于对海上突发事件及海上搜救行动的信息通报层面，实际行动上的合作还寥寥无几、乏善可陈。① 所有这些都表明，中国海上搜救的区域合作无论是广度还是深度都还有待进一步的拓展。

  总而言之，改革开放和现代化建设以来，尽管中国海上搜救管理体制为了适应经济社会的全面转型，作出了不少必要的调整和变动，然而，由于受到长期以来根深蒂固的以政府为中心的传统公共管理模式的影响，政府仍旧是海上搜救唯一的权力与责任中心，其他的参与主体充其量只不过是扮演着政府的"助手"和"下属"的角色，在海上搜救工作中处于被动接受而非主动参与的尴尬状态。这种传统的政府一元管理的模式，正是当前中国海上搜救管理体制所有弊端的根源所在，打破这种政府一元管理的模式，实现政府、市场、社会的多元治理，这也正是中国海上搜救管理体制创新的必然要求。

---

① 彭信发. 海上搜救存在的主要问题与对策研究 [J]. 珠江水运, 2006 (7)：98-101.

3

治理理论：中国海上搜救管理体制创新的基础

中共十六大报告指出："实践基础上的理论创新是社会发展和变革的先导。"① 治理理论作为一种新兴的公共管理理论范式，已经在一些国家和地区发起治理变革的过程中发挥了十分重要的指导作用，这些国家和地区取得的实践经验又进一步丰富和发展了治理理论。尽管各种治理理念和治理变革运动都是以各国（地区）不同的历史条件、文化传统和发展状况为基础的，但对于正发生深刻变革、不断走向开放的中国同样具有重要的参考价值与启示意义。发端于20世纪70年代末的改革开放是中国有史以来一次最全面、最显著、最深刻的社会转型，使中国公共管理面临的客观环境发生了巨大和剧烈的变化，要求其必须进行创新，从而与显著变化了的社会结构、社会体制及其运行机制以及国际环境相适应，以期发挥

---

① 新华网. 江泽民同志在党的十六大上所作报告全文［EB/OL］.［2014-11-16］. http：//news.xinhuanet.com/newscenter/2002-11/17/content_632254.htm.

其应有的功能。① 当前中国公共管理创新的核心问题是如何加快推动政府职能转变，建设公共服务型政府，其实质在于实现国家与公民、政府与非政府、公共机构与私人机构对社会公共事务的合作治理，治理理论无疑为此提供了思考、认识和分析、解决问题的新的适用的理论工具。

3.1　治理理论兴起的背景

无论是在西方世界，还是在东方国度，"治理"都并非一个新生的词语。回溯人类社会的发展历史，治理的思想和行动古已有之，源远流长。西方学者认为，"英语中的'治理'（governance）可以追溯到古典拉丁语和古希腊语中的'操舵'一词，原意主要指控制、指导或操纵，与 government 的含义交叉。"② 这从古希腊先贤的著作里可以得到有力的印证。古希腊伟大的哲学家柏拉图（Plato）把"治理"（希腊语中的"kubernetes"）一词解释为"掌舵或操纵的艺术"③，并认为："做了统治者他们就要报酬，因为在治理技术范围内，他拿出了自己全部的能力努力工作，都不是为自己，而是为所治理的对象。"④ 柏拉图的学生、古希腊哲学的集大成者亚里士多德（Aristotle）则提道："有人说城邦政治家和君王或家长或奴隶主相同……只在其所治理的人民数量上有多寡之别而已。""君王以个人掌握国家的全权，而政治家则凭城邦政制

---

① 任维德. 社会转型与政府管理创新 [J]. 内蒙古大学学报（人文社会科学版），2002，34（3）：35-40.
② [英] 鲍勃·杰索普. 治理的兴起及其失败的风险：以经济发展为例的论述 [M] // 俞可平. 治理和善治. 北京：社会科学文献出版社，2000：55.
③ 娄成武，谭羚雁. 西方公共治理理论研究综述 [J]. 甘肃理论学刊，2012（2）：114-119.
④ [古希腊] 柏拉图. 理想国 [M]. 郭斌和，张竹明，译. 北京：商务印书馆，1986：30.

的规章加以治理……"①而"'治理'一词在英语国家作为日常用语出现已有数百年,指的是在特定范围内行使权威"②。中国学者也多持大体类似的观点。蓝志勇教授和陈国权教授认为,历史上的统治活动都可以被认为是治理。③ 按照《辞海》对"治"的解释,"治理"与"管理"通用。④ 根据王春福教授的研究,在中国,"治理"一词最早可以追溯到春秋时期,《荀子·君道》中有所谓"明分职,序事业,材技官能,莫不治理,则公道达而私门塞矣,公义明而私事息矣"的表述,而在《孔子家语·贤君》中也有"吾欲使官府治理,为之奈何"的说法。⑤ 可见,无论是在西方还是在中国,治理长期以来一直与统治一词交叉、混合使用,"主要用于与国家的公共事务相关的管理活动和政治活动中"⑥。

不过,"治理"一词进入社会科学的标准英语词汇之内,还是在20世纪80年代末以后。1989年世界银行(The World Bank,简称WB)的《南撒哈拉非洲:从危机走向可持续增长》的报告,在描述当时非洲的发展状况时,首度使用了"治理危机"(Crisis in Governance)一词,将"治理"作为分析和解释这一地区经济绩效的核心概念,指的是"为了发展而在一个国家的经济与社会资源的管理中运用权力的方式"⑦。从此以后,"治理"这个概念很快就在国际学术界、各种国际组织和政治行政领域中流行了起来,被

---

① [古希腊] 亚里士多德. 政治学 [M]. 吴寿彭,译. 北京:商务印书馆,2014:3-4.
② [法] 辛西娅·休伊特·德·阿尔坎塔拉. "治理"概念的运用与滥用 [M] // 俞可平. 治理与善治. 北京:社会科学文献出版社,2000:16.
③ 蓝志勇,陈国权. 当代西方公共管理前沿理论述评 [J]. 公共管理学报,2007,4 (3):1-12.
④ 夏征农,辞海 [M]. 上海:上海辞书出版社,1999:2587.
⑤ 王春福. 公共治理变革中的理性谱系解析 [J]. 浙江社会科学,2011 (11):44-50,74.
⑥ 滕世华. 公共治理理论及其引发的变革 [J]. 国家行政学院学报,2003 (1):44-45.
⑦ 陈振明. 公共管理学——一种不同于传统行政学的研究途径(第二版) [M]. 北京:中国人民大学出版社,2003:83.

广泛而普遍地运用到政治发展研究中去,尤其是被用以描述后殖民地国家和第三世界的政治状况。譬如,世界银行1992年年度报告以"治理与发展"(Governance and Development)为标题;联合国有关机构为了更好地推动全球治理,成立了"全球治理委员会"(The Commission on Global Governance),并创办了一份名为"全球治理"(Global Governance)的刊物,全球治理委员会借1995年联合国成立50周年的重要历史时刻,发表了《我们的全球伙伴关系》(Our Global Neighborhood)的行动纲领,该纲领随后被翻译成15种语言在全世界范围内广为流传;经济合作与发展组织(Organization for Economic Co-operation and Development,简称OECD)1996年公开发布了一份题为"促进参与式发展和善治的项目评估"(Evaluation of Programmes Promoting Participatory Development and Good Governance)的报告;联合国开发署(The United Nations Development Programme,简称UNDP)1996年年度报告的题目定名为"人类可持续发展的治理、管理的发展和治理的分工"(Governance for Sustainable Human Development, Manangement Development and Governance Division);联合国教科文组织(United Nations Educational, Scientific and Cultural Organization,简称UNESCO)1997年发表了一份名为"治理与联合国教科文组织"(Governance and UNESCO)的文件;《国际社会科学杂志》(International Social Science Journal)1998年第3期推出了"治理"(Governance)专号。① 对于"治理"掀起的这一股热潮,对治理问题研究颇有造诣的重要学者、当代英国著名左翼政治理论家鲍勃·杰索普(Bob Jessop)曾经极其尖锐而又深刻地指出:"过去15年来,它(治理)在许多语境中大行其道,以至成为一个可以指涉任何事物或毫无意义的'时髦词语'。"②

由于学术界的热切瞩目,有关治理的研究随之成为西方世界经

---

① 俞可平. 全球治理引论 [J]. 马克思主义与现实, 2002 (1): 21-32.
② [英] 鲍勃·杰索普. 治理的兴起及其失败的风险: 以经济发展为例的论述 [M] // 俞可平. 治理与善治. 北京: 社会科学文献出版社, 2000: 55.

济学、政治学、行政学、管理学、社会学、法学、国际关系学等多个学科、多种领域持续关注的焦点,以治理为研究对象的研究成果形形色色、卷帙浩繁,可谓车载斗量、不可胜数。正如身为联合国社会发展研究所副所长的法国学者辛西娅·休伊特·德·阿尔坎塔拉所说:"直到20世纪80年代末,可以说'治理'在开发界还是一个不常听到的词。而今天的联合国、多边和双边机构、学术团体以及民间志愿组织关于开发问题的出版物却很难有不以它作为常用词来使用的。"① 当然,这也从一个侧面生动说明,治理获得了西方学术界的高度重视和普遍认同,并迅速发展成为一个方兴未艾、深具潜力的新兴研究领域。在公共管理领域,"治理"一词同样逐渐得到广泛认可,并获得了话语霸权,在很多地方渐渐取代了"公共行政"和"政府管理",日益成为公共管理的核心概念,治理理论因而也日渐崛起为公共管理学术界的"显学"。②

然而,治理理论的产生和勃兴并不是偶然的,而是有着深刻的时代背景和社会基础。其直接原因,正如俞可平教授所指出的:"西方的政治学家和管理学家之所以提出治理概念,主张用治理替代统治,是他们在社会资源的配置中既看到了市场的失效,又看到了国家的失效。"③

对于上述观点,从西方国家对市场和政府关系的调整、变动中可以获得堪称准确的把握。市场调节和政府干预是现代人类社会经济运行过程中的两种重要方式。然而,政府和市场的关系是一个永恒争论的话题。政府对市场的干预是少一点好,还是多一些好?这两种不同的理论主张随着经济形势的变化而此消彼长,时而前者占

---

① [法] 辛西娅·休伊特·德·阿尔坎塔拉. "治理"概念的运用与滥用 [M] // 俞可平. 治理与善治. 北京:社会科学文献出版社,2000:16.
② 陈振明. 公共管理学——一种不同于传统行政学的研究途径(第二版)[M]. 北京:中国人民大学出版社,2003:79-81.
③ 俞可平. 引论:治理和善治 [M] // 俞可平. 治理与善治. 北京:社会科学文献出版社,2000:6-7.

上风,时而后者占上风。① 正如蓝志勇教授所指出的,从某种意义上讲,"20世纪理论界最大的世纪之争其实不仅仅是社会主义——资本主义之争,也是新古典经济理论与凯恩斯理论之争。"② 在自由资本主义时期,现代资本主义的理论鼻祖、英国古典经济学家亚当·斯密(Adam Smith)在其著名的经济学专著《国民财富的性质和原因的研究》中提出了一个重要的观点:在由立法、司法、公民监督和警察共同组成的国家制度的框架下,可以利用人们对私利的追求,用平等交换、互通有无的市场管理机制,促进专业化和社会生产效益,达到国家财富的增值。③ 亚当·斯密认为,每个人都受到市场这只"看不见的手"的指导,"他追求自己的利益,往往使他能比在真正出于本意的情况下更有效地促进社会的利益。"④ 因而,亚当·斯密在《国民财富的性质和原因的研究》一书的扉页上甚至直言不讳地写道:"女王陛下,请您不要干预经济,回家去吧!国家只做一个守夜人。"⑤ 亚当·斯密的自由主义经济理论在当时的西方国家备受推崇,以至于被奉为金科玉律,成为占据统治地位的主流经济思想。因此,在资本主义早期,人们普遍相信市场这只"看不见的手"神通广大,会自发地调节供需之间的平衡,因而"管得最少的政府就是管得最好的政府"。在他们看来,市场无疑就是万能的上帝;而政府应对市场采取自由放任的原则,不需要任何措施加以干预,只需要充当社会"守夜人"的角色,其主要职能仅仅是运用公民所托付的公共权力,保卫国家领土主权完

---

① 王学政.市场与政府关系(上)[EB/OL].[2014-10-01]. http://www.macrochina.com.cn/economy/lltd/200107100012397.shtml.
② 蓝志勇.从十八大的大政方针看深化中国行政改革的策略[M]//俞可平.中国治理评论(第3辑).北京:中央编译出版社,2013:35.
③ 蓝志勇,陈国权.当代西方公共管理前沿理论述评[J].公共管理学报,2007,4(3):1-12.
④ [英]亚当·斯密.国民财富的性质和原因的研究(下卷)[M].郭大力,王亚南,译.北京:商务印书馆,2008,27.
⑤ 袁晓江.市场经济行为边界和规范[J].特区实践与理论,2014(5):68-72.

整、防范社会公共利益被个人或集体侵害、保护私人财产和市场机制不受破坏。但事与愿违，随着这一经济思想的付诸实践，市场的作用却远没有理想上的那样尽如人意。到了20世纪二三十年代，资本主义世界爆发了有史以来最大规模、最长时间的经济危机，给资本主义世界的工业生产、信用和货币制度造成了极其严重的破坏，这场空前剧烈的经济危机宣告了"自由放任主义"的理论和实践彻底破产，市场万能论从此受到冷落，市场失效正式走进了人们的视野。市场失效的出现，让人们开始意识到，仅仅依赖市场手段根本无法达到经济学中的帕累托最优（Pareto Optimality）①，其主要原因在于，"市场在限制垄断、提供公共品、约束个人的极端自私行为、克服生产的无政府状态、统计成本等方面存在着内在的局限，单纯的市场手段不可能实现社会资源的最佳配置。"②

然而，正如《吕氏春秋·博志》所言："全则必缺，极则必反，盈则必亏。"③ 人们在市场失效中认识到了市场机制存在难以克服的内在缺陷，被迫重新思考政府的作用，转而走向了另一面，认为政府必须全面干预经济和社会公共事务。用布坎南的话说就是，"市场可能失败的论调广泛地被认为是为政治和政府干预作辩护的证据"④。现代西方经济学最有影响的经济学家之一约翰·梅纳德·凯恩斯（John Maynard Keynes）在他的著作《就业、利息和

---

① 帕累托最优（Pareto Optimality），也称为帕累托效率（Pareto Efficiency），它是以意大利经济学家维弗雷多·帕累托（Vilfredo Pareto）的名字命名的，维弗雷多·帕累托在关于经济效率和收入分配的研究中最早使用了这一概念。帕累托最优是指资源分配已经达到这样一种状态，即任何重新调整都不可能在不使其他任何人境况变坏的情况下，而使任何一人的境况更好，那么，这种资源分配的状态就是最佳的，也就是具有效率的。参见高培勇，崔军. 公共部门经济学［M］. 北京：中国人民大学出版社，2001：4.

② 俞可平. 引论：治理和善治［M］// 俞可平. 治理与善治. 北京：社会科学文献出版社，2000：7.

③ （战国）吕不韦. 吕氏春秋［M］. 陆玖，译注. 北京：中华书局，2011：905.

④ 曾婧. 公共选择理论的"政府失败说"及其对我国政府管理的启示［J］. 科技创业，2009（8）：95-96.

货币通论》中重新确立了政府在市场经济中的权威地位，建立起了政府干预经济的政府职能理论。凯恩斯在书中认为，唯一能使社会总需求扩大，并使总需求和总供给达到平衡的是国家。在所有有效需求不足的市场经济中，政府是调节经济并使之顺畅运行的关键力量，因此，要使"国家之权威和私人之策动力量相互合作"①。在凯恩斯经济理论的影响下，政府普遍干预主义大行其道，政府不再满足于只是扮演社会"守夜人"的角色，除担负传统的职能外，其他经济与社会职能也急剧膨胀，西方不少国家因而一步步地走向了"从摇篮到坟墓"的无所不包的"行政国家"或"福利国家"。② 与此同时，政府官员受到其自身"经济人"属性的驱动，不断追求政府职能及规模的最大化，以达到增加自己升迁的机会和扩大自己的势力范围，从而使个人利益和效用最大化的目的，这又对政府职能的无节制扩张起到了推波助澜的作用。其最后的结果是，政府对各种社会事务大包大揽，使得服务差、效率低、公共利益受损的情况比比皆是，财政危机频频发生，政府越来越失去社会公众的信任，因而出现了管理危机，最终许多问题出现不可治理性，导致了政府的失效。③ 残酷的事实让人们从中认识到，"国家或政府的活动并不总像应该的那样'有效'，或像理论上所说的能够做到的那样'有效'"④，单纯依靠政府的计划和命令等行政手段，和仅仅依赖市场手段一样，也都无法实现资源配置的最优化，最终不能促进和保障公民的利益。⑤

---

① [英] 凯恩斯. 就业、利息和货币通论 [M]. 徐毓枬, 译. 北京：商务印书馆，1983：324.

② 吴松江, 李燕凌. 行政体制新论 [M]. 北京：北京理工大学出版社，2011：22.

③ 刘鸿翔. 论治理理论的起因、学术渊源与内涵特点 [J]. 云梦学刊，2008, 29 (2)：35.

④ 丁煌. 西方行政学说史（修订版）[M]. 武汉：武汉大学出版社，2004：344.

⑤ 俞可平. 引论：治理和善治 [M] // 俞可平. 治理与善治. 北京：社会科学文献出版社，2000：7.

自20世纪70年代开始,随着国家普遍干预主义带来的政府失效问题愈演愈烈,自由主义的思想开始回潮,各国政府又掀起了新的一轮行政改革运动,纷纷采取"小政府、大社会"的策略,着眼构建企业型政府、削减政府职能的目标,通过将企业家精神和市场机制引入社会公共事务的管理等方法和途径,对政府实施更新、再造,使政府由"全能政府"和"无限政府"逐步转变为"小政府"和"有限政府"。这场以市场主义为基础和导向的轰轰烈烈的西方行政改革运动,虽然从某种程度上使公共事务管理的视野和思维得以拓宽,公共事务管理的手段和方法得以丰富,但由于它过分地强调市场机制和私人企业的作用,兼之对公共事务管理和私人部门管理的本质差别存在认识和重视上的明显不足,在实践中又再次出现了许多无法克服的失效现象,暴露出了巨大的局限性。① 在历经了市场失效和政府失效的双重洗礼以后②,一再受挫、失望的人们又开始将期待的目光转向了新的解决途径——治理机制。对此,学者沙尔普评论说:"显然,在纯粹的市场、等级制的国家机构以及避免任何一方统治的理论能够发挥作用的范围以外,还有一些更为有效的协调机制,是以前的科学未能从经验数据和理论思维两个方面加以把握的。"③ 正是在这样的观念认识推动下,从20世纪90年代开始,"愈来愈多的人热衷于以治理机制对付市场和(或)国家协调的失败"④。

诚然,治理理论在西方国家的产生、形成与兴起还有更深层次的社会原因,它与西方国家公民社会的迅速成长和日益成熟密切相关。所谓公民社会,"是经济领域的市场和政治领域的民主在社会

---

① 龙献忠,杨柱. 治理理论:起因、学术渊源与内涵分析 [J]. 云南师范大学学报(哲学社会科学版), 2007, 39 (4): 30-34.

② 燕继荣. 服务型政府的研究路向——近十年来国内服务型政府研究综述 [J]. 学海, 2009 (1): 191-201.

③ R. Rhodes. The New Governance: Governing Without Government [J]. Political Studies, 1996 (44): 652-667.

④ [英] 鲍勃·杰索普. 治理的兴起及其失败的风险:以经济发展为例的论述 [M] // 俞可平. 治理与善治. 北京:社会科学文献出版社, 2000: 71.

学上的对应物。"① 它是处于"公"与"私"之间的一个领域,指的是国家和市场之外的所有民间组织或民间关系的总和,包括各种非国家或非政府所属的公民社会组织,这些公民社会组织由有着共同利益追求的公民自愿组成,具有非官方性、独立性、自愿性的特点。② 随着自由民主制度的全面普遍推行,市场经济的日益发展成熟,西方社会从纵横两个维度上出现较大幅度的深层分工与深度整合,从而引发和催生了一场如火如荼、声势浩大的"结社革命"③,一大批代表经济与政治利益的公民社会组织开始快速成长。这些公民社会组织将原本分散的个人利益组织化成集体利益,构成了政治和公共管理过程的重要单元,并且在某些领域甚至比政府更能有所作为,这使得它们逐渐发展成为治理网络管理体系中不可或缺的重要因素,发挥着政府与市场不可替代的作用,为治理网络管理的全面运作提供了强大的动力基础和体制化支援。④

不难看出,治理可以说是西方各国国家变革与公民社会发展相互结合、相互促进的产物。一方面,西方国家的国家变革与政府再造运动重新发现了公民社会在社会公共事务管理中的重要价值,并积极促成这一价值的实现,从而推动了治理的逐步形成;另一方面,公民社会的不断发展成熟使西方国家的国家社会化和社会国家化的状况得以大为改观,进而为国家政府与公民社会共同治理的形

---

① 陈振明. 公共管理学———种不同于传统行政学的研究途径(第二版)[M]. 北京: 中国人民大学出版社, 2003: 390.

② 俞可平. 引论: 治理和善治 [M] // 俞可平. 治理与善治. 北京: 社会科学文献出版社, 2000: 11-12.

③ 结社革命系指 20 世纪后期西方国家普遍涌现的全球性结社现象。20 世纪 60 年代以来,英、美等发达资本主义国家发生了一场广泛的"结社革命",即"第三部门"运动。这一时期,成千上万的第三部门组织出现在这些国家,范围涉及环保、医疗、宗教、慈善和教育等诸多领域。参见袁曙宏. 西方国家社会转型时期法治发展的路径和规律——兼论我国法治的未来发展趋势 [EB/OL]. [2014-10-02]. http://www.chinalaw.gov.cn/article/jgzn/bld/ysh/xgwz/200905/20090500133109.shtml.

④ 汪向阳, 胡春阳. 治理: 当代公共管理理论的新热点 [J]. 复旦学报(社会科学版), 2003 (4): 138-139.

成奠定了坚实的基础。①

3.2 治理理论的主要内容

目前,治理因其自身所具有的合理性和可信结论②,已经不仅成为人们进行政治分析时使用频率最高的一个术语③,而且也不再局限于政治学领域,而是被大量广泛地应用于经济社会领域。④ 然而,它又是一个比较模糊的概念,"出了名的含糊不清"⑤,很难给出一个非常确切和精准的含义。因此,西方学术界,特别是国际机构、政治学家、政治社会学家和公共行政学家对"治理"一词赋予了大量新的含义。来自不同专业领域和学术背景的机构和学者基于不同的研究视角、对象和立场对其有不同的认识、理解和诠释,以致众说纷纭、无一定论,远未能达成一致的看法。但可以完全肯定的是,这些含义不仅其涵盖的范围远远超出了传统的经典意义,而且与"统治"(Government)相去甚远。⑥

一些国际机构或地区组织纷纷对治理给出了自己的定义。全球治理委员会提出治理是公共和私人机构、个人和制度管理其共同事务的各种方法的综合;世界银行(WB)认为,治理是在一个国家经济和社会资源管理中行使权力的方式,它的主要内容包括:构建政治管理系统,在一个国家经济和社会资源管理中运用权威以推动

---

① 周俊. 治理结构中的全球公民社会与国家 [J]. 中共浙江省委党校学报, 2007 (5):11-17.

② 吴志成. 西方治理理论述评 [J]. 教学与研究, 2004 (6):60-65.

③ 朱德米. 网络状公共治理:合作与共治 [J]. 华中师范大学学报(人文社会科学版), 2004, 43 (2):5-13.

④ 陈振明. 公共管理学——一种不同于传统行政学的研究途径(第二版)[M]. 北京:中国人民大学出版社, 2003:81.

⑤ J. Pierre, B. G. Peters. Governance, Politics and the State [M]. London: Palgrave Macmillan Press, 2000:7.

⑥ 俞可平. 引论:治理和善治 [M] // 俞可平. 治理与善治. 北京:社会科学文献出版社, 2000:2.

社会发展的过程,以及政府制定政策、执行政策及履行相应职能的能力;联合国开发署(UNDP)强调,治理是行使和运用政治、经济和行政的权威以管理一个国家所有层次的事务,其包括机制、过程和制度,公民及各种公民社会组织在此过程中各自表达利益诉求、行使合法权利、承担相应义务,以及弥补他(它)们之间的差异;经济合作与发展组织(OECD)下设的发展援助委员会指出,治理是一个社会在经济管理和社会发展中有关政治权威的运用和控制,涉及公共权威在提供经济运行的环境、决定利益的分配以及确立统治者与被统治者之间关系上的作用;渥太华治理研究所(Institute of Governance, Ottawa)则提到,治理蕴含一个社会的制度、过程和惯例,决定着权力如何行使、对社会具有重要影响的决策如何制定以及在此类决策过程中不同利益群体的地位。①

西方理论界的学者们对治理的内涵也有着诸多不同的理解和阐述。全球治理理论的主要创始人之一、美国学者詹姆斯·N. 罗西瑙(J. N. Rosenau)在其颇负盛名的代表著作——《没有政府的治理——世界政治中的秩序与变革》和《21世纪的治理》中认为,治理是一系列活动领域里的管理机制,它们虽未得到正式授权,却能有效地发挥作用,与统治不同,治理指的是一种由共同的目标所支持的活动,这些管理活动的主体未必是政府,亦无须依靠国家的强制力量得以实现。②换言之,与政府的统治相比,治理的内涵更为丰富,它既包括政府机制,也包括非正式的、非政府的机制。③很显然,詹姆斯·N. 罗西瑙指出治理就是管理主体的多中心化和管理过程的合作化。

美国治理研究的权威学者詹·库伊曼(J. Kooiman)和范·弗利埃特(M. Van Vliet)更多地强调了治理主体的多元化。他们提

---

① 朱德米. 网络状公共治理:合作与共治 [J]. 华中师范大学学报(人文社会科学版), 2004: 43 (2): 5-13.

② J. N. Rosenau. Governance in the Twenty-first Century [J]. Global Govemance, 1995, 1 (1): 13-43.

③ [美] 詹姆斯·N. 罗西瑙. 没有政府的治理——世界政治中的秩序与变革 [M]. 张胜军, 刘小林, 等, 译. 南昌:江西人民出版社, 2001: 5.

出:"治理的概念是,它所要创造的结构或秩序不能由外部强加;它之所以发挥作用,是要依靠多种进行统治的以及互相发生影响的行为者的互动。"①

治理理论的主要代表人物、英国地方治理指导委员会发起人之一罗伯特·罗茨(R. Rhodes)则侧重于治理过程的研究。他认为,"治理标志着政府管理的含义的变化,指的是一种新的管理过程,或者一种改变了的有序统治状态,或者一种新的管理社会的方式"。他还同时列举了关于"治理"的六种不同的定义:①作为最小国家的管理活动的治理,强调国家减少政府的范围,削减公共开支,以最小的成本来获取最大的效益;②作为公司管理的治理,即指导、控制和监督企业运行的组织体制;③作为新公共管理的治理,指的是将市场的激励机制和私人部门的管理技术引入政府的公共管理和公共服务;④作为善治的治理,主要指的是强调效率、法治、责任的公共服务体系;⑤作为社会——控制体系的治理,着重强调政府与民间、公共部门与私人部门之间的合作与互动;⑥作为自组织网络的治理,主要强调的是建立在信任与互利基础之上的社会协调网络。②

研究治理理论的另一位具有重要影响的英国知名学者格里·斯托克(Gerry Stoker),在全面梳理了学术界各种有关"治理"的概念后指出,各国学者们对作为一种理论的"治理"已经提出五种主要的观点,它们分别是:

①治理意味着一系列来自政府但又不限于政府的社会公共机构和行为者,它认为政府并非国家唯一的权力中心,各种公共的或私人的机构只要其行使的权力得到社会公众的认可,便有可能成为社会公共事务各种层面上的权力中心。

---

① J. Kooiman, M. Van Vliet. Governance and Public Management [M] //K. Eliassen, J. Kooiman. Managing Public Organisations (Secord Edition.). London: Sage, 1993: 64.

② [英]罗伯特·罗茨. 新的治理 [M] // 俞可平. 治理与善治. 北京: 社会科学文献出版社, 2000: 87-96.

②治理意味着在为社会和经济问题寻求解决方案的过程中存在着界限和责任方面的模糊性，这是因为国家政府正在把原先由其独自承担的责任部分地转移给各种私人部门或公民自愿性团体，因而国家与社会之间、公共部门与私人部门之间的界线和责任便日益变得模糊不清、难以区分。

③治理明确肯定了在涉及集体行为的各个社会公共机构之间存在着权力依赖，即致力于集体行动的组织必须依靠其他组织，为了达到目的，各组织必须交换资源、谈判共同的目标，交换的结果不仅取决于各参与者自身所拥有的资源，而且取决于有关交换的游戏规则以及进行交换的环境。

④治理意味着社会公共事务的参与者最终将形成一个自主的网络，这一自主的网络在某个特定的领域中拥有发号施令的权威，并与政府在特定的领域内进行某种程度的合作，分担政府的部分公共管理责任。

⑤治理意味着办好事情的能力并不仅仅局限于政府的权力，更不限于政府的发号施令或运用权威，在公共管理活动中，还存在其他更为有效的新的管理方法和技术，政府有责任使用这些新的方法和技术，以更好地对社会公共事务进行控制和引导。①

荷兰学者基斯·冯·克斯伯根（Kees Van Kersbergen）和佛朗斯·冯·瓦尔登（Frans Van Waarden）在2003年3月出版的《欧洲政治研究杂志》上发表了一篇题为"作为学科间桥梁的'治理'"的文章，对"治理"的九种用法进行了归纳：①善治，这是"治理"目前最为突出的用法，被广泛地使用于经济发展领域，强调合法性与效率具有政治、行政和经济价值；②国际领域没有政府的治理，其含义来自国际关系理论，即国际或全球治理、全球民主；③社会与社区的自组织，这种用法既超越了市场又不需要国家；④市场制度和经济治理；⑤私人部门的善治，即公司治理；⑥公共部门的善治；⑦网络治理；⑧多层次治理；⑨作为网络治理的

---

① ［英］格里·斯托克.作为理论的治理：五个论点［M］//俞可平.治理与善治.北京：社会科学文献出版社，2000：34-47.

私域治理。①

在目前关于"治理"的各式各样定义中,最具有代表性和权威性的当属全球治理委员会对"治理"所给出的定义。1995 年,全球治理委员会在其所发表的《我们的全球伙伴关系》的研究报告中,对"治理"作出了这样的界定:治理是各种公共的或私人的个人和机构管理其共同事务的诸多方式的总和。它是使互相冲突的或不同的利益得以调和并且采取联合行动的持续的过程。这既包括有权迫使人们服从的正式制度和规则,也包括各种人们同意或以为符合其利益的非正式的制度安排。它主要有四个特征:①治理不是一整套规则,也不是一种活动,而是一个过程;②治理过程的基础不是控制,而是协调;③治理既涉及公共部门,也包括私人部门;④治理不是一种正式的制度,而是一个持续的互动过程。②

中国学者在对治理理论进行引介时,也结合不同的学科背景对"治理"的定义进行了分析并给出了自己的诠释。中国最早的一篇有关"治理"的文章——《Governance:现代"治道"新概念》的作者智贤将"governance"翻译成"治道",认为"治道"是关于治理社会公共事务的道理、方法和逻辑。③ 毛寿龙教授在《西方政府的治道变革》中翻译介绍"治理"时指出:"英文中的动词 govern 既不是指统治(rule),也不是指行政(administration)和管理(management),而是指政府对公共事务进行治理,它掌舵而不划桨,不直接介入公共事务,只介入于负责统治的政治与负责具体事务的管理之间,它是对于以韦伯的官僚制理论为基础的传统行政的替代,意味着新公共行政或者新公共管理的诞生,因此可译为治理。"④ 俞可平教授在《治理和善治引论》一文中深入系统地梳理

---

① 杨雪冬."治理"的九种用法 [J]. 经济社会体制比较,2005(2):99.
② The Commission on Global Governance. Our Global Neighborhood [M]. Oxford: Oxford University Press, 1995: 23.
③ 智贤. Governance:现代"治道"新概念 [M]// 刘军宁. 市场逻辑与国家观念. 北京:三联书店,1995:55-56.
④ 毛寿龙. 西方政府的治道变革 [M]. 北京:中国人民大学出版社,1998:7.

了国际上关于治理的各种定义后,对"治理"一词的基本含义提出了自己的看法。随后,他又在另一篇文章《全球治理引论》中对其进行了进一步的充实、丰富和完善。俞可平教授认为,"治理一词的基本含义是指官方的或民间的公共管理组织在一个既定的范围内运用权威维持秩序,满足公众的需要。治理的目的是在各种不同的制度关系中运用权力去引导、控制和规范公民的各种活动,以最大限度地增进公众利益。所以,治理是一种公共管理活动和公共管理过程,它包括必要的公共权威、管理规则、治理机制和治理方式。"① "从政治学的角度看,治理是指政治管理的过程,它包括政治权威的规范基础、处理政治事务的方式和对公共资源的管理。它特别地关注在一个限定的领域内维持社会秩序所需要的政治权威的作用和对行政权力的运用。"② 顾建光教授认为,对于不同的国家和相关群体,治理是有着不同的背景含义的,不能离开特定的背景含义去理解治理,并将治理定义为"相关各方为影响公共政策的结果而开展互动的方式"③。张昕副教授则认识到,治理的概念可以侧重从三个层面去解释,包括过程层面(通过一定的程序选择、课责、监督和替代政府)、能力层面(政府对资源的有效管理及制定、执行和实施健全的政策和管制)和制度层面。④

可以肯定的是,对治理定义的罗列是无法穷尽的。⑤ 不过,尽管存在着各种差异,但从上述众多机构、组织和学者对"治理"内涵的各种表达上,我们也不难发现,治理之所以能够吸引如此之多的身份背景和研究志趣迥异的机构、组织和学者的浓厚兴趣,关

---

① 俞可平. 全球治理引论 [J]. 马克思主义与现实,2002(1):20-32.
② 俞可平. 引论:治理和善治 [M] //俞可平. 治理与善治. 北京:社会科学文献出版社,2000:14.
③ 顾建光. 从公共服务到公共治理 [J]. 上海交通大学学报(哲学社会科学版),2007,15(3):50-55.
④ 任声策,陆铭,尤建新. 公共治理理论述评 [J]. 华东经济管理,2009,23(11):134-137.
⑤ 朱德米. 网络状公共治理:合作与共治 [J]. 华中师范大学学报(人文社会科学版),2004,43(2):5-13.

键的一点在于，治理在实现公共利益的方式上，由一元、强制、垄断走向了多元、民主、合作，是国家与社会突破零和博弈，实现双赢的一种新的理论范式。① 正因如此，虽然不同的机构、组织和学者对"治理"概念的界定各有侧重，但也达成了最起码的一致，即认为"治理的实质在于，它所偏重的统治机制并不依靠政府的权威或制裁"②。显然，在对治理的认识和理解上，它（他）们大多表达了以下四个方面的主要理念：

①强调治理主体的多元化，认为在公共利益的实现方式上，政府不应当是国家唯一的权力中心，各种社会的和私人的机构同样是合法权力的来源。

②强调国家与公民社会的合作，不再强调区分公私机构之间的界限和责任差异，也不再坚持国家职能的专属性和排他性，而是承认和重视国家与公民社会组织之间的相互依赖关系。

③强调管理对象的参与，认为治理是一种相互协调的过程，主张为了加强系统内部的组织性和自主性，努力在管理系统内建设一个自组织网络。

④强调治理手段的多样化，提倡政府提供公共管理和公共服务时，不能再采用旧有的强制和命令的手段，而应当采用新的技术、方法和措施，以达到对公共事务更好地进行引导和控制的目的。③

恰如法国著名公共管理学者让—皮埃尔·戈丹（Jean-Pierre Gaudin）所言，"治理从头起便必须区别于传统的政府统治概念"④，正确认识治理（Governance）与统治（Government）的区

---

① 张健. 浅析治理理论及其中国化的路径选择 [J]. 市场论坛, 2006 (3): 3-6.

② Gerry Stoker. Governance as Theory: Five Propositions [J]. International Social Journal, 1998, 50 (155): 17-28.

③ 薛忠义, 刘舒. 试论公共治理的兴起与服务型政府的构建 [J]. 行政与法, 2007 (12): 27-31.

④ [法] 让—皮埃尔·戈丹. 现代的治理, 昨天和今天: 借重法国政府政策得以明确的几点认识 [M] // 俞可平. 治理与善治. 北京: 社会科学文献出版社, 2000: 281.

别,是准确把握治理的内涵与实质的一个重要基础。不可否认,就治理和统治的目的而言,它们其实并没有本质上的不同,都是为了维持社会的正常秩序①,但两者在主要特征上又存在着根本性的差异,这主要体现在以下五个方面:

①主体的多元化。统治的主体一定是社会的公共机构,而治理的主体既可以是公共机构,也可以是私人机构,还可以是公共机构和私人机构的合作。因此,治理是一个比统治更加宽泛的概念,对于现代国家而言,可以没有政府的统治,但是不能没有社会的治理。

②权力运行向度的改变。政府统治的权力运行方向必然是自上而下的,主要运用政府的政治权威,通过发号施令、制定政策和实施政策等办法,对社会的公共事务实行单一向度的管理。治理则是一个上下双向互动的管理过程,主要通过合作、协商、伙伴关系、确立各有关方认同和共同的目标等方式对社会公共事务实施管理。因此,治理所拥有的管理机制并不依靠政府的权威,而是合作网络的权力,其权力向度是多元的、相互的。

③控制范围的扩展。政府统治所涉及的范围一般是以领土为界的民族国家,一个国家的政府统治如果超越了本国的领土疆域,将被视为对其他相关主权国家的侵犯,为国际法准则所不允许,治理所涉及的范围则要广泛得多,既可以是特定领土界限内的民族国家,又可以是超越国家领土界限的国际领域。

④权威的基础和性质的变化。统治的权威主要源自于政府的行政强制力,治理的权威更多来源于各相关方的认同和共识。纵使没有大多数人的认可,政府统治照样可以发挥强大的作用,与之相反,治理倘若没有大多数人的同意,便很难发挥真正的效用。②

⑤手段和方法的变革。政府统治的机制和手段主要以具有强制性的行政、法律手段为主,治理更多地强调提高公共管理的效率和效能,主张在公共部门的管理中引入私人部门较为成功的管理理

---

① 俞可平. 引论:治理和善治 [M] //俞可平. 治理与善治. 北京:社会科学文献出版社, 2000:14.

② 俞可平. 全球治理引论 [J]. 马克思主义与现实, 2002 (1):20-32.

论、方法和技术、经验的同时，积极推进私人部门更为广泛、深入地参与公共事务和公共服务，因而治理代表了一种新的社会多元公共管理模式。①

综上所述，我们毫无疑问地可以得出这样一个共识，尽管从词面上看，"治理"（Governance）与"统治"（Government）只有细微的差别，但两者的实际含义却是大相径庭。②

治理理论是公共管理学引入"治理"的概念，并对其加以发展和改造而形成的新的学科范式，标志公共管理学发展到了一个崭新的阶段。从传统公共管理到治理，绝不仅仅是名词的更新或是对传统公共管理手段的一般修正，而是体现了人们对公共管理的全新的认识，构成了一种全新的范式。③ 正如丁煌教授所认为的，治理理论作为一种新型的公共管理理论，是对作为传统公共管理理论的公共行政理论进行反思和批判，并且对新公共管理理论和新公共服务理论的合理内核进行综合的结果，代表着当前公共管理理论的发展新趋势。④

通过与传统公共管理理论相比较，不难看出，治理理论的核心观点是主张通过多元、合作、协商、伙伴关系、确定共同的目标等途径和办法，实现对公共事务的管理，它的实质是建立在市场原则、公共利益和认同之上的合作。⑤

总而言之，治理理论的主要内容包括：

①治理是由多元的公共管理主体组成的公共行动体系。在这一公共行动体系中，不仅包括长期以来在公共管理中一直居于垄断地位的政府部门，而且包括非政府部门的参与者，诸如私营部门和非

---

① 滕世华.公共治理理论及其引发的变革 [J].国家行政学院学报，2003（1）：44-45.

② 俞可平.引论：治理和善治 [M] //俞可平.治理与善治.北京：社会科学文献出版社，2000：5.

③ 滕世华.公共治理理论及其引发的变革 [J].国家行政学院学报，2003（1）：44-45.

④ 丁煌.西方公共行政管理理论精要 [M].北京：中国人民大学出版社，2005：455.

⑤ 陈振明.构建公共治理体系 [N].社会科学报，2008-10-23.

政府组织等。传统公共管理理论素来认为,毫无疑问,政府是公共管理领域独一无二的管理主体,对社会公共事务的管理都应当由政府垄断,并由政府强制实施的。而治理理论则认为,政府并非公共管理唯一主体,非政府部门在社会公共事务的管理中同样扮演着极其重要的角色,它们在介于公共部门与市场经济之间的"社会经济"领域内积极活动,并且依靠自身的资源参与管理共同关切的社会事务,在某些领域甚至拥有比政府更为明显的优势,能够发挥比政府更为重要的作用。治理理论同时认为,众多权威交叠是这一多元公共行动体系的主要特征。正如罗伯特·利奇(Robert Leach)和詹尼·珀希—史密斯(Janie Percy-Smith)所认为的那样:"治理涉及中央政府、地方政府和其他公共权威,也涉及在公共领域内活动的准公共行动者、志愿部门、社区组织甚至是私营部门。"

②公共管理的责任边界具有相当的模糊性。传统公共管理理论认为,管理社会公共事务的责任理所应当地被赋予了政府,公共领域和市场领域泾渭分明。与之相反,治理理论认为,治理主体之间的责任界限存在一定的模糊性。其原因在于,随着经济社会的发展、进步,尤其是公共选择理论等相关政府学说出现以后,面对由于政府对各种社会事务大包大揽所导致的各种管理危机,人们越来越清醒地认识到,与市场机制一样,政府机制也不可避免地存在本质上的缺失,仅仅依靠国家的计划和命令等行政强制手段同样无法真正实现社会资源的最佳配置,加之非政府组织和公民个人在公共管理领域日益表现出极大的热情、非凡的能力和独特的优势,人们对国家的作用不再抱不切实际的幻想,进而重新认识和界定政府与市场、政府与社会的关系,并愈来愈多地以治理机制应对市场和国家协调的失败,使国家把原先一直由其独自承担的公共责任不同程度地转移给各种非政府组织和公民个人,后者承担的公共责任由此变得日益繁重和广泛。随着部分公共责任的转移,非政府组织的发展壮大,传统上"公"和"私"的界限逐渐模糊不清,这样国家与社会之间、公共部门与私人部门之间的区分就不再像以前那样明显。

③多元化的公共管理主体之间存在着权力依赖和互动的伙伴关系。在传统公共管理理论的视野里,人们普遍认为,政府是公共管

理唯一的权力和责任中心，即便存在着一些其他的社会公共机构，它们至多也只是政府的助手或下属，居于配合和服从的地位。治理理论则提出了与之截然不同的观点，它认为，由于社会所面临的公共事务问题的多样性、复杂性和不确定性、不可治理性与日俱增，在治理体系中的任何一个参与主体，无论是公共机构抑或是私人部门对于社会公共事务管理中的一切问题，都不拥有足够的能力和资源来独力予以解决，因而必须在治理的过程中与其他的行为主体通过谈判和交易，建立各种各样的合作伙伴关系，以期在实现公共目标的过程中实现各自的目的。正是由于各参与主体之间存在着这种权力依赖的紧密关系，在治理的过程中，各参与主体的互动便成为一个须臾不可缺少的重要因素，直接关系着治理的质量与成效。互动的最终结果是，包括政府在内的各主体形成了形式各异的合作伙伴关系。这些合作伙伴关系主要有三种：其一，主导者与职能单位之间的关系，即雇用与被雇用的关系；其二，组织之间的谈判协商关系，即多个平等的主体在某一个项目上通过谈判对话，利用各自的能力和资源进行合作以达到各自的目的；其三，系统的协作关系，即各主体之间通过加强沟通、增进了解，形成共同的目标，并为之协调行动、通力合作，从而建立起一种自我管理的网络，这是治理主体之间合作伙伴关系的最高层次。

④治理是多元化的公共管理主体基于伙伴关系进行合作的一种自主自治的网络管理。传统公共管理理论强调依靠单一等级制下的协调方式和市场这只"看不见的手"来操纵。治理理论强调，存在权力依赖和合作伙伴关系的各主体，为了实现共同的目标，必然要建立谈判、协商和交易机制，这最终将推动公共管理走向一种自主自治的网络化。在这种网络化的新型公共管理系统中，参与治理的各方主体为了获得其他主体的理解、支持和帮助，必须放弃原先属于自己的部分权利，对政府而言，它放弃的是自己的部分行政强制权，而对非政府组织而言，它放弃的则是自己在经济上的部分权利。一般而言，参与治理的这些主体凭借自己所拥有的各种优势和资源，通过加强彼此对话、增进相互理解，达到树立共同目标、实现相互信任的目的，进而牢固地建立起短期、中期、长期的合作伙

伴关系，最大程度地减少机会主义，最终建立起一种社会公共事务的管理联合体。与传统公共管理不同，这种网络化公共管理的特征不再是监督，而是自主合作；不再是集权，而是权力在纵向和横向两个向度上的同时分散；不再是追求一致性和统一性，而是追求建立于多元化和多样性基础上的共同利益。

⑤政府在治理中扮演着"元治理"的角色。所谓"元治理"，它是西方学者、国际机构和地方组织为了寻求解决治理失效所使用的一个词汇，凸显了政府在治理中的重要地位和独特价值。治理理论认为，尽管治理可以对国家和市场控制和协调过程中的某些缺陷和弊端加以弥补，但必须清醒地认识到，治理本身也绝不是什么在任何时候、任何地点、任何情形下都管用的灵丹妙药，它也内在地存在着诸多无法克服的弱点和局限，它既不能代替国家而享有合法的行政强制力，也不可能代替市场而自发地对大多数资源的配置起到决定性的作用，因此，在社会资源的配置中不仅存在国家的失效和市场的失效，同样也不可避免地存在着治理的失效。因此，治理理论为了克服治理的失效，在强调公共管理主体多元化的同时，对政府的角色给予重新定位和强调，提出政府应当扮演"元治理"的角色，在社会公共管理网络中发挥重要的功能。治理理论认为，在由多元主体建立的社会公共管理网络中，尽管政府不再像在传统公共管理中那样具有至高无上的绝对权威，但是它却承担着建立指导参与治理各行为主体的行为准则的重任，履行着"同辈中的长者"的职责，尤其是在那些关系社会公共管理网络的基础性工作中，政府依然是社会公共事务管理领域最具重要性和影响力的行为主体。①

不言而喻，治理理论不仅更新了公共管理的基本内涵，拓宽了公共管理的参与主体，而且拓展了公共管理的职能范围，丰富了公共管理的机制手段。尽管治理理论尚处于发展之中，它的基本概念还比较模糊，没有一个统一的、普遍适用的确切界定，也存在鲍

---

① 丁煌. 西方公共行政管理理论精要 [M]. 北京：中国人民大学出版社, 2005：455-458.

勃·杰索普所说的合作与竞争的矛盾、开放与封闭的矛盾、可治理性与灵活性的矛盾和责任与效率的矛盾等诸多方面的内在困境，而且还因意识形态倾向、理论基础和实际操作等方面存在的种种不足和缺陷遭到了各方的批评与诟病①，但是，治理理论打破了社会科学领域长期占据主导地位的所谓两分法传统思维方式，即市场与计划、公共机构与私人部门、政治国家与公民社会、民族国家与国际社会②，提出了一个包含政府、市场主体、公民社会组织和公民个人在内的参与主体多元化、组织结构网络化、技术工具多样化的新型公共管理模式。③ 这不仅为人们反思传统公共管理理论及超越新公共管理理论和新公共服务理论提供了一种全新的认识图式，而且为人们认识公共管理领域正在发生的显著变化提供了一种全新的组织框架。因而，治理理论从诞生一开始就显示出了强大的生命力，并已经在一些国家和地区的治理变革过程中发挥了重要的指导作用，相信它也必将对人类社会的公共管理活动产生广泛而深远的影响。④

3.3 治理理论对中国海上搜救管理体制创新的适切性分析

早在半个多世纪以前，公共行政大师罗伯特·达尔（Robert Dahl）在《公共行政科学：三个问题》中就曾说过："从某一个国家的行政环境归纳出来的概论，不能够立刻予以普遍化，或被应用到另一个环境的行政管理上去。一个理论是否适用于另一个不同的

---

① 丁煌. 西方公共行政管理理论精要 [M]. 北京：中国人民大学出版社，2005：458.

② 俞可平. 引论：治理与善治 [M] // 俞可平. 治理与善治. 北京：社会科学文献出版社，2000：14.

③ 李晓莉，李郁芳. 西方学者公共治理理论研究综述 [J]. 江苏商论，2011（10）：153-156.

④ 丁煌. 西方公共行政管理理论精要 [M]. 北京：中国人民大学出版社，2005：458.

场合，必须先把那个特殊场合加以研究之后才可以判定。"① 这明确告诫我们，尽管兴起于西方世界的治理理论得到了广泛的认可，并已经在一些国家（地区）的公共管理改革实践中获得了巨大的成功，但在将其运用于中国公共管理的理论研究及具体实践之前，非要对其在现实问题上的适切性作一番认真、全面、细致的考察不可。

不可否认，治理理论是西方国家的学者为了应对其自身存在的问题而提出的一种理论框架②，与治理的实施主体所在环境的实际情况紧密联系，这意味着任何国家（地区）都不能照抄照搬治理理论的观点和他国的治理主张，尤其是对于中国这样一个有着长期的"国家中心主义"历史传统的经济社会转型国家和世界上最大的发展中国家，如何将治理理论与其实际问题和基本国情相结合，使之成功有效地应用于中国公共管理改革创新的具体实践，更是有诸多方面的现实因素需要各方共同作出长久而又艰辛的探索。

同时也要看到，经过30多年改革开放后的中国目前正经历着很多西方国家在历史上曾经面对的挑战。③ 处于社会转型时期的中国面对的新情况、新矛盾和新问题层出不穷，迫切需要构建一种能够容纳持续社会变迁、不断协调社会冲突的新的公共管理结构④，这是当前中国公共管理改革创新的关键之所在和目标之所系，倡导政府机构、市场主体和公民社会组织等多元主体通过合作、协商、伙伴关系等方式对公共事务进行共同管理的治理理论对此无疑具有重要的参考价值，至少提供了可资利用的学术资源和理论武器。⑤

---

① [美] 罗伯特·达尔. 公共行政科学：三个问题 [M] // 彭和平，竹立家，等. 国外公共行政理论精选. 北京：中央党校出版社，1997：165.
② 包国宪，郎玫. 治理、政府治理概念的演变与发展 [J]. 兰州大学学报（社会科学版），2009，37（2）：1-7.
③ 马骏. 经济、社会变迁与国家重建：改革以来的中国 [J]. 公共行政评论，2010（1）：3-34，203.
④ 薛澜，张帆. 治理理论与中国政府职能重构 [J]. 人民论坛·学术前沿，2012（4）：6-15.
⑤ 何增科. 治理、善治与中国政治发展 [J]. 中共福建省委党校学报，2002（3）：16-19.

对此,中国多数学者是持肯定态度并寄予厚望的。徐勇教授强调:"尽管治理是在西方社会语境下发展并被赋予不同含义,但作为一个政治学的分析概念对于中国的政治发展也有其独到价值,只是我们必须将这一词汇放在中国特定的历史进程中加以考察。"① 郁建兴教授和王诗宗教授在指出当前中国依然保持对非政府主体的严格控制,公民社会组织的自主性依然非常匮乏的同时,认为:"中国当前的政治——行政体制确实与西方存在极大差异……治理理论尽管强调社会网络的重要性,但绝不是纯粹的社会中心学说,因而具有穿透体制局限的可能。"②

自改革开放以来,中国海上搜救管理体制为了适应发展社会主义市场经济条件下经济社会全面转型的要求作出了不少的调整和变革,有些方面的调整和变革的力度还很大,成效也十分显著。然而,也正如前文所述,由于受到传统公共管理体制的影响和束缚,尽管海上搜救的参与主体发生了变化,组织机构得到了健全,运行机制出现了改进,但中国现行海上搜救管理体制就其实质而言,依旧是一种高度依赖于政府、以政府一元管理为主要特征的管理体制,它在组织结构、权责关系、管理机制、制度体系、区域合作等各个方面都还存在诸多不容小觑和亟待解决的突出问题,这些问题如果长期得不到恰当、有效、合理的解决,必将成为严重制约海上搜救工作科学发展的瓶颈,最终损害和危及海上人命财产安全、海洋环境资源保护和海上交通运输发展。

当前,由于中国海上交通运输和各类海上作业活动的蓬勃发展,海上突发事件呈现发生频率加快、表现形式增多、影响范围扩大、危害程度加剧的趋势,同时可以预见,这种状况在未来相当长的一段时间内将仍然持续,而且某些时期可能表现得更为激烈,这无疑对海上搜救提出了更高的要求和更严峻的挑战,但是,中国现行海上搜救管理体制在这方面却明显准备不足,因为这种还未完全

---

① 徐勇. 治理转型与竞争——合作主义 [J]. 开放时代, 2001 (7): 26-33.
② 郁建兴,王诗宗. 治理理论的中国适用性 [J]. 哲学研究, 2010 (11): 114-120.

摆脱传统公共管理窠臼的管理体制由于诸多自身不可克服的内在缺陷，极易导致责任担当意识淡漠、信息收集能力低下、协调交易费用高昂，难以有效地整合与之相关的各方力量和资源，并发挥它（他）们应有的功能和效用，因而在处置各类海上突发事件的过程中往往捉襟见肘、力不从心，这显然无法满足当前和未来一个时期应对日益复杂严峻的海上安全形势的需要。

"不改革就没有出路"①。破解当前中国海上搜救管理体制难题之道在于改革创新，而改革创新的核心在于彻底打破政府对海上搜救的高度垄断，并在重新认识和界定政府、市场和社会三者之间的相互关系的基础上，寻求建立一种有利于政府与其他各种力量良好合作和有效互动的新型的管理体制。唯有这样一种各方力量共同参与、共享权力、共担责任的新型的管理体制，方能最大程度地增进海上搜救的效率、效益和效能，从而保障海上人命财产安全，保护海洋环境资源，促进海上交通运输发展。治理理论作为一种倡导和推动实现政府与非政府力量相互合作、共同管理公共事务的新理念、新方法、新机制，显然对其开出了一剂良方。

3.3.1 治理是应对中国海上搜救管理体制面对挑战的客观需要

20世纪70年代末实施改革开放政策以来，得益于国内经济、国际贸易和对外交往的持续快速健康增长，中国海上交通运输取得了前所未有的巨大进步，成为中国综合交通运输体系的重要组成部分和国民经济的重要基础性产业，中国也跻身世界海运大国行列。据统计，截至目前，中国水路货运量和货物周转量在综合交通运输体系中分别占到了12%和48%，水路承担了中国90%以上的外贸货物运输量，港口接卸了95%的进口原油和99%的进口铁矿石②；中国现有各类水上从业人员约260万人，其中，运输船船员150万

---

① 邓小平文选（第三卷）[M]. 北京：人民出版社，1993：237.
② 中国共产党新闻网. 解曼莹. 现代综合运输体系中水运举足轻重[EB/OL]. [2012-10-28]. http://cpc.people.com.cn/n/2012/0704/c77791-18440927.html.

人,渔业捕捞船船员 110 多万人①,全国水路运输年均完成客运量约 2.6 亿人次。② 安全对于中国海上交通运输乃至整个经济社会发展的重要意义不言自明。

然而,由于海上交通运输的快速发展,船舶交通密度的显著增加,兼之受到相对落后的社会经济发展水平的限制,中国海上交通运输长期以来存在着船舶技术状况较差、船员安全意识薄弱、海上安全管理水平不高、航海保障服务能力不足等诸多困扰海上交通安全的现实问题,各类海上突发事件时常发生,呈现易发、多发、高发的态势,给海上人命财产安全、海洋环境资源保护和海上交通运输发展造成了严重的威胁。根据中国海上搜救中心的统计,最近几年,中国管辖水域平均每年发生海上突发事件 1800 余起,遇险人员约 25000 人次,平均每天约 5 起,遇险人员约 68 人次。③

近年来,为了适应中国国内经济、国际贸易和海上交通运输快速发展的需要,航行于中国管辖水域的船舶日益多样化、专业化和大型化,船舶的航行区域、活动范围和作业种类也日益扩展,这使得海上突发事件又呈现出了多样性、复杂性和不确定性的新特点,不仅海上突发事件的表现形式更为复杂多样,而且很多时候多种形式同时表现出来或相互作用,产生叠加效应,给海上搜救工作增加了极大的困难,也提出了更高的要求。而每一起海上突发事件,不仅有可能会造成严重的人员伤害、财产损失和海洋环境资源破坏,而且,它的背后往往还涉及数个、数十个或数量更多的家庭幸福甚至是全社会的共同利益,只要海上搜救工作开展稍有延误或差池,就极有可能造成不可估量的损失或难以弥补的后果,以至于直接或间接地、程度不同地损害公共利益。

面对海上突发事件的新情况、新问题、新特点,如何最大程度

---

① 杜永东. 我国海上搜救机制研究 [M] // 吴兆麟. 海事公共管理研究. 大连:大连海事大学出版社,2012:502.

② 交通运输部. 交通运输部政府信息公开 [EB/OL]. [2014-04-21]. http://www.mot.gov.cn/zfxxgk/bnssj/zhghs/201312/t20131213_1528493.html.

③ 杜永东. 我国海上搜救机制研究 [M] // 吴兆麟. 海事公共管理研究. 大连:大连海事大学出版社,2012:502-503.

地整合和调动一切可以利用的资源和力量，及时、迅速、有效地组织开展海上搜救行动，保障海上人命财产安全，保护海洋环境资源，保持海上交通运输发展，日益成为中国政府乃至于中国社会必须高度重视、积极思考和认真面对的一项非常重大而又异常紧迫的任务，这对中国海上搜救管理体制带来了前所未有的严峻挑战。但是，正如上文所着重提到的，打上了明显的传统公共管理烙印的中国现行海上搜救管理体制，由于其内在的不可克服的缺陷，是根本无法有效地整合与海上搜救相关的各方面的资源和力量，并充分发挥它（他）们应有的功能和效用的。因此，对于这样一种严峻的挑战，中国现行的海上搜救管理体制或只是对其做零敲碎打式的局部性调整显然难以应对，必须要进行脱胎换骨式的整体性制度创新。

毫无疑问，这种整体性制度创新，需要在对中国现行海上搜救管理体制进行重新体认和深刻反思的基础上，打破长期以来形成的政府独家垄断的局面，重构政府与非政府的关系，形塑出一种致力于形成政府机构、市场主体、公民社会组织和公民个人等不同行为主体之间的有机统一的合作伙伴关系，从而有利于鼓励、调动和吸纳更多的社会资源和力量参与并使之真正发挥自身作用的新型的海上搜救管理体制。这是与传统公共管理体制截然不同的一种全新的组织框架，换言之，这样一种整体性制度创新实践实质上是一种公共管理模式的转换，这就需要与之相适应的新的公共管理理论范式进行指导和支撑。否则，仅凭固有的一些理论认识和实践经验，势必将陷入"路径依赖"的泥淖或非理性的盲动之中，最终不免"新瓶装旧酒"，难以破除传统公共管理的种种羁绊与桎梏。

当今世界范围内最为人们广泛认同和接受的公共管理理论之一的治理理论作为对新的形势任务下传统公共管理模式危机的积极回应①，"它在理论上的贡献是给变化中的国家的统治这个领域绘制

---

① 施巍巍. 治理理论研究及其启示［J］. 理论学习与探索，2007（3）：83-85.

了一张地图或者说路线图"①。究其原因，在于治理理论的理论内核是倡导各行为主体共同参与对公共事务的管理，并通过民主、协商、互惠、合作、共治实现系统的最优化效应，它与传统公共管理理论的一个重要区别，是它彻底地打破了公共物品的政府独家垄断供给，从而使得"超越了等级制度并且吸引了公共兴趣的话语网络为公共管理提供了合理的模式"②。由此可见，治理理论的核心思想与中国海上搜救管理体制创新的总体目标高度契合，因而对中国海上搜救管理体制创新具有重大的启示意义和借鉴价值，能够为其提供坚实和强有力的理论基础，使得中国海上搜救管理体制通过整体性制度创新，超越传统公共管理模式成为可能。

3.3.2 治理是解决中国海上搜救管理体制现存问题的必然要求

治理理论作为当今世界公共管理研究与实践领域出现的全新的理论，是基于对传统等级官僚制模式和自发市场模式的反思而产生、发展的，它对人们习以为常的公共管理逻辑提出了挑战，并从系统的观点全面动摇了传统的公共管理模式③，强烈地表明了一种"更优地实现公共服务的意愿"④，它在现实中最大的应用价值是倡导在政府的新型的公共管理变革中，由原先政府垄断的、强制性的、自上而下的公共管理模式转型到国家、市场、社会共享权力、共担责任的公共管理模式，从而达到公共管理的更高水平与境界。正如法国学者克利斯多夫·埃贝哈尔（Christoph Eberhard）所认为的："治理之所以被视为比政府统治可取，那是因为它体现为

---

① ［英］格里·斯托克. 作为理论的治理：五个论点［M］//俞可平. 治理与善治. 北京：社会科学文献出版社，2000：48.

② J. N. Rosenau, E. O. Czempiel. 1992. Governance without Government: Order and Change in World Politics［M］. Cambridge: Cambridge University Press, 1992: 291.

③ 董晓宇. 公共管理的理论基础与实践发展——由传统公共行政到公共管理研究之二［J］. 北京行政学院学报，2004（4）：14-18.

④ 孔繁斌. 公共性的再生产——多中心治理的合作机制建构［M］. 南京：江苏人民出版社，2008：54.

一种更具参与性。"①

　　改革开放30多年来,中国发生了举世瞩目的伟大的社会变革,这是一场由高度集中的传统社会主义计划经济体制向开放的中国特色社会主义市场经济体制转轨所推动的全方位的变革。无可否认,为了适应经济社会的全面变迁,尤其是海上交通运输事业突飞猛进的发展,中国海上搜救管理体制持续不断地进行了适应性的改革创新,并取得了积极有效的进展,主要体现为其组织结构的日益复杂化和职责范围的日益扩大化。但是,从总体上来说,与经济社会的全面变迁相比较,中国海上搜救管理体制创新的被动适应性远远大于主动的前瞻性,只是处于一种"跟进"而不是"领头"的状态,这表明中国海上搜救管理体制的创新整体上是滞后于经济社会的变迁,也是不完全适应海上交通运输事业发展要求的。如果任由中国海上搜救管理体制这种滞后的状态发展下去,它不仅难以驱动海上搜救的有效组织和顺利运行,甚至还可能成为阻碍中国海上搜救工作发展的桎梏。因此,对中国海上搜救管理体制的现存问题不能等闲视之,更不能听之任之。

　　正如前文所阐述的,中国现行海上搜救管理体制所面临的问题仍然相当的多,比较突出的包括:政府、市场、社会共享权力、共担责任的组织结构尚未形成,各参与主体各司其职、协同合作的权责关系尚不明确,以信任、服务、合作为特征的管理机制远未建立,正式和非正式制度参与的制度体系有待加强,跨领域、区域性合作的工作格局急需强化。上述这些问题都不同程度地制约了中国海上搜救管理体制应有的功能和效用的有效发挥,无一不是影响重大而又急需解决的根本性问题。而且,随着经济社会的持续发展和深刻变化,这些问题对海上搜救的制约和阻碍作用将愈益凸显。

　　如同此前已经反复论及的,上述这些问题存在的主要根源在于,尽管改革开放30多年来中国海上搜救管理体制进行了各种创

---

① [法] 克利斯多夫·埃贝哈尔. 法律、治理与可持续发展:几点初步思考 [EB/OL]. [2014-05-02]. http://www.jus.cn/ShowArticle.asp?ArticleID=654.

新,但仍然是一种高度依赖于政府、以政府一元管理为主要特征的传统公共管理体制。中国海上搜救管理体制之所以难以摆脱传统公共管理的窠臼,主要原因在于,在其创新的过程中,"由于长期行为积淀所形成的行为惯性以及组织与制度变迁过程中的'路径依赖'"①,所有所谓的创新都仅仅是一种被动适应性的创新,是为了适应中国经济社会的全方位变革所提出的要求而被动进行的,创新本身并没有真正意识到要建立起一种与已经发生深刻和显著变化并将继续发生深刻和显著变化的经济社会环境相适应的新型的公共管理模式,相反地,其主要目的,无非是让非政府主体参与到政府过程中来,以进一步强化政府对海上搜救的管理与控制。这样的结果,非但没有改变政府在海上搜救工作中的中心地位,反而增强了政府的管控意欲。

然而,事与愿违。由于市场化改革,由国家统一集中管理、占有和分配各种社会资源的体制格局逐步瓦解②,非政府力量对政府的依赖性不断弱化,政府对非政府力量的控制和整合的能力也随之持续弱化,在这样的情形下,政府依然故我,依靠自身的行政强制力实施单向度的管理,必然弊病重生,难以奏效,这就导致了由于政府职能的转变和非政府力量的兴起而造就的参与主体多元化格局对与之相适应的新型公共管理模式的需要与传统公共管理模式之间的深刻矛盾。

基于此,要从根本上彻底地解决上述这些问题,迫切需要超越人们所熟知但已经失效的传统的公共管理逻辑,建立起与参与主体日益多元化相适应或匹配的新型公共管理模式,这显然不能再指望依靠传统公共管理理论的指导,而必然要从作为传统公共管理理论替代的治理理论中寻找新的视角和方法论。这是因为,治理理论"以终极核心价值和思想的多元化为追求,从政治、经济、社会、

---

① 李汉林. 中国单位社会:议论、思考与研究 [M]. 上海:上海人民出版社,2004:1.
② 李汉林. 转型社会中的整合与控制——关于中国单位制度变迁的思考 [J]. 吉林大学社会科学学报,2007,47(4):46-55.

文化价值等诸多领域，对政府与市场关系、政府与公民社会关系、政府内部关系、政府组织体制、公共事务治理规则、公共事务治理操作手段等诸多方面进行了全方位的反思和探索，以寻求全面医治现实问题、构建公共事务良好治理的整体性思维框架"①，这对于解决中国海上搜救管理体制的现实问题具有巨大的优势。

3.3.3 治理是适应中国海上搜救管理体制结构变化的理性选择

毋庸置疑，任何一个时期的公共管理体制都并非存在于真空之中，因而不可避免地受制于它所处的社会环境，也只有适应于社会环境的公共管理体制才能得以确立并不断发展。正如怀特所认为的，现代国家的公共行政管理"深受这一时代政治、经济与文化环境的影响"②。因此，借鉴治理理论的一个重要前提是要认真厘清治理理论适用的条件。

所谓治理，是指在众多不同利益共同发挥作用的领域建立一致或取得认同，以便实施某项计划的过程。③ 因此，归根结底，治理表示国家与社会的良好合作，实际上是国家的权力向社会的回归。④ 用格里·斯托克的话说，"治理理论不仅承认我们的政府制度愈来愈加复杂，而且提醒我们注意责任的转移，国家（State）退后一步而把责任推给私营部门和志愿团体——从广义上说推给公民的这样一种打算。"⑤ 作为一种全新的公共管理范式的治理理论，它的产生和兴起绝不是偶然的，而是需要与其相适应的现实基础和社会环境。俞可平教授在分析了治理理论产生和兴起的历史背景的

---

① 董晓宇. 公共管理的理论基础与实践发展——由传统公共行政到公共管理研究之二 [J]. 北京行政学院学报，2004（4）：14-18.

② [美] 怀特. 行政学概论 [M]. 上海：商务印书馆，1947：8.

③ [法] 辛西娅·休伊特·德·阿尔坎塔拉. "治理"概念的运用与滥用 [M]// 俞可平. 治理与善治. 北京：社会科学文献出版社，2000：16-17.

④ 俞可平. 引论：治理和善治 [M]// 俞可平. 治理与善治. 北京：社会科学文献出版社，2000：11.

⑤ [英] 格里·斯托克. 作为理论的治理：五个论点 [M]// 俞可平. 治理与善治. 北京：社会科学文献出版社，2000：39.

基础上深刻地指出，20世纪90年代以来，治理理论及其实践之所以能够在西方社会得以萌生和发展，其中一个极端重要的现实原因是公民社会（Civil Society）的日益发展壮大。①

格里·斯托克说得好："就其最抽象的一面来看，治理理论讨论的是国家与市民社会之间长期存在的制衡关系所发生的变化。"② 公民社会发展壮大以后，各种公民社会组织在社会公共事务管理中的重要作用与独特价值日益显现，它们或是与政府合作，共同行使某些社会公共事务管理职能，或是独自承担起社会公共事务管理的某些职能；而由公民社会组织与政府一道行使或它们独自行使社会公共事务管理职能的过程便不再是统治，而是治理。③ 对于公民社会的崛起所引致社会公共事务管理过程的变化，法国学者玛丽—克劳德·斯莫茨（Marie-Claude Smouts）是这样分析其中原因的："现代社会愈来愈复杂、愈来愈分裂，是一张由大量相互区别、各自独立的社会子系统组成的网。诸多社会部门（消费者、运输用户、狩猎者、店主等协会）有能力组织起来，保护自己的资源，却无需考虑它们的行动在总体上将对社会造成什么后果；它们组成网络，制定自己的标准。这种横向合作及自行组合的能力，使它们能够抵制政府的任何命令。"④ 一言以蔽之，正是由于社会的政治经济状况发生了如此深刻而剧烈的变化，才使得自组织在进行经济、政治和社会的协调方面发挥的作用逐渐超过了市场或等级制。⑤ 可以想见，如果没有一个健全、成熟和发达的公民社会，是断不会有治理的出现和兴起的。

---

① 俞可平. 引论：治理和善治 [M] //俞可平. 治理与善治. 北京：社会科学文献出版社，2000：11.

② [英] 格里·斯托克. 作为理论的治理：五个论点 [M] // 俞可平. 治理与善治. 北京：社会科学文献出版社，2000：39.

③ 俞可平. 治理与善治 [M]. 北京：社会科学文献出版社，2000：12.

④ [法] 玛丽—克劳德·斯莫茨. 治理在国际关系中的正确运用 [M] //俞可平. 治理与善治. 北京：社会科学文献出版社，2000：271-272.

⑤ [英] 鲍勃·杰索普. 治理的兴起及其失败的风险：以经济发展为例的论述 [M] // 俞可平. 治理与善治. 北京：社会科学文献出版社，2000：60.

改革开放以来，中国的经济社会结构发生了天翻地覆的历史巨变。改革开放以前，为了适应高度集中的社会主义计划经济体制，中国奉行政治上高度一元化的组织和领导体制。在这样的体制下，公与私、国家与社会、政府与民间紧密结合，甚至到了几乎完全合为一体的程度，具体地讲就是，公吞没了私，国家吞没了社会，政府吞没了民间。① 在国家和政府垄断了几乎所有的社会资源并对社会生活进行全面干预和严格管控的情况下，社会的自主空间自然被高度压缩，直至于荡然无存，这使得社会严重缺乏自主自治的能力，公共管理必须也唯有高度依赖于政府。② 改革开放以后，中国大力推行社会主义市场经济体制，致力于发展社会主义民主政治，政府逐步从许多经济和社会管理领域中退出来③，各种私人经济部门和民间组织力量得以不断发展壮大，而且在经济社会生活中发挥着日益重要的作用，逐步承担起一部分原先由政府承担的公共管理和公共服务职能，政治国家与公民社会、公共部门和私人经济部门及第三部门之间形成了一种相对独立的、分工合作的新型公共管理结构。④

中国经济社会的这种巨大变化反映到海上搜救管理体制上，其主要表现是，在新的经济社会环境下，一方面，由于国家推行市场经济，加上交通运输部（当时的交通部）为了搞活水运经济，实施"有水大家行船"的政策，港口航运业的所有制结构发生了深刻变革，公有制一统天下的传统格局被彻底打破，国有、集体、个人独资、合资和外资等多种所有制形式并存、不同经济主体共生的局面逐步形成；另一方面，在所有制结构变革的强力驱动下，企业

---

① 俞可平. 中国公民社会的兴起与治理的变迁 [M] // 俞可平. 治理与善治. 北京：社会科学文献出版社，2000：333-334.
② 邓莉雅. "小政府、大社会"理念的再认识——兼论发展第三部门对政府机构改革的意义 [J]. 云南行政学院学报，2003（4）：42-44.
③ 俞可平. 中国治理变迁30年（1978—2008）[J]. 吉林大学社会科学学报，2008，48（3）：5-17.
④ 何增科. 治理、善治与中国政治发展 [J]. 中共福建省委党校学报，2002（3）：16-19.

的自我保护意识和公民的参与意识显著滋长，各种行业组织和自愿组织蓬勃兴起，迅速崛起的非公有企业和非政府组织由于在资金、力量、设备、技术、人才等方面的优势，能够弥补因为海上搜救任务愈益繁重艰巨而愈发凸显的政府能力的不足，逐渐受到了政府的重视和认可并被陆续吸纳进海上搜救管理体制中来，这样中国海上搜救管理体制的结构就从过去由几乎清一色的国有单位（组织）组成转变为多种性质单位（组织）并存。

正如张康之教授所言："既然20世纪后期的政府改革造就了非政府组织等各种各样的社会治理主体，这就确定无疑地为我们展示了一个政府与这些社会治理主体间合作治理的前景。"① 中国海上搜救管理体制结构的显著改变，必然会对管理体制本身造成直接、有力、激烈的冲击，要求中国海上搜救管理体制顺应变化并适时作出相应的变革，这种变革要从治理理论而不能从传统的公共管理理论中寻找参考答案。因为，治理正是西方国家在公共管理危机出现以后，因应市场与等级制的调解机制失灵和公民社会的勃兴而提出的一套新型的公共管理理论，而"若要否定治理理论，否定的基础必须是提出一张更好的地图或路线图"②，但正如事实所告诉我们的，迄今为止人们还没有找到另外一个可以替代治理的更为适用的方案。

---

① 张康之，李传军. 变革时代中的公共管理［J］. 行政论坛，2010，17（2）：7-11.

② ［英］格里·斯托克. 作为理论的治理：五个论点［M］// 俞可平. 治理与善治. 北京：社会科学文献出版社，2000：48.

4
历史回望：中国海上搜救管理体制的历史演变

中国著名历史学家钱穆在《中国历代政治得失》中讲过这么一句发人深省的话："某一制度之创立，绝不是凭空忽然地创立，它必有渊源，早在此项制度创立之先，已有此项制度之前身，渐渐地在创立。"① 由此可见，要认识、了解和创新中国海上搜救管理体制，就不能不追本溯源，在历史的发展脉络中挖掘其形成与变迁的规律。毕竟，"只有深入地回顾与反思过去，我们才能更好地展望未来。"②

人类社会从有航海活动开始，就有了水上救生。中国的水上救生活动可以追溯到遥远的古代。这从反映一个国家民族习俗风尚的民间传说中可以找到不乏价值的蛛丝马迹。中国关于水上救生的民间传说数不胜数、不胜枚举，其中流传较广、影响较大的是关于妈祖的传说。妈祖是人们对海上女神的亲昵称呼。据宋代的文献史料

---

① 钱穆. 中国历代政治得失 [M]. 北京：三联书店，2001：5.
② 马骏. 经济、社会变迁与国家重建：改革以来的中国 [J]. 公共行政评论，2010（1）：3-34，203.

记载，妈祖出生于距今一千多年前宋代初期福建省莆田湄洲屿，真名为林默，或称林默娘。生长在大海之滨的林默，洞晓天文气象，熟习水性。湄州岛与大陆之间的海峡有不少大大小小的礁石，在这里触礁遇难的渔舟、商船，常得到林默的救助，传说她还会预测天气变化，事前告知船户可否出航，因而，深受人们的爱戴。为了救助海上遇险的百姓，林默最终献出了自己年仅28岁的年轻生命。妈祖去世后，人们传说她升化为海上女神。宋、元、明、清几个朝代都对妈祖尊崇有加，数度褒封，封号从"夫人""天妃""天后"到"天上圣母"，并列入国家祀典。妈祖的传说，不仅生动地反映了人们对妈祖扶危助困、济世救人的褒扬，也体现了人们对海上航行平安、海波不惊的期盼。①

中国古代，在沿海或水运发达地区，除了人们自发的零星的拯溺救人外，水上救生作为一项义举善事，也得到了官府、乡绅和民众的积极响应，各地还成立了各种形式的救生组织。中国古代的各类史志对此作了大量的详细记载。处于万里长江与闻名中外的京杭大运河十字交汇中心的江苏镇江，由于临海控江，素来就是交通咽喉，漕运重镇。早在宋代年间，这里就诞生了全世界最早的水上救生组织。根据元代《至顺镇江志》的记载，公元1165—1173年，镇江知府蔡洸在西津渡创设了救生会，命令建造了大型的济渡船5艘，分别以"利、涉、大、川、吉"五字为标识，并根据渡船的大小及限额渡客的人数，按先后顺序发船。渡船除渡运旅客外，还兼负救生的职责，遇有江中遭险遇难的船舶，立即进行救助。这是中国首次见诸史籍的官渡兼救生性质的渡船②，也是国际公认成立最早的水上救生组织。③

镇江的这一慈善义举虽历经人事代谢、朝代更迭，但依然薪火

---

① 孙之祜. 中国古代救生文化面面观 [J]. 中国海事，2006（10）：62-65.
② 孙之祜. 中国古代水上救生组织形式的多样性（上）[J]. 中国海事，2008（9）：68-69.
③ 孙之祜. 康熙皇帝与中国古代水上救生事业 [J]. 中国海事，2009（11）：69-71.

相传、绵延不绝。到了清代,清圣祖康熙皇帝南巡时,在镇江亲眼目睹了救生船在江心拯救遇险溺水者的义举。他在对水上救生事情详细了解后,大加赞赏。在康熙皇帝的大力推崇下,水上救生不仅在镇江、扬州一带得到了蓬勃发展,而且逐步发展到长江上下,甚至天津、云南等地。其时,南到云南金沙江,北到天津海河,东到浙江杭州,西到四川合江,到处都传颂着水上救生船不畏艰险、奋勇救生的感人事迹。①

康熙四十一年,即公元 1702 年,镇江创建了经历时间最长、影响最广泛的民间救生组织——京口救生会。② 京口救生会以"救涉江覆舟者"为宗旨③,在会址处设有瞭望哨,一旦发现江上有船翻落水者,即刻派出救生船驰援救助。救生船出动时,其船头桅杆悬挂虎头牌,一路鸣锣开道,江上其余船只听到锣声,都要主动避开,所有的关口也都得打开,给其让道,以使救生船在最短的时间内赶到出事地点实施救生。④

进入民国以后,水上救生活动作为民间慈善事业的一个重要组成部分,随着经济社会的发展,出现了不少新的变化。根据考证,新中国成立前,中国的救生组织多种多样,蔚为大观,为世界水上救生史所罕见,主要包括:寺庙救生、官渡救生、民间救生、义渡救生、漕运救生和盐务救生等。其中,不少的救生组织又是多种形式交织并存。⑤

当然,上述这些水上救生活动及其组织主要是受中国民众崇善

---

① 孙之祜. 康熙皇帝与中国古代水上救生事业 [J]. 中国海事,2009 (11):69-71.

② 孙之祜. 康熙皇帝与中国古代水上救生事业 [J]. 中国海事,2009 (11):69-71.

③ 孙之祜. 中国古代水上救生组织形式的多样性(下)[J]. 中国海事,2008 (10):67-68.

④ 祝瑞洪,庞迅,张峥嵘. 京口救生会与镇江义渡局 [J]. 东南文化,2005 (6):53-56.

⑤ 孙之祜. 中国古代水上救生组织形式的多样性(上)[J]. 中国海事,2008 (9):68-69.

尚义、救死扶伤的优良传统所激发而逐步形成的，客观地讲，还是属于民间自发性质，缺乏严密的组织性，更远未上升到国家和社会公共管理的层面，因而，这只是中国民间慈善活动的一种具体体现，还不是严格意义上的海上搜救。中国严格意义上的海上搜救出现于中华人民共和国成立以后。新中国刚一成立，海上搜救就被作为一项重要的政府职能进行建设①，中国海上搜救管理体制随之逐步形成，并伴随着经济社会的不断发展、进步，大致经历了一个从萌芽、确立、转变到发展的演变过程。

4.1 萌芽时期：1949—1973 年

1949 年新中国成立以后，经过对生产资料私有制的社会主义改造，确立了社会主义制度。新中国成立伊始，物资匮乏，百废待兴。在当时特殊的国内国际环境和背景下，为了更好地集中国家和社会的人、财、物资源办大事，保障国家计划的顺利贯彻与实施，中国学习借鉴苏联经验，建立了以高度集中的中央集权与高度统一的计划经济体制为核心的社会主义社会制度框架，主要依靠行政手段管理全部的经济活动和社会事务。

在当时这种社会制度的统摄下，为了强化政府管理和中央权威，中国海上搜救实施一种独特的条块分割的管理形式。新中国成立初期，中央人民政府在交通部海运总局设立航政室，负责管理全国航运工作，以加强对海上交通安全的监督管理。1953 年，为了进一步适应航运发展的需要，经当时的政务院批准，在交通部下设中华人民共和国港务监督局，同时在沿海各主要港口设立港务监督机构，统一以"中华人民共和国港务监督"的名称，对外行使海

---

① 林红梅，章冉. 守护海上生命平安——新中国海上搜救 60 年巡礼 [EB/OL]. [2014-02-05]. http://news.xinhuanet.com/society/2009-09/03/content_11991349.htm.

上交通安全监督管理的职能。① 港务监督机构其中的一项重要职能是组织海难救助②，这在一定程度上为其后中国现代海上搜救的形成奠定了组织基础。但由于新中国成立之初特殊的国际国内形势，以及经济水平、队伍状况、技术装备等各方面条件的限制，加之后来受到"文化大革命"的影响，港务监督机构对海上活动的管理在相当长的一段时期内都以在岸管理为主，海上活动主要由军队实施控制。③ 对各类海上突发事件的处置应对，包括遇险落水人员的救助，港务监督机构的职能主要表现为安全值守和信息传递。④

与此同时，专业救助打捞力量在国家的统一领导和大力支持下也逐步形成并不断发展。由于长年的战争，当时中国主要江河和沿海港口有许多战争年代沉没的舰船和水雷，严重影响来往船舶的航行安全，给水上人命和财产安全造成了严重的威胁，也给国民经济的恢复和发展带来了不利的影响，迫切需要打捞清航。经政务院批准，1951 年 8 月 24 日，中国人民打捞公司在上海宣告正式成立，这是中国第一个全国性的打捞机构，标志着新中国第一支专业救捞队伍从此诞生。⑤

中国人民打捞公司由交通部航务工程总局领导，其创建之初，

---

① 王飞. 从服务型政府视角看我国海事管理体制改革 [M] // 吴兆麟. 海事公共管理研究. 大连：大连海事大学出版社，2012：46.

② 林红梅，章冉. 守护海上生命平安——新中国海上搜救 60 年巡礼 [EB/OL]. [2014-02-05]. http: //news. xinhuanet. com/society/2009-09/03/content_11991349. htm.

③ 高宇. 公共管理视野下服务型海事建设路径研究 [M] // 吴兆麟. 海事公共管理研究. 大连：大连海事大学出版社，2012：13.

④ 由于文献资料的严重缺失，有关这一时期港务监督机构在海难救助中的职责主要通过对有关人员的访谈得以明确。访谈人员 10 余人，主要为港务监督机构早期的工作人员，其中既有交通部直属港务监督机构人员，也有地方所辖港务监督机构人员。据他们回忆，尽管当时交通部和地方所属港务监督机构的管理模式有异，但在海难救助上，港务监督机构的主要工作都是守听高频或接打电话，以达到安全值守和信息传递的目的。

⑤ 朱婧. 中国救捞改革开放 30 年发展剪影 [EB/OL]. [2014-03-24]. http: //www. zgsyb. com/GB/Article/ShowArticle. asp? ArticleID = 34194.

虽然职工只有120人,设备也只有一艘125千瓦的"盘山号"小拖轮和十几只港口装卸淘汰的小平驳,却担负起了北起营口、鸭绿江口,西到长江三峡,南到海南三亚港的大量沉船、沉物的清障打捞任务。在当时高度集中的计划经济体制下,加上物质条件相当匮乏,每一次沉船、沉物的清除打捞任务都毫不例外地被列入国家航务工程的基本建设项目。尽管如此,中国人民打捞公司成立仅4年时间就组织打捞沉船105艘,约10万吨,并成功抢救了因海上触礁遇难的"临城号"货轮。中国人民打捞公司经过艰苦努力,不仅疏通了由于战争原因堵塞的港口和航道,也为海上交通运输、海防和工程建设提供了紧缺的战舰、运力以及大量的废金属回收,在国民经济的恢复与发展中发挥了非常重要的作用。①

1953年1月22日,中国人民打捞公司改称交通部航务工程总局打捞公司。1956年1月1日,打捞公司改称交通部航务工程总局打捞工程局,由企业单位改为事业单位,实行国家统收统支的管理模式,1958年7月1日又改名为上海打捞工程局。②

1956年,中国先后与越南、朝鲜、苏联等国家分别签订了《海运协定》《通商航海条约》《中朝苏三国救助协定》等,海上搜救工作被提到了重要的地位,海上搜救工作的重点也逐步由江河向海洋发展。1958年7月23日,时任交通部部长王首道批示,"海难救护工作与沉船打捞工作合并,自当年9月16日00时00分起,从温州至鸭绿江口中国沿海海域的海难救护工作划归打捞工程局负责"。由此,上海打捞工程局成为捞救合一的国家事业性单位,并先后在烟台、上海、温州设立了3个救助点。③

在沉船打捞工程中,由于受到当时各方面条件的限制,为了政治目的、社会效益和时间需求,每年都有大量上级下达的支工、支

---

① 张戎. 救捞体制改革中的公共管理问题初探 [D]. 上海: 复旦大学, 2005.
② 上海市地方志办公室. 上海救捞志·大事记 [EB/OL]. [2014-03-25]. http://www.shtong.gov.cn/node2/node2245/node70962/node70966/index.html.
③ 上海市地方志办公室. 上海救捞志·大事记 [EB/OL]. [2014-03-25]. http://www.shtong.gov.cn/node2/node2245/node70962/node70966/index.html.

农、支援国防建设的任务,这时上海打捞工程局及其所属单位往往采用"大会战"的方式,不计成本、不惜代价,投入大量的人力和物力。所以,20 世纪 50 年代末、60 年代初,国家适时地将上海打捞工程局的性质改为实行企业管理的事业单位,并实行差额预算拨款的核算体制。1963 年 2 月 15 日,上海打捞工程局改名为上海海难救助打捞局(简称"上海救捞局"),至 1964 年上半年建成了天津、烟台、上海、温州 4 个救助站。20 世纪六七十年代,随着形势和任务的不断变化,救捞工作在实践中逐步确立了"救捞并举、以救为主"的工作方针。①

这一时期,新生的中华人民共和国面对异常严峻复杂的国际国内环境,奉行政治上高度一元化的组织和领导体制,政府的职能集中体现在政治统治或政治领导上,社会的公共事务管理只是对政治活动的一种必要补充,加上当时的中国社会是一个总体性社会②,整个社会生活完全依靠国家机器的驱动。因此,当时中国的海上交通安全管理,包括海上搜救在内,行政管理的色彩异常浓厚,政府处于绝对的权威地位,海上搜救工作具体由交通部统一领导,港务监督机构主要负责组织协调,救捞机构则负责具体实施,民间力量相当薄弱,能够发挥作用的空间也极其有限。在海上搜救工作中,港务监督机构和救捞机构在各自的职责范围内独立地开展工作,两者之间的联系属于一种单纯的工作联系,是松散型、弱联系、缺乏刚性约束力的,而且也并没有定则,更没有形成具体明确的运行机制。同时,由于中国当时的行政管理主要依靠人治,而非法治,加上国家出于自身安全的原因,对海上活动实行非常严格的管控,海上的作业活动少之又少,需要调整的社会关系寥寥无几,故而国家

---

① 上海市地方志办公室. 上海救捞志·大事记 [EB/OL]. [2014-03-25]. http://www.shtong.gov.cn/node2/node2245/node70962/node70966/index.html.

② 根据清华大学孙立平教授的定义,总体性社会是一种结构分化程度很低的社会。在总体性社会中,国家对经济以及各种社会资源实行全面的垄断,政治、经济和意识形态三个中心高度重叠。国家政权对社会实行全面控制。参见孙立平,王汉生,王思斌,林彬,杨善华. 改革以来中国社会结构的变迁 [J]. 中国社会科学, 1994 (2): 47-62.

并未出台任何涉海管理的法律、法规,海上交通安全管理基本以政府的强制性指令为主。此外,如若发生各类海上突发事件,政府的职能和作用主要侧重于应急,一旦海上突发事件处置完毕,港务监督、救捞等机构在海上搜救方面的工作任务即告结束,只有再发生海上突发事件时,彼此才会开始新的一次协调行动。因而,严格地讲,当时的海上搜救远没有走上制度化、系统化、常态化的轨道,海上搜救管理体制也远没有真正形成。但尽管如此,这时期依然在一定程度上开启了中国的海上搜救工作,从思想上、组织上、物质上为中国现代海上搜救管理体制的形成奠定了一定的基础。

4.2 确立时期:1973—1978 年

中国现代海上搜救确立于"文化大革命"后期。这时,由于"9·13"事件①的发生,中国开始了一系列的调整和整顿工作,加之从 20 世纪 70 年代初期开始,中国全面打开了对以美国为首的西方资本主义世界的外交大门,打破了在此之前的外交上对东方社会主义阵营"一边倒"和局部孤立的状态,这在客观上为中国现代海上搜救的确立提供了较为有利的国际国内环境。换言之,如果没有当时相对宽松的国际国内政治、经济和社会环境,中国现代海上搜救的确立也许还需要经历更长一段时间。

回溯中国现代海上搜救的发展历程,就不能不提及一起令人无法轻松但又永远不能忘却的海难事故。1973 年 10 月 9 日,希腊籍远洋货船"波罗的海克列夫"在台湾海峡厦门岛东南 37.5 海里处遭台风袭击遇险从而请求救助。由于当时海峡两岸仍旧处于敌对的

---

① 1971 年 9 月 13 日凌晨,时任中共中央副主席林彪及其妻子叶群等 9 人,在乘坐林彪专机逃往苏联途中,坠落在蒙古国温都尔汗东北 60 公里处,导致机毁人亡。"9·13"事件发生后,中共中央在全国开展"批林整风"运动,并在周恩来总理的主持下,对"文化大革命"的"左"倾错误在政治、经济、外交等领域造成的危害进行逐步纠正,使各方面的工作出现起色。参见朱敏彦,李学昌,齐卫平. 中国共产党 80 年事典 [M]. 上海:上海人民出版社,2001:781-784.

状态,加上中国国家层面尚未成立专门负责海上搜救的组织机构,更缺乏在极其恶劣的特大风浪中抢险救难的海上搜救队伍和技术装备,因而,尽管难船近在咫尺,但搜救工作始终无法有效开展,"波罗的海克列夫"在风浪中搏斗10多个小时后最终沉没,酿成船上27人中4人死亡、14人失踪的重大海难事故,在国内外造成了非常严重的恶劣影响。①

这一重大海难事故不仅充分暴露了中国海上搜救力量尤其是海上搜救技术装备方面长期存在的突出问题,也有力地说明了建立健全中国海上搜救管理体制的极端重要性和现实紧迫性,引起了中央的高度重视。对此,时任国务院总理周恩来等党和国家领导人指出,必须尽快改变中国海上救助打捞业的落后状况。②为了深刻吸取教训,避免悲剧再次重演,保证航行于中国沿海水域船舶的人命和财产安全,1973年,国务院、中央军委颁布了《关于成立海上安全指挥部的通知》,决定成立"海上安全指挥部"③,这成为中国海上搜救发展历程中一个具有里程碑意义的重要节点④,标志着中国现代海上搜救发展的序幕正式开启。

海上安全指挥部被确定为国务院、中央军委的非常设机构,办公室设在交通部,主要职责是对海上遇险船舶和遇险飞机实施搜寻救助,以及防台风、防止船舶污染海域、渤海海区防冻破冰(简称"三防一救")等工作。指挥部由中国人民解放军总参谋部、海军、空军、外贸部、农林部、交通部、国家气象局、国家海洋局及其他有关部门组成。指挥部主任由交通部负责人担任,总参、海军有关负责人担任副主任。海上安全指挥部成立后,由于中央行政权力的直接推动,海上搜救工作得到了各级政府的高度重视和社会

---

① 张晋文,邓顺华. 前进中的中国搜救事业 [EB/OL]. [2014-02-05]. http://www.zgsyb.com/thread-147597-1.html.
② 张戎. 救捞体制改革中的公共管理问题初探 [D]. 上海:复旦大学,2005.
③ 杜永东. 我国海上搜救机制研究 [M] // 吴兆麟. 海事公共管理研究. 大连:大连海事大学出版社,2012:503.
④ 沈尚. 中国救捞 大爱无疆60年 [N]. 中国水运报,2011-08-31.

各界的大力支持，沿海各省（自治区、直辖市）也先后成立了相应的海上安全指挥机构，由主管副职行政首长担任主任。至此，初步形成了由海上安全指挥部统一指挥和组织协调，专业搜救队伍、军队、港航单位、渔政渔业部门共同参与的中国海上搜救管理体制。1975年"海上安全指挥部"更名为"全国海上安全指挥部"，中国海上搜救工作基本实现了统一政令、统一指挥、统一管理。①

受到国际国内环境的影响，当时中国的经济政治形势仍然相当严峻，各方面的条件也还十分有限。尽管如此，中国仍然积极加强专业救助队伍的建设。1974年在青岛召开全国海上搜救工作会议之后，交通部在原有的上海救捞局的基础上相继组建烟台、广州2个救捞局，规划9个救助站，并建造了救助码头、电台，增添了大马力救助拖轮，数年后，中国沿海从南到北基本形成了由3个救捞局、21个救助站点和海军防险救生部队共同组成的救助网。

1977年，经国务院、中央军委批准，在福州军区的统一指挥下，交通部3个救捞局和海军航海保障部门、防险救生部队共同组织打捞沉船"阿波丸"号②，一大批最新科研成果在实际工作中得到了应用。"阿波丸"号打捞工程深潜水人次之多、时间之长、工艺之复杂，均为当时世界所罕见，极大地促进了中国深海打捞和潜水技术的发展，也是中国救捞业征服海洋、向海洋深处进军的一个

---

① 杜永东. 我国海上搜救机制研究［M］// 吴兆麟. 海事公共管理研究. 大连：大连海事大学出版社，2012：503.
② "阿波丸"号是一艘建造于20世纪40年代的日本远洋油轮，船长154.9米，宽20.2米，深12.6米，总吨位11249.4吨。1945年3月28日，已被日本军队征用的"阿波丸"号在新加坡装载了从东南亚一带撤退的大批日本人驶向日本。4月1日午夜时分，该船航行至中国福建省牛山岛以东海域，被正在该海域巡航的美军潜水舰"皇后鱼"号发现，遭到数枚鱼雷袭击，3分钟后迅速沉没。除1人外，2008名乘客、船员以及船上装载的40吨黄金、12吨白金、40箱左右的珠宝和文物、3000吨锡锭、3000吨橡胶以及数千吨大米全部沉入海底。1972年，时任美国总统尼克松首次访华时，向中方提供了"阿波丸"号沉没在中国海域的具体方位和装载货物清单。1977年1月13日，国务院和中央军委决定，由福州军区统一指挥，交通部和海军组织力量，打捞"阿波丸"号。参见羊城晚报. 沉没的"阿波丸"［N］. 羊城晚报，2010-02-21.

光辉的里程碑。

1978年4月，交通部正式成立国家专业救助的主管机构——交通部海难救助打捞局（简称"交通部救捞局"），加强了对全国专业救捞力量的统一领导和组织指挥。交通部救捞局设立总调度室，各区局、站（队）设立调度室和救捞船队。调度室部署、指挥救捞工作，按隶属关系实行三级调度管理体制。救捞船队负责执行具体的海上救捞任务。①

这一时期，海上安全指挥部的成立，标志着中国现代海上搜救得以正式确立，也宣告了中国海上搜救管理体制的初步形成。海上搜救工作开始由交通部职能范围内的事项上升到国家政府的层面，海上搜救的力量和能力得到了较大程度的增强和提高，海上搜救管理体制运行所必需的工作机制，如海上险情分级管理制度②也初步建立，基本满足了当时海上搜救的需要。③ 但由于当时中国社会受到极"左"思想的影响，仍然坚持以阶级斗争为纲，基本上还处于封闭半封闭的状态，国内经济、对外贸易和港口航运业尚不发达，加之对海上搜救工作的特殊作用和重要意义认识不足，海上安全指挥部仅限政府和军队等少数几个部门（单位）参加，因而，究其实质，只不过是海上搜救管理体制的构成单位由交通部一个政府部门扩展到了多个。更为重要的是，由于海上安全指挥部并未成为严格意义上的行政管理机构，仅是作为国务院、中央军委的非常设议事机构存在和运行，在当时行政管理无处不在、无所不能，行

---

① 付玉慧，朱玉柱．水上安全监督管理（下册）[M]．大连：大连海事大学出版社，2001：136．

② 海上安全指挥部成立以后，对海上险情实行两级管理：一般的海上险情由省（自治区、直辖市）的海上安全指挥部负责组织指挥搜救行动，各成员单位和部门密切配合；较大的海上险情或需要邻近的省（自治区、直辖市）协调或中央有关部门支援的海上搜救行动报全国海上安全指挥部统一负责组织协调指挥。参见杜永东．我国海上搜救机制研究[M]//吴兆麟．海事公共管理研究．大连：大连海事大学出版社，2012：503-504．

③ 张涛．十年改革与创新 中国海事护航水运新跨越[EB/OL]．[2014-03-16]．http://www.zgsyb.com/GB/Article/ShowArticle.asp?ArticleID=32844．

政指令主宰一切的中国国内大环境下,这种性质和形式的海上搜救管理体制,由于机构非常设、人员不固定、权责欠明晰、制度未健全,显然难以发挥应有的作用和效能。

4.3 转变时期:1978—2003年

20世纪70年代末,以中共十一届三中全会为里程碑,中国进入了改革开放和社会主义现代化建设的崭新时期,工作中心从"以阶级斗争为纲"转移到经济建设上来,开始了从僵化半僵化到全面改革、从封闭半封闭到全方位对外开放①、从高度集中的传统社会主义计划经济到充满活力的中国特色社会主义市场经济的历史性转折。② 与之相适应,在改革开放和社会主义现代化建设的整个过程中,中国的行政管理体制改革不断推进并逐步深化。推动政府职能转变作为中国行政管理体制改革的一根主线和永恒主题,始终贯穿于体制改革的全过程。从1982年实施机构改革开始,中央就提出要转变政府的经济管理职能,1988年的机构改革则明确提出转变政府职能的要求,这以后就一直把转变政府职能作为深化行政管理体制和机构改革的核心。③ 随着对政府管理理念和角色定位的认识不断深化,中国海上搜救管理体制作为行政管理体制的组成部分,始终服从于政府机构改革和其他方面的改革,在职能定位、事权划分、运行机制和工作方式、管理手段等众多方面都发生了重要而又深刻的转变。

1988年,为了进一步深化行政管理体制改革,国务院首次提

---

① 中国网. 社会主义现代化建设新时期 [EB/OL]. [2014-10-18]. http://www.china.com.cn/guoqing/2012-10/15/content_26795619_2.htm.

② 中国改革论坛网. 从高度集中的计划经济到充满活力的社会主义市场经济 [EB/OL]. [2014-10-18]. http://books.chinareform.org.cn/Explore/8/1/201005/t20100523_10379.htm.

③ 中央机构编制委员会办公室. 我国行政管理体制改革进程的回顾:细数6次机构改革 [EB/OL]. [2012-11-17]. http://politics.people.cn/GB/1026/8537797/html.

出"转变政府职能是机构改革的关键",并决定裁减专业经济管理部门和综合部门内设专业机构,以减少专业部门或机构对企业生产经营的干预①,提高政府的经济宏观调控能力。② 根据国务院办公厅发布的《国务院办公厅已撤三十八个非常设机构的通知》,全国海上安全指挥部作为国务院非常设机构被撤销,中国海上搜救工作再次陷入无机构管理的尴尬状况。同年,为了在新的形势和任务下保障海上搜救的顺利进行和有效组织,交通部向国务院、中央军委呈报《关于撤销全国海上安全指挥部后有关问题的请示》,就管理机构撤销后中国海上搜救工作的有关事项提出了意见和建议。有鉴于《1979年国际海上搜寻与救助公约》在其条款中明确要求,各沿岸国国家政府应组织开展海上搜救工作,并建立救助协调中心和救助分中心作为海上搜救工作的协调指挥机构,为了履行中国作为公约缔约国的应尽义务,有效地开展海上搜救工作,保障海上人命和财产安全,1989年,国务院、中央军委作出《国务院、中央军委关于在交通部建立中国海上搜救中心的批复》,决定将"全国海上安全指挥部"更名为"中国海上搜救中心"。同年7月,中国海上搜救中心正式成立运作,负责全国海上搜救工作的统一组织和综合协调,国务院有关部门和军队配合中国海上搜救中心开展海上搜救工作。中国海上搜救中心的日常工作由国家海(水)上交通安全的行政主管机关——交通部安全监督局承担。其后,沿海各省(自治区、直辖市)的海上安全指挥部亦陆续更名为海上搜救中心,在受当地政府和军区领导的同时,业务上接受中国海上搜救中心的指导。③

---

① 中央机构编制委员会办公室理论学习中心组.改革开放以来我国行政管理体制改革的光辉历程[EB/OL].[2013-07-01]. http://theory.people.com.cn/GB/15232531.html.

② 新华网.精兵简政 转变职能——新中国成立以来的历次政府机构改革[EB/OL].[2014-10-18]. http://news.xinhuanet.com/ziliao/2003-03/06/content_761776_6.htm.

③ 杜永东.我国海上搜救机制研究[M]//吴兆麟.海事公共管理研究.大连:大连海事大学出版社,2012:504.

在中国海上搜救的组织指挥协调机构发生深刻变动的同时，作为海上搜救日常工作主要承担者的港务监督机构从中央到地方，从交通部直属系统到地方政府所属机构也都发生了深刻的变动。20世纪80年代初，为了加强海（水）上交通安全工作，国家在交通部内设水上安全监督局，在沿海各主要港口设港务监督，在长江、黑龙江分别设长江航政管理局、黑龙江港航监督局，各省（自治区、直辖市）在交通厅或交通厅航运局设置港航监督处（室）或车船监理处，在主要港口设置港航监督或车船监理，市（县）交通局一般也设有统一负责水上运输业务和航政管理工作的航管站。1985年，为了适应改革开放后海（水）上交通安全监督管理工作的需要，更好地调动中央和地方两级行政的积极性，国务院在《中华人民共和国海上交通安全法》颁布实施的基础上，作出了改革海（水）上交通安全监督管理体制的决定。按照政企分开的原则，建立了中央和地方分工负责的海（水）上交通安全监督管理体制。沿海的大港口由中央管理，小港口由地方管理，海区内通航水域秩序由中央实施统一管理。交通部所属的港务监督机构实行按海区分管，管辖区内已由地方政府设有机构的小港口和小港湾，仍由地方在其划定的水域范围内实施监督管理。这次改革将原先隶属于沿海各港务局的17个港务监督、15个海上无线电通讯机构和3个隶属航道局的航标测量处划出，组建了上海海上安全监督局等14个海（水）上安全监督局，作为交通部直属的一级行政执法机构，实行交通部与所在城市政府（非直辖市的受所在省政府委托）双重领导，以交通部为主的领导体制。上述海（水）上安全监督局的主要职责是：维护沿海海区和重要港口海（水）上交通安全和防治船舶污染海（水）域的监管任务；负责海（水）上交通管理、海（水）上搜寻救助工作；承担海（水）上公用干线航标建设和维护、海（水）道测量及海（水）上无线电通信；承担国际海事组织所赋予的国际义务等任务。长江、珠江和黑龙江的水上交通安全监督管理，由交通部设置的港航监督机构统一负责；其他内河水域，由各省（自治区、直辖市）交通厅（局）设置的港航监督机构负责。据统计，当时除北京、西藏外，中国有28个省（自治区、直辖市）建立了海（水）上交通安全监督管理机构，基本覆盖了全国水域的海（水）上交通安全监督管理。①

1998 年，随着改革开放和社会主义现代化建设的不断深化，海（水）上交通安全监督管理面临新的挑战，中国启动新一轮的海（水）上交通安全监督管理体制改革，进一步理顺管理关系，调整管理职能。② 根据国务院批准的《交通部职能配置、内设机构和人员编制规定》的要求，中华人民共和国船舶检验局（交通部船舶检验局）与中华人民共和国港务监督局（交通部安全监督局）合并组建中华人民共和国海事局（对内称"交通部海事局"），为交通部直属事业单位。同时，实行"一水一监，一港一监"的管理体制，即将中国沿海海域（包括岛屿）和港口、对外开放水域以及重要跨省通航内河干线和港口，划为中央管理水域，由交通部设置直属海事管理机构实施垂直管理；在中央管理水域以外的内河、湖泊和水库等水域，划为地方管理水域，由所属省（自治区、直辖市）人民政府设立地方海事管理机构实施管理。1999 年，交通部根据国务院办公厅《关于印发交通部直属海事机构设置方案的通知》，成立了其直属的 20 个海事局。随后，各省（自治区、直辖市）也分别建立健全了地方海事管理机构。与 1985 年的改革相比，这次海（水）上交通安全监督管理体制改革着眼于更好地适应社会主义市场经济发展的需要，进一步明确了海事管理部门的机构设置、人员编制和职责范围，确保了海（水）上交通安全监督管理部门能更有效地履行国家海（水）上交通安全监督管理和防治船舶污染、船舶及海（水）上设施检验、航海保障管理等各项职能。③

专业救助队伍建设方面，根据国家关于"对外开放、对内搞

---

① 中华人民共和国海事局. 海事基础 [M]. 北京：人民交通出版社，2006：90-91.

② 黎映桃，汪玉凯. 中国海事管理体制改革研究——背景、问题与现实愿景 [J]. 中共浙江省委党校学报，2008（2）：22-28.

③ 中华人民共和国海事局. 海事基础 [M]. 北京：人民交通出版社，2006：91.

活"的经济改革总方针,交通部救捞单位管理体制深化改革积极稳妥地进行。从开始划分内部核算单位,进行责任承包,发展到全面实行任期目标制,使以指令性任务为主的救捞管理体制发生了深刻变化。1982年,交通部提出了"保证救助、广开门路、多种经营"的工作方针。根据这一工作方针,救捞系统着力在"保证救助"上下功夫,加强救助队伍和装备建设,强化救助意识,增强海上救助能力和提高救助效率。同时,为了有效地弥补救助事业经费的不足,减轻国家负担,救捞系统还利用自身的优势和特有的技术力量,开拓了拖航运输、水工工程、海洋石油服务等多个业务领域,并积极打入国际市场,不仅支持了中国水运事业的繁荣发展,也自筹资金购入了各种不同功能的作业船,壮大了救捞力量,为保证救助提供了重要保障,走出了一条以经营养救助的新型发展之路。与此同时,通过国家投入等多种渠道,救捞系统继续添置了一批大功率的救助拖轮和大吨位、大起吊能力的工程作业船和辅助船,大大提升了救捞力量。随着中国国力的不断增强,20世纪90年代以来,特别是"九五"期间,中国加大了对救捞行业的投入,新建和扩建了一批救助站点,形成了较为完整的救助网,救捞装备和职工队伍同步发展,救捞能力迅速得到增强。①

这一时期,是中国的经济体制、政治体制、文化体制、社会体制以及其他各方面体制的改革向纵深领域不断推进的重要时期,中国发生了空前深刻的社会变革和社会转型,包括海上交通运输在内的经济社会各项事业都得到了前所未有的持续快速健康发展,中国海上搜救部门审时度势,积极把握难得的发展机遇加快建设,并因应形势任务的变化切实作出了适应性的调整,为自身的长远可持续发展奠定了坚实的组织、法制、技术和物质基础。与之相适应,中国海上搜救管理体制也发生了深刻的转变,尤其是由于对各级海上搜救机构的性质、地位、作用和运作方式作出了进一步的明确,海上搜救管理体制的制度化、规范化、科学化程度显著提高,向适应

---

① 朱婧. 中国救捞改革开放30年发展剪影 [EB/OL]. [2014-03-24]. http://www.zgsyb.com/GB/Article/ShowArticle.asp? ArticleID=34194.

社会主义市场经济体制方向迈出了关键性的一步，初步构建了中国现行海上搜救管理体制的基本框架。但也应当指出，由于长期高度集中的计划经济体制下形成的政府代替社会和企业行为的行政管理惯性的影响，这时的中国海上搜救管理体制还存在不少亟待解决的重大问题，主要包括：由于政府职能转变还远没有到位，加上管制意识仍然较强，管理上更多地依赖行政手段，官僚主义作风在一定程度上存在，各成员单位之间不可避免地存在沟通梗阻、协调困难、合作不力的问题；机制规制还很不完备，决策的科学性、民主性和执行的时效性、实效性依然不高；管理资源条块分割，资源使用缺乏有效的统筹协调，难以形成整体合力。这与深刻变革和快速发展的中国海上交通运输对海上搜救提出的越来越高的要求相比还有相当大的差距。

4.4 发展时期：2003 年至今

中共十六大以来，以胡锦涛总书记为首的中共中央深刻把握国际国内大势和中国发展的阶段性特征，提出了科学发展观的重大战略思想。① 按照科学发展观的要求，政府要全面正确地履行职能，在加强和改善经济调节、市场监管的同时，更加注重社会管理和公共服务②，把各种公共资源更多、更好、更充分地向社会管理和公共服务倾斜。深入贯彻落实科学发展观，实现政府职能新的转变，给中国海上搜救的发展提供了更加强劲的动力和活力，使之进入了一个前所未有的崭新的发展时期。同时，随着现代化进程的快速推进，社会结构和利益格局多元化的趋势不断发展，社会不安定因素日益增加，为了应对频繁发生且日益复杂的公共突发事件，中国全

---

① 中央机构编制委员会办公室．中国行政管理体制改革回顾　积累重要经验启示（2）[EB/OL]．[2014-10-18]．http：//www.chinanews.com/gn/news/2008/12-18/1492050.shtml．

② 中央机构编制委员会办公室．中国行政管理体制改革回顾　积累重要经验启示（3）[EB/OL]．[2014-10-18]．http：//www.chinanews.com/gn/news/2008/12-18/1492051.shtml．

面建设具有中国特色的应急管理体系，这进一步推动和加速了中国海上搜救的发展。在这两种因素的相互作用、共同推动下，中国海上搜救管理体制继续进行适应性的调整，不断向更为科学完善的方向发展。

2005年5月，根据温家宝总理2004年7月考察交通工作时所作出的"完善海上搜救体制改革"的指示精神，为了更好地协调、统筹、整合各方面的资源和力量，切实加大对全国海上搜救和船舶污染事故应急反应工作的组织领导力度，国务院批准建立以交通部（现交通运输部）为牵头单位，公安部、农业部、卫生部、海关总署、民航总局、安全监管总局、气象局、海洋局和解放军总参谋部、海军、空军、武警部队参加的国家海上搜救部际联席会议，统筹研究全国海上搜救和船舶污染事故应急反应工作，并明确将中国海上搜救中心作为部际联席会议的日常办事机构，负责组织、协调、指挥重大海上搜救和船舶污染事故的应急处置行动，同时对地方搜救工作予以指导。紧接着，交通部对中国海上搜救中心的领导机构进行了调整，由交通部分管副部长担任主任，交通部海事局、交通部救捞局主要领导分别任常务副主任、副主任。2005年12月，为了进一步加强中国海上搜救中心的力量及其工作，交通部成立中国海上搜救中心总值班室。与之相适应，地方层面的海上搜救管理机构也相应地发生了多次的调整、变化。①

与此同时，交通部直属海事系统按照"政事分开、分类管理"的原则实行干部人事制度改革。交通部直属各级海事机构中职位属性为海事执法管理、履行行政执法职能的人员，经过转制考试或考察，纳入公务员编制，交通部直属海事执法系统自此正式走上制度化、规范化、法治化建设的轨道。同时将具有公益服务性质的航标建设养护、港口航道测量绘图、海（水）上安全通信等航海保障工作与海事执法管理工作分离，成立北海、东海、南海三个航海保障中心，纳入中国海事局管理范围，分别委托天津海事局、上海海

---

① 杜永东. 我国海上搜救机制研究 [M] // 吴兆麟. 海事公共管理研究. 大连：大连海事大学出版社，2012：504.

事局、广东海事局进行管理。① 后勤系统则按社会化、市场化管理。

以救捞体制改革为标志，中国同时加大了对专业性救助队伍的建设力度。中国救捞系统创建50多年来，至2002年底，共救助中、外船舶2489艘次，其中外轮495艘次，打捞沉船、沉物1616艘（件）次，其中外轮82艘次，随船获救人员28382人次，其中外籍人员5341人次，海上救生406人次，其中外籍人员104人次，为保障海上人命财产安全，保护海洋环境资源，履行国际海上安全义务，促进海上交通运输发展作出了不可磨灭的贡献。但是，随着中国社会主义市场经济的快速发展和行政管理体制改革的逐步深化，救助打捞工作面对新的形势和任务提出的新的更高的要求，原先"救捞合一、以经营养救助"的体制越来越不适应中国海上交通运输事业发展的需要，必须进一步深化改革创新。

为了适应中国海上交通运输、海洋资源开发和海洋环境保护事业跨越式发展的需要，进一步加强救助、发展打捞，更好地服务于中国经济建设和社会发展，2003年2月，在国务院领导的直接关心下，交通部会同国家计委、国家经贸委、财政部、劳动保障部、中央编办等部门联合印发了《救助打捞体制改革实施方案》，组织开展以加强救助为主要目的，同时兼顾打捞发展的体制改革。

改革的主要内容是实行救助与打捞分开管理，明确以海上人命救助为目的的公益性职责由国家承担。改革的主要任务包括两项：

其一，组建中国海上专业救助机构。将交通部烟台、上海、广州三个海上救助打捞局直接用于海上救助值班和人命救助的人员和资产划分出来，分别组建交通部北海救助局、交通部东海救助局、交通部南海救助局，各救助局下设救助基地。北海、东海、南海三个救助局按照授权，分别担负中国北部海域及黑龙江干线、东部海

---

① 郭军，谢薇. 中国交通部南海航海保障中心挂牌 [EB/OL]. [2012-11-28]. http://www.chinanews.com/gn/2012/11-26/4359487.shtml.

域及长江干线和南部海域及珠江口三个救助责任区的救助工作。救助局的事业经费纳入中央财政支出预算，救助局的固定资产投资及划分到救助局的船舶负债从中央专项基金——港口建设费中予以安排解决。

其二，建设国家海上打捞专业队伍。从原有三个救捞局划出资产和人员组建三个救助局后，三个海上救助打捞局分别更名为交通部烟台打捞局、交通部上海打捞局、交通部广州打捞局，继续保持事业单位性质，承担海上财产救助、沉船沉物打捞、港口及航道清障等抢险救灾职责。打捞局的事业经费实行自收自支，以经营收入弥补打捞经费的不足。国家在一定时期内继续对打捞事业给予政策支持。原则上在此后5年内，打捞局执行国家下达的重大公益性抢险救助打捞任务时，所需费用由中央财政给予适当和必要的补助。同时，由国家计委、财政部、交通部等部门按照"谁受益、谁付费"的原则，研究制定打捞收费管理办法。①

体制改革后的救助打捞单位仍然实行垂直领导管理体制，新组建的三个救助局和三个打捞局均由交通部救助打捞局实行统一垂直领导和管理。2003年6月28日，交通部北海、东海、南海三个救助局和交通部烟台、上海、广州三个打捞局以及上海海上救助飞行队同时挂牌成立，标志着中国救助打捞新体制和立体救助体系正式运行，这充分体现了中国政府对海上人命财产安全的高度重视，也充分体现了中国政府履行国际海上安全和人命救助义务的坚强决心。② 新的救捞体制的确立，为中国救捞事业的发展提供了新的历史机遇，注入了新的强大动力，对于把中国救捞事业推向新的更高的水平具有重要而又深远的意义。③

---

① 林红梅. 我国救捞体制改革正式启动 国家组建专业海上救助队伍 [EB/OL]. [2012-11-21]. http://news.xinhuanet.com/zhengfu/2003-03/11/content_771103.htm.
② 林红梅. 三大救助局成立 我国海上专业救助队伍诞生 [EB/OL]. [2012-11-21]. http://www.jxgdw.com/jxgd/news/gnxw/userobject1ai593490.html.
③ 朱婧. 中国救捞改革开放30年发展剪影（3）[EB/OL]. [2014-03-24]. http://www.zgsyb.com/html/salvage/58400_3.html.

中国在全力加强专业救助力量建设的同时，还积极引入市场机制，鼓励、引导和支持企业参与海上搜救，以弥补政府能力和国家财政的不足，以及应对社会公众对海上搜救工作越来越高的期待。特别是在防治船舶污染海域方面，由于它对技术、设备和资金、人力的投入要求较高，同时又具有市场化程度较高、经济效益较好、企业参与热情较大的特点，以深圳为代表的许多沿海港口城市按照"政府主导、企业参与、市场调节"的工作思路，通过实行船舶含油污水接收作业特许经营和参与海上溢油应急反应行动相结合，国家适当投资和企业自主建设相结合，培育了一大批经营条件好、专业素质高、设施设备全、社会责任感强的清污力量。① 这些企业平常作为市场主体通过自主经营参与市场竞争，从事船舶含油污水接收作业，一旦发生船舶溢油污染事故，就接受和服从海上搜救机构的组织指挥，参加海上清污行动，成为应对和处置海上溢油污染事故乃至各类海上突发事件的重要力量之一。

同时，沿海各省（自治区、直辖市）和主要港口城市，在海事机构、救助部门和共青团组织的组织协调下，积极开展海上搜救志愿者队伍建设。2009年7月21日，中国首支海上救助志愿者队伍在温州宣告成立。首批海上救助志愿者共有20人，他们都是温州市冬泳协会的成员，年龄最大59岁，最小22岁，平均年龄49.8岁。一旦海上发生突发事件，他们就会与专业救助队伍一道，直接参与到大风大浪的救人活动中去。② 2010年12月2日，天津市海上搜救志愿者队伍成立，这是中国第一支省级海上搜救志愿者队伍。30名志愿者分别来自港航、医疗、救助、测绘、气象、渔业、打捞及社区等领域，其中一半左右具有大专以上学历，有的还是外科医生，掌握德语、日语等外语的人才，以及具有应急救援工作等

---

① 陈伟建. 治理理论视阈下的海域溢油应急反应体系建设——基于深圳的考察 [D]. 上海：复旦大学，2011.
② 林红梅. 救生救难 造福百姓：我国首支海上救助志愿者队伍诞生 [EB/OL]. [2012-11-21]. http：// news. xinhuanet. com/fortune/2009-07/21/content _ 11746099_1. htm.

特长的人员。① 目前，深圳、唐山、舟山、泉州、湛江、钦州、大连、漳州、石狮、汕头等港口城市也都先后成立了海上搜救志愿者队伍。

到目前为止，在建立国家海上搜救部际联席会议制度和中国海上搜救中心的基础上，中国沿海及长江干线先后成立了由省（自治区、直辖市）人民政府和军区领导、各有关部门（单位）参加的海上搜救中心，形成了沿海11个省（自治区、直辖市）以及长江、黑龙江干线水域完整覆盖的搜救网络。沿海和水网一些地区还根据当地实际，成立了地（市）、县级海（水）上搜救（分）中心，部分非水网地区也成立了相应的水上搜救指挥机构。至此，政府统一领导，以交通运输部门及其海事管理机构为主要依托，海上搜救机构归口组织协调指挥，政府有关部门和社会有关方面广泛参加的中国海上搜救管理体制全面形成。

从2003年开始，随着成功地实现了从高度集中的传统社会主义计划经济体制向中国特色社会主义市场经济体制的转变，中国进入了坚持并不断推进中国特色社会主义制度的自我完善和自我发展的新的历史时期。中国海上搜救管理体制在中央和地方各级政府的大力支持和积极推动下，不断取得新的发展。一方面，国家海上搜救部际联席会议制度的确立，中国海上搜救中心及地方各级海上搜救（分）中心的建立，以及海事、救捞系统的机构改革，使海上搜救的组织机构、权责关系和运行机制更加明确，也更加趋于合理，中国海上搜救管理体制进一步走向规范化、科学化和法治化。另一方面，随着一些市场主体和公民社会组织，如港口码头、航运企业、船舶服务公司和志愿者队伍等的加入，不仅使海上搜救的力量和能力得到了进一步的增强，也使海上搜救的组织方式和运行机制发生了一定程度的变化，在主要依靠行政手段的同时，逐步引入了市场手段和法律手段，而且市场手段和法律手段的地位和作用愈益突出。然而，在现行的中国海上搜

---

① 杨红岩，邓顺华. 天津成立省级海上搜救志愿者队伍[EB/OL]. [2012-11-21]. http://www.zgjtb.com/content/2010-12/06/content_177557.htm.

救管理体制中，由于传统的公共管理思维和方式的制约，市场主体和公民社会组织参与海上搜救主要还是由行政力量直接推动，它们并没有真正取得可与政府部门等量齐观的主体地位，与政府部门之间更没有形成必要且适当的权力依赖和合作伙伴关系，因而在具体的运行过程中严重缺乏独立性和自主性，这使得它们参与海上搜救的空间大为压缩，其积极性、主动性和创造性大为降低。从某种程度上来说，它们更多的只是政府力量的一种延伸，充当政府附庸的角色。因此，严格地讲，中国现行海上搜救管理体制仍然是一种传统的公共管理模式，依旧按照统治而非治理的理念、自上而下的单向度而非各方共同参与的多向度的运行方式组织海上搜救，中国海上搜救从一元管理走向多元治理虽然步履铿锵有声，但还有非常漫长的道路要走。

4.5 重要启示

钱穆曾说过："因事情太复杂，利弊得失，历久始见，都摆开在历史上。"[①] 回顾、梳理、总结新中国成立60多年来中国海上搜救管理体制萌芽、形成、发展和演变的过程，有助于加强对其变迁基本规律和主要特点的认识、理解和把握，这对于未来在更大的广度和深度上推动中国海上搜救管理体制创新是非常有益的，也是确有必要的。概括起来，过去60多年中国海上搜救管理体制的萌芽、形成、发展和演变过程提供了如下三个方面的重要启示：

4.5.1 海上搜救管理体制创新要服务于公共利益的实现

马克思认为，"人们奋斗所争取的一切，都同他们的利益有关。"[②] 公共组织的目标不同于非公共组织，正如罗森布鲁姆所认

---

① 钱穆. 中国历代政治得失 [M]. 北京：三联书店，2001：178.
② 马克思恩格斯全集（第1卷）[M]. 北京：人民出版社，1956：827.

为的，公共组织必须服务于"更崇高的目的"①。确切地讲，公共组织的目标在于公共利益而非私人利益，这是公共组织区别于非公共组织的一个重要标志。如同亚里士多德曾经指出的，凡照顾到公共利益的各种政体就都是正当或正宗的政体。② 公共利益是一个与私人利益相对应的范畴，它是公共组织合法性的来源。对于公共行政中的"公共性"，美国行政学家尼古拉斯·亨利（Nicholas Henry）主张从行为者（Agency）、利益（Interest）和可进入性（Access）三个维度来判断，其中，利益的维度指的就是从公共组织及其公共管理活动所孜孜以求的"公共利益"来判定公共行政的公共性。所以，私人组织只为其内部成员以及所有者谋利，相反，公共组织服务于公共利益，提供服务给社会的每一位成员。③ 罗森布鲁姆同样强调，"对公共行政的任何定义均须强调公共行政之公共性（Publicity）特质，即使公共行政与私营部门的管理有许多相似点，但彼此在关键之处却存在很大的差异。就公共行政而言，其关切的焦点在于公共利益……公共行政与私营部门管理的差异不仅将永远存在，而且更会持续表现在各自所拥有的价值与程序之中。"④ 既然公共组织的存在从根本上讲是源自于实现公共利益的需要，那么，如果一个公共组织放弃以公共利益为价值取向，它所从事的不是以公共利益为目的的"公共管理"活动，则它就不成其为一个真正的公共组织。⑤

---

① ［美］戴维·H. 罗森布鲁姆，罗伯特·S. 克拉夫丘克. 公共行政学：管理、政治和法律的途径（第五版）［M］. 张成福，等，校译. 北京：中国人民大学出版社，2002：9.

② ［古希腊］亚里士多德. 政治学［M］. 吴寿彭，译. 北京：商务印书馆，2014：213-215.

③ ［美］尼古拉斯·亨利. 公共行政与公共事务（第八版）［M］. 张昕，等，译，张成福，张昕，校. 北京：中国人民大学出版社，2002：71-72.

④ ［美］戴维·H. 罗森布鲁姆，罗伯特·S. 克拉夫丘克. 公共行政学：管理、政治和法律的途径（第五版）［M］. 张成福，等，校译. 北京：中国人民大学出版社，2002：14-15.

⑤ 张维平. 论行政发展视野中的公共利益［J］. 甘肃行政学院学报，2007（1）：27-33.

当然，公共利益不是一成不变的。一方面，公共利益并不是私人利益的简单相加，而是体现为大多数人得利。对于何谓"大多数人"，张成福教授认为，这取决于一个社会的人们通过民主和法律的程序如何来界定"大多数人"。① 因而，对"大多数人"的界定不同，公共利益的内涵相应地会发生变化。另一方面，公共利益还与特定经济社会条件下的生产力水平和人们的主观需求密切相关。② 可见，公共利益在不同性质的国家和同一国家经济社会的不同发展阶段有着不同的内涵。公共利益的实现，不仅依赖于公共管理者的道德觉醒，同时也依赖于有效的制度安排，因而，随着公共利益内涵的发展和变化，公共组织必须随之进行相应的调整和变革，以提高自身实现、维护和增进公共利益的能力。

以中共十一届三中全会作出把党和国家工作中心转移到经济建设上来、实行改革开放的历史性决策为界，中国经历了改革开放前、后这两个极其不同的发展阶段，它们之间既是一脉相承的延续，又是革命性的变革。这是因为，尽管改革开放并没有改变中国政权的性质，但中国的社会政治生活发生了实质性的变迁。③ 在这前后两个迥然不同的发展阶段，尽管公共利益的内涵产生了巨大的变化，但中国海上搜救始终在实现、维护和增进公共利益这一轨道上有序展开，中国海上搜救管理体制也因而随之萌芽、形成、发展和演变。这是由中国海上搜救管理体制的存在目的和发展逻辑所决定的。

新中国初创时期，在经年累月的战争中毁于兵燹并沉没于港口、航道水域的舰船、水雷等，不仅严重妨碍过往船舶的海上航行，危及海上人命财产的安全，在当时异常严峻复杂的国际国内环境条件下，更关系到中国社会的稳定和新生政权的生存。如果不及

---

① 张成福，李丹婷. 公共利益与公共治理 [J]. 中国人民大学学报，2012 (2)：95-103.

② 张维平. 论行政发展视野中的公共利益 [J]. 甘肃行政学院学报，2007 (1)：27-33.

③ 俞可平. 中华人民共和国六十年政治发展的逻辑 [J]. 马克思主义与现实，2010 (1)：21-35.

时采取措施,任其发展蔓延,会引发严重的社会性后果。所以,对沉船、沉物的打捞和清除就成为当时实现和维护公共利益的一个直接体现和基本要求。正是基于此,新中国政府自成立伊始,就明确将组织开展海上搜救打捞作为自身的一项重要职责,并成立了与履行这一职责相适应的组织机构,包括港务监督和救助打捞机构。虽然这些组织机构设置比较简单,力量比较薄弱,分工不够明确,海上搜救也只是其众多职责之一,但在当时相对落后的经济社会条件下,还是能够基本满足实现和体现公共利益的要求。"文化大革命"后期,"波罗的海克列夫"货船沉没重大海难事故的发生,暴露了中国海上搜救方面的巨大缺陷,表明只有零散的不成系统的若干组织机构而没有一个相应的适当的海上搜救管理体制是根本无法满足公共利益的需要的,这就对海上搜救组织提出了变革的迫切要求,从而直接地推动了中国海上搜救管理体制的产生与确立。

1978年实行改革开放政策以后,中国由传统社会主义计划经济转向中国特色社会主义市场经济,极大地解放和发展了社会生产力,海上交通运输随之迅猛发展,海上突发事件日益增加,而且呈现出事件种类多、发生频率高、社会危害大的趋势。因此,加强海上搜救工作、维护海上交通安全符合新的经济社会条件下公共利益的要求。改革开放以前形成的中国海上搜救管理体制由于具有明显的计划经济色彩存在诸多难以克服的重大弊端,如等级森严、效率低下、规章繁琐、行事刻板、职能交叉、争功诿过等,因而在已经显著发展、变化了的公共利益面前难以发挥应有的服务、支持和保障作用,迫切需要进行调整和变革,否则,将严重制约海上搜救工作的开展,无法保障公共利益的实现。正是在这样的逻辑推动下,中国海上搜救管理体制为了有效地应对挑战,开始向适应社会主义市场经济发展方向转变,在组织结构、权责分配和运行机制等各个方面发生了显著的变化。

4.5.2 海上搜救管理体制创新要适应于经济社会的变迁

海上搜救管理体制是一定经济社会条件下的产物,由经济社会的发展状况和阶段性特点所决定。海上搜救管理体制创新既不能滞后又不能超越于经济社会的发展变化,海上搜救管理体制创新滞后于经济社会的发展变化,就会影响和制约海上搜救的有效开展,同时,也只有在经济社会发展变化,并对海上搜救管理体制提出变革的要求时,海上搜救管理体制创新才是必需的。

正如俞可平教授所指出的,改革开放就其改造和推动中国经济社会的发展进步而言,丝毫不亚于一场革命。① 改革开放30多年来,中国经济社会发生了全方位的变迁,各个领域都经历了重大而深刻的变革,呈现出与改革开放前截然不同的形态。中国现行海上搜救管理体制,正是这场全方位的经济社会变迁影响、推动和驱使的结果。改革开放以前,在高度集中的计划经济体制下,国家全面占有和控制社会资源,在全部社会生活中处于绝对的优势地位。② 由于国家对社会实行全面的、严格的控制,整个中国社会处于一个高度整合和低度分化的组织形态,一方面,既不存在独立于国家之外的私人经济部门,也不存在相对独立于国家的非政府组织③;另一方面,尽管在党政机关之外建立了各种组织,如企业、事业单位、人民群众团体等,但它们都隶属于某个国家(或中共党委)机关,都具有一定的行政级别,实质上早被同一化为行政组织。④ 因此,政府统揽和包办一切,直接介入、主导、管理国家和社会的全部事务,理所当然地成为公共管理的唯一主体,而非政府主体自然而然地被排除在外。海上搜救作为一种重要的公共物品,兼具一定的涉外性,与国家主权、对外政策和安全战略紧密相关,在当时特定的国内国际环境下,必然被要求置于国家和政府的绝对领导和控制之下。另外,由于海上突发事件的应急处置往往需要在短时间

---

① 俞可平. 中华人民共和国六十年政治发展的逻辑 [J]. 马克思主义与现实, 2010 (1): 21-35.
② 李汉林. 转型社会中的整合与控制——关于中国单位制度变迁的思考 [J]. 吉林大学社会科学学报, 2007, 47 (4): 46-55.
③ 何增科. 治理、善治与中国政治发展 [J]. 中共福建省委党校学报, 2002 (3): 16-19.
④ 张树义. 中国社会结构变迁的法学透视——行政法学背景分析 [M]. 北京: 中国政法大学出版社, 2002: 7.

内投入大量的人力物力资源和科学技术支持，当时唯有政府这样具有很强的动员组织能力的行为主体才能得以实现，纵使存在其他组织，它们由于缺乏必要的资源、能力和技术也都难以胜任，这就进一步强化了海上搜救对政府的全面依赖性。

改革开放以后，由于中国经济社会的全面转型，海上搜救全面依赖政府的状况发生了天翻地覆的变化。一方面，随着中国由高度集中的计划经济体制向社会主义市场经济体制转轨，市场在资源配置中的决定性作用得到越来越大的发挥，由国家统一集中管理、占有和分配社会资源的格局逐步被打破，国家对社会的控制和整合能力出现明显的弱化。① 在这种新的形势条件下，政府自身能够掌握、控制的管理资源日益减少，因此，面对随着改革开放的不断深化和现代化建设的迅速推进而日益复杂繁重的海上搜救工作任务，政府凭一己之力显然无法胜任，需要谋求别的力量予以支援。另一方面，中国经济转轨的市场化改革，重点是放松和取消政府对私人经济的管制，因此，自20世纪80年代中期开始，中国港口航运业实行政企分开和对民间资本及外国资本放开，逐步形成多种所有制形式、不同经营模式并存的格局②，非国有经济部门在市场竞争中迅速脱颖而出并不断发展壮大，它们掌握的经济资源变得越来越雄厚，与此同时，随着中国政府、市场、社会的角色相应地进行适应性的重构，三者的关系逐渐理顺，各类公民社会组织蓬勃发展，这使得非国有经济部门与公民志愿组织一道，逐渐形成一股日益强大的力量，在海上搜救方面恰好可以弥补政府力量的不足。正是在上述两方面因素的交互作用下，市场主体和志愿组织得到了政府的重视，并逐步获准加入进来，从而改变了海上搜救管理体制的状况。

上述这一结论，从中国国家和地方海上搜救管理体制在组织结构方面的特点对比中也能得到充分有力的说明。图4-1、图4-2、图

---

① 李汉林. 转型社会中的整合与控制——关于中国单位制度变迁的思考 [J]. 吉林大学社会科学学报, 2007, 47 (4): 46-55.
② 杨光, 郑锴. 港口与海运业: 见证中国崛起 [EB/OL]. [2014-02-05]. http://www.moc.gov.cn/zhuzhan/zaixianfangtan/huangjinshuidao/xiangguanziliao.

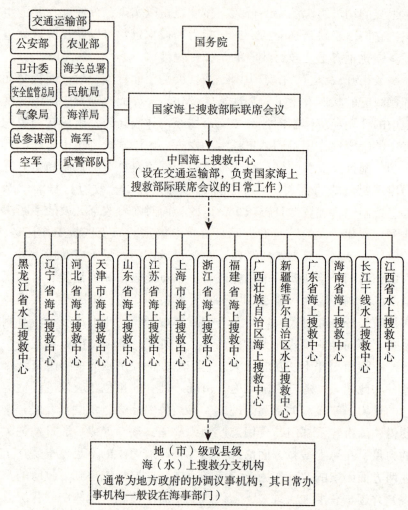

注：实线箭头表示领导与被领导关系，虚线箭头表示指导与被指导关系。

图 4-1 中国海上搜救组织结构示意图

4-3 分别是中国国家和广东省、深圳市的海上搜救组织结构示意图。对比这三个图，我们可以看到，国家层面的海上搜救组织系统单纯由政府部门和部队组成，广东省和深圳市方面则有非政府部门

4 历史回望：中国海上搜救管理体制的历史演变 137

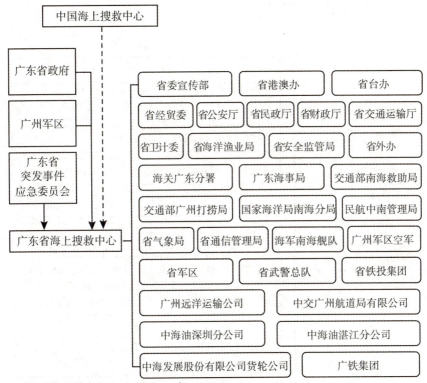

注：实线箭头表示领导与被领导关系，虚线箭头表示指导与被指导关系。

图 4-2 广东省海上搜救组织结构示意图

参与，包括国有企业、中外合资企业、民营企业和志愿组织，而且深圳市海上搜救组织系统的参与范围又更为广泛，成分也更为复杂多元。究其原因，一方面，在海上搜救的职能分工上，与国家层面的宏观管理和业务指导不同，广东省、深圳市负责具体组织实施责任范围内的海上搜救行动，加上广东省、深圳市地处沿海，海上交通运输相对发达，它们在海上突发事件的应急处置上直接面对的压力更大、工作更多、任务更重，因此，在着力发挥政府作用的同时，更为迫切地需要社会力量的增援。另一方面，广东省、深圳市作为中国较早改革开放和市场经济比较成熟的地区，经济社会变迁

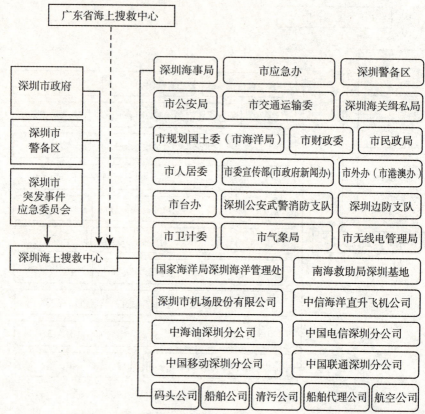

图 4-3 深圳市海上搜救组织结构示意图

的程度相对较大,非国有企业和公民社会组织不仅蓬勃发展,在社会公共事务管理中参与的程度也日益提高,因而它们所发挥的作用越来越重要,这为其海上搜救管理体制的变迁提供了必要的现实基础。可以想见,如果经济社会没有发生如此之大的变迁,一种新型的海上搜救管理体制是不可能诞生的。

4.5.3 海上搜救管理体制创新要服从于政府职能的转变

自人类步入阶级社会之后,国家政府就成了管理公共事务的主要组织方式。① 而且，无论公共管理以何种面貌出现，政府都是当中最重要的行为主体，它的作用不可或缺。纵使自兴盛伊始便有着强烈的"社会中心"意味的治理理论，虽然强调大量的非政府组织也处在权威空间之内，但其内部还存在另一种"国家中心"倾向，不仅没有否认国家政府的重要作用，甚至认为离开了国家政府，所谓的多元治理几乎是不可能的。② 正如美国著名行政学家罗伯特·B. 登哈特（Robert B. Denhardt）和珍妮特·V. 登哈特（Janet V. Denhardt）夫妇在《新公共服务：服务而非掌舵》一书中所描述的："政府将继续扮演在立法和政策规则制定方面的首要角色，让各种各样的自组织网络得以运行。……政府需要对网络间的互动进行监控，以确保特定网络内部和网络间关系中的民主原则和社会平等。"③

在中国的公共管理改革中，政府充当着中流砥柱的角色④，因为，正如邓正来教授在其著作《国家与社会——中国市民社会研究》的自序中所提到的，构成中国转型进程之基础的是"三种知识系统"，即：以中国差等结构为依归的文化传统、以全权国家为依归的新传统和百年来因变革而传入的西方文化传统。⑤ 这些知识传统决定了中国的公共管理改革必然有着自身的逻辑，即是中国当前从传统的社会主义计划经济体制转向中国特色社会主义市场经济体制的过程中，长期垄断公共管理的政府仍然占据着改革方向和节奏的主导权。这就意味着，裹挟于世界公共管理改革潮流之中的中

---

① 陈振明. 公共管理学——一种不同于传统行政学的研究途径（第二版）[M]. 北京：中国人民大学出版社，2003：79.
② 薛澜，张帆. 治理理论与中国政府职能重构 [J]. 人民论坛·学术前沿，2012（4）：6-15.
③ Janet V. Denhardt, Robert B. Denhardt. The New Public Service: Serving, Not Steering [M]. Armonk, New York: M. E. Sharp, 2003：87.
④ 薛澜，张帆. 治理理论与中国政府职能重构 [J]. 人民论坛·学术前沿，2012（4）：6-15.
⑤ 邓正来. 国家与社会——中国市民社会研究 [M]. 成都：四川人民出版社，1997：2.

国，在其公共管理改革的道路上既要借鉴别国经验，又要遵循自身逻辑。①

对于中国而言，转变政府职能是当前公共管理改革的关键所在。所谓政府职能，是指国家行政机关在公共管理活动中所承担的职责和所具有的功能，它涉及政府管什么、怎么管以及发挥什么作用的问题。② 政府职能转变，意味着政府管理权限的改变，也关涉政府管理方式的转换。③ 中国现阶段政府职能的转变实质上是政府还政于民、还权于社会，实现国家和社会结构由一体向二元转变的过程，因此，政府职能的转变在很大程度上直接决定着中国公共管理体制创新的基本走向和任务，这对中国海上搜救管理体制创新也不例外。

中国海上搜救管理体制正在经历由原先政府绝对控制、单方参与、单向度运行的管理体制向政府组织领导、各方参与、多向度运行的管理体制的转变，究其原因，很重要的一方面是得益于中国政府职能的转变。新中国成立后，"从混乱中建立秩序"赋予了政府统治的正当性和强大的政府权威④，加之面对西方资本主义势力的孤立、封锁，当时的新生社会主义政权为了在百废待兴中尽快重建国家、发展经济、改善民生，实行高度集中的计划经济，并施加严密的社会控制，政府被视为万能的，理所当然地成为社会的权力和责任中心，经济社会生活中的一切问题都依靠政府解决，一切责任也都依靠政府承担，因而，政府无所不在、无所不管、无所不包地控制了中国经济社会生活的各个领域。海上搜救由于其本身所具有的高风险性、高投入性和非收益性的特点，毫无疑问，只有也必须高度依赖于强大的行政力量，政府在其中既是"掌舵者"，又是"划桨者"。

---

① 朱海波. 行政体制改革世界潮流的中国逻辑——评《论部门行政职权相对集中》[J]. 广东行政学院学报，2014，26（1）：66-71.

② 丁煌，柏必成，魏红亮. 行政管理学 [M]. 北京：首都经济贸易大学出版社，2009：34.

③ 谢庆奎. 职能转变与政府创新 [J]. 新视野，2003（2）：45-49.

④ 陈振明，等. 政府工具导论 [M]. 北京：北京大学出版社，2009：5.

改革开放以后，为了适应市场经济和开放社会的需要，中国一方面逐步推进政企分开、政资分开、政事分开、政府与市场中介组织分开，把不该由政府管理的事项转移出去，把由政府管理的事项管好，政府不再全面、直接、过度地介入经济社会生活的各个方面；另一方面在市场经济基本替代计划经济的情况下，将政府的基本职能明确为经济调节、市场监管、社会管理和公共服务。① 随着政府职能的转变，中国政府、市场、社会的"三元体制"基本形成，政府绝对控制、单方参与、单向度运行的海上搜救管理体制遇到了前所未有的严峻挑战，在面对日益复杂多样的海上突发事件时越来越显得力不从心，难免疲于奔命、左支右绌。诚如法国著名历史学家、政治家阿历克西·德·托克维尔（Alexis Charles Henri Clérel de Tocqueville）所言："不管它（政府）如何精明强干，也不能明察秋毫，不能依靠自己去了解一个大国生活的一切细节……当它要独力创造那么多发条并使它们发动的时候，其结果不是很不完美，就是徒劳无益地消耗自己的精力。"② 这必然要求在继续发挥政府作用的同时，更广泛、更充分地调动市场主体、公民社会组织和公民个人等一切可能的力量，并最大限度地激发它（他）们与政府一道参与海上搜救的热情和活力。

改革开放以来，中国海上搜救管理体制的演变正是围绕这一逻辑展开的。在政府的层面，不仅交通运输部所属的海事、救捞系统为了适应全面、正确地履行职能的需要，实行了"政事分开""政企分开"，使各方的职责和事权划分更加趋于合理，各方的积极性和主动性得到更加充分的发挥，而且在中央和各级地方政府的主导和推动下，军队、武警、公安、民航、农业、海洋、渔业、安监、海关、气象等国家政府力量也陆续被吸纳进来，形成了海上搜救的

---

① 毛寿龙. 改革开放 30 年：政府体制改革 6 大调整与未来走向［EB/OL］.［2014-03-28］. http://news.ifeng.com/history/zhongguoxiandaishi/special/shehui/detail_2011_04/07/5589249_0.shtml.

② ［法］托克维尔. 论美国的民主（上卷）［M］. 董果良，译. 上海：商务印书馆，2009：100-101.

合力。与此同时，在政府的鼓励和倡导下，港口、码头、船公司、船舶服务机构逐步加入，社会志愿者队伍相继成立，市场主体、公民社会组织、公民个人参与海上搜救的积极性、主动性和创造性得到了有效的释放，它（他）们成为政府在海上搜救工作中坚定有力的合作者和支持者。经过政府、市场主体、公民社会组织和广大公民的共同努力，中国初步形成了"专群结合、军地结合"的新型海上搜救管理体制。

正如美国经济学家、政治学家、新制度经济学著名代表人物道格拉斯·C. 诺思（Douglass C. North）所言："现在和未来的选择都是过去所形塑的，并且只有在制度演化的历史话语中才能够理解过去。"① 中国海上搜救管理体制60多年的历史变迁，对于其未来的完善和发展有着重要的启示作用。当前，中国进入了全面深化改革的历史新阶段，中共十八届三中全会提出的完善和发展中国特色社会主义制度，推进国家治理体系和治理能力现代化这个全面深化改革的总目标对中国海上搜救管理体制的改革创新提出了新的更高的要求，中国海上搜救管理体制必将进入新一轮的制度创新和构建。

---

① ［美］道格拉斯·C. 诺思. 制度、制度变迁与经济绩效［M］. 杭行，译. 上海：格致出版社，上海三联书店，上海人民出版社，2008：1.

5

国外镜鉴：西方海上搜救管理体制的有益启示

毫无疑问，"全世界制度转型国家为我们提供的经验"① 是人类的共同财富。早在 19 世纪末，威尔逊就强调要学习国外的成功经验，他认为："如果有以某种方式存在着我们可以利用的外国的发明创造，那我们为什么不加以利用呢？"② "应该因此排除一切成见，此种成见反对在行政学研究之中向除本国之外的一切地方去寻求启示"③，"最好是选择与我们自己完全不相同的环境气氛，并且以极其小心的态度，去考察……通过这种'媒介物'去观察我们自己的制度，我们就会像那些在观察我们时不带成见的外国人所能看到的那样去观察我们自己。而如果我们只知道我们自己，那么我们就是对自己一无所知。"④ 西方主要的发达国家，如美国、英国、

---

① ［美］道格拉斯·C. 诺思. 制度变迁理论纲要——在北京大学中国经济研究中心成立大会上的演讲［J］. 张帆，整理，易纲，校对. 改革，1995（3）：52-56.
② ［美］威尔逊. 行政学研究［J］. 国外政治学，1988（1）：30-51.
③ ［美］威尔逊. 行政学研究［J］. 国外政治学，1988（1）：30-51.
④ ［美］威尔逊. 行政学研究［J］. 国外政治学，1988（1）：30-51.

法国、澳大利亚、日本等，大多同时也是世界上主要的海运国家或海上贸易国家，它们对海上搜救都高度重视，从制定法律法规、建立组织机构、完善管理体系等诸多方面，加强海上搜救工作。了解、认识和借鉴它们的成功经验，无疑有益于中国海上搜救管理体制创新。

5.1 美国的海上搜救管理体制

美国本土位于北美洲中部，领土还包括北美洲西北部的阿拉斯加和太平洋中部的夏威夷群岛；东临大西洋，西濒太平洋。① 美国是世界最发达国家和第一大经济体，美国经济的繁荣主要依靠国际贸易，其中95%经过海上交通运输得以实现，海上交通运输每年对美国经济的贡献超过百亿美元。② 美国大陆（包括阿拉斯加）海岸线长达12000多公里，覆盖大西洋、太平洋、墨西哥湾和北美五大湖，异常繁忙的海上交通运输和非常广阔的海域范围，使得美国的海上搜救面临极其严峻的挑战。③

美国的海上搜救工作由联邦政府搜救委员会（NSARC）领导。联邦政府搜救委员会是美国联邦一级委员会，由国土安全部（DHS）④、国防部（DOD）、内政部（DOI）、商业部（DOC）、运输部（DOT）、联邦通信委员会（FCC）、国家航空航天局（NASA）、内政部内陆管理局组成⑤，它不承担具体的搜救事务，主要负责制定美国国家搜救政策，协调各联邦机构的搜救事务。具

---

① 金涛. 世界地理全知道 [M]. 南昌：百花洲文艺出版社，2011：331.
② 知远. 海上交通运输 [EB/OL]. [2014-04-01]. http://mil.sohu.com/20120221/n335396881.shtml.
③ 张哲，张守月. 美国海上搜救体系解析 [J]. 中国应急救援，2011（4）：45-48.
④ 国土安全部（DHS）系美国政府在"9·11"事件之后设立的一个联邦行政部门，主要职责是保护国家不受恐怖主义袭击。
⑤ 党仁志. 广西内河水上搜救公共服务多元化研究 [M] // 吴兆麟. 海事公共服务研究. 大连：大连海事大学出版社，2014：262.

体的搜救事务由美国海岸警卫队（United States Coast Guard，简称USCG）负责。美国海岸警卫队创建于1790年，是联邦政府海上安全的主管机关和海上搜救的主要力量，它原先隶属于财政部，主要职能是负责缉私，1915年更名为"海岸警卫队"，1967年转由运输部管辖，2003年从运输部转入新成立的国土安全部（DHS）。①

美国将全国水域划分为内水、近海和远海三类区域，各区域的搜救工作由不同的机构负责。内水（即内河和大湖区）区域由国防部派空军的航空救难队以及国防预备队和海军小型舰队承担；近海区域由海岸警卫队负责；远海区域由国防部责成海、空军的驻外司令官指挥管理。对于上述三类区域的搜救工作，除了由区域内负责部门协调外，还有其他协作单位参与，包括：美国联邦搜救委员会、国家交通安全委员会、国家海洋气象局、联邦通信委员会、国家航空航天局、联邦救灾局、美国红十字会等多家机构。②

美国的海上搜救工作实施分级管理。它依据船舶遇险位置、气象条件、海况、遇险人员和船舶状况以及潜在危险等因素，按照不确定状态、警戒状态和危难状态三个等级对海上突发事件进行等级划分，每个等级对应不同的搜救行动，随着事态的发展，对事件重新进行分级，并对搜救行动作出相应的调整。当船舶处于非危难状态时，海岸警卫队一般不会出动力量，但会密切关注事态的发展。当船舶出现危难时，海岸警卫队就会前往救援，并在海上搜救行动中，根据海上突发事件的等级、范围和影响，按照行动意愿和能力相一致的原则，决定商业搜救公司等社会资源是否参与。③

美国政府尽管有世界上最为强大的海上搜救能力，但仍然高度重视海上搜救志愿者组织及其队伍所发挥的作用，并对其建设和发

---

① 马道玖. 美国海岸警卫队简介 [J]. 中国海事，2006（2）：57-59.
② 付玉慧，朱玉柱. 水上安全监督管理（下册）[M]. 大连：大连海事大学出版社，2001：148-149.
③ 陈军民，杨银奇. 浅谈美国海上搜救体系和装备对我国的借鉴意义 [J]. 经营管理者，2008（11）：231-232.

展予以不遗余力的扶持。① 目前，全美国有数以万计的志愿人员参加海上搜救的辅助工作，他们来自社会的各阶层、各行业和各领域，大多属于航海、船艇和无线电台的爱好者，他们的主要任务是帮助海岸警卫队加强船艇航行安全的宣传与检查，监听海上无线电讯号并传送这类急电。② 美国政府对志愿者及其组织提供无偿的技能培训，同时对参与海上搜救的有功人员及组织给予精神或物质的奖励，提高他（它）们的荣誉感，必要时也会给予适当的燃油补偿，以弥补他（它）们因参与海上搜救行动而导致的经济损失。③ 另外，为了提高志愿者的海上搜救技巧，美国每年定期与其邻国加拿大举行美加海上搜救志愿者竞赛。④

美国对海上搜救给予充足的经费保障，海上搜救的经费主要由政府财政供给，列入政府的年度财政预算，动用军用设施的费用则从军费中支出。⑤

为了吸引和鼓励更多的资源和力量参与海上搜救，提高海上搜救效能，减少国家财政支出，美国早在1971年就建立了海上搜救激励机制并开始实施，包括美国船舶自动互助救助系统（Automated Mutual-Assistance Vessel Report System，简称 AMVER）的奖励和美国搜救协会的奖励。AMVER 的奖励是专门为参加该系统的船舶而创立的，旨在感谢和表彰它们为海上搜救所作出的贡献，并借此扩大影响力，吸引更多的商船加入到系统来，从而促进系统的持续有效运行。美国搜救协会的奖励最早是由一些商人和职业水手建立的，主要目的是保持和增进世界各地不同搜救组织的信息交流和协

---

① 刘必胜. 我国海事部门海上搜救公共服务能力的研究 [M] // 吴兆麟. 海事公共服务研究. 大连：大连海事大学出版社，2014：223.

② 陈军民，杨银奇. 浅谈美国海上搜救体系和装备对我国的借鉴意义 [J]. 经营管理者，2008（11）：231-232.

③ 刘必胜. 我国海事部门海上搜救公共服务能力的研究 [M] // 吴兆麟. 海事公共服务研究. 大连：大连海事大学出版社，2004：223.

④ 刘凯然. 海上搜救志愿者队伍建设 [J]. 中国海事，2010（8）：47-49.

⑤ 党仁志. 广西内河水上搜救公共服务多元化研究 [M] // 吴兆麟. 海事公共服务研究. 大连：大连海事大学出版社，2014：262.

调合作。①

美国作为世界上最早探索建立应对自然灾害法律法规体系的国家，它的海上搜救法律法规比较完备，主要有《联邦灾害救援法》《美国国家搜救计划》《美国海岸警卫队授权法案》。它们对美国海上搜救的政策、目标、各部门的职责，海上搜救的合作内容、方式、联合行动、军方的责任及军民关系、海上搜救的资源和技术支持，以及海上搜救的国际合作等都作出了具体明确的规定，从而有力地保障了海上搜救协调有序、快速有效的开展。②

5.2 英国的海上搜救管理体制

英国是最早的资本主义国家。它是由大不列颠岛上的英格兰、苏格兰和威尔士，以及爱尔兰岛东北部的北爱尔兰及一系列附属岛屿共同组成的一个西欧岛国。③ 英国本土位于欧洲大陆西北面的不列颠群岛，附近环绕北海、英吉利海峡、凯尔特海、爱尔兰海和大西洋。英国拥有众多的大中型港口，近 100 个为重要商业港口，其中吞吐量 1000 万吨以上的港口超过 10 个。④ 海上交通运输是英国综合交通运输体系的重要支柱，承担了 95% 的对外贸易运输⑤，在英国的经济社会发展中具有举足轻重的地位。相应地，其海上搜救任务艰巨、意义重大。

英国实行大搜救的管理模式，统合开展对海上、陆地和航空器遇险人员的搜救，具体分为：①英国近海、远海和海岸线海上搜寻和救助；②英国陆地和海上民用航空搜寻和救助；③内陆搜寻和救助。同时，对海上搜救实行分区负责，将沿海搜救责任区划分为三

---

① 朱玉柱，李勤荣，李小文. 各国对海上搜救的奖励机制 [J]. 中国海事，2010（12）：39-42.

② 刘必胜. 我国海事部门海上搜救公共服务能力的研究 [M] // 吴兆麟. 海事公共服务研究. 大连：大连海事大学出版社，2014：220.

③ 金涛. 世界地理全知道 [M]. 南昌：百花洲文艺出版社，2011：184.

④ 金涛. 世界地理全知道 [M]. 南昌：百花洲文艺出版社，2011：186.

⑤ 金涛. 世界地理全知道 [M]. 南昌：百花洲文艺出版社，2011：186.

个分区,包括东部搜救区、西苏格兰和北爱尔兰搜救区以及南部搜救区。①

英国的搜救工作实行"战略委员会统一领导,主管机关负责协调,各搜救组织紧密合作"的运行模式。搜救组织机构分为英国搜救战略委员会和组织协调机构两个层次。英国搜救战略委员会由运输部、国防部、内务部、海事和海岸警卫署,以及英格兰、威尔士和北爱尔兰警察委员会、苏格兰警察委员会、消防委员会、卫生急救委员会、皇家救生艇协会组成,它主要负责制定国家的搜救政策、战略、义务和标准,明确国家搜救组织体系框架,确定参与搜救力量标准,为搜救工作的顺利进行奠定必要的基础。组织协调机构分为海上搜救、陆地搜救和航空器搜救三类,其中,海上搜救的组织协调机构设在运输部,由其所属的海事和海岸警卫署专门负责海上搜救、防治污染和应急救捞控制等工作,海事和海岸警卫署设有英国海岸警卫队,负责具体的海上搜救行动。②

政府部门和民间组织是英国海上搜救力量的两大支柱。政府部门包括海事和海岸警卫署、军队以及警察部门等。民间力量则有皇家救生艇协会、皇家救生协会以及其他民间志愿者组织。相较于其他的西方发达国家,英国海事和海岸警卫署的人员编制很少,从事海上搜救的职员仅有数百名,但是,民间组织和志愿者搜救队伍数量庞大,全英国参与海上搜救的志愿者有近万人,因此,海上搜救工作大部分由社会力量完成。为了提高搜救的能力和水平,英国非常重视对参与海上搜救人员的培训,除政府海事搜救人员须进行专门培训和定期训练外,志愿者也由海事和海岸警卫署或皇家救生艇

---

① 交通部海事局第一期赴英国海上搜救管理培训团. 赴英国海上搜救管理培训情况报告 [EB/OL]. [2014-03-29]. http：//www.moc.gov.cn/zizhan/siju/soujiuzhongxin/hezuojiaoliu/guojijiaoliu/gongzuodongtai/200709/t20070919_396234.html.

② 交通部海事局第一期赴英国海上搜救管理培训团. 赴英国海上搜救管理培训情况报告 [EB/OL]. [2014-03-29]. http：//www.moc.gov.cn/zizhan/siju/soujiuzhongxin/hezuojiaoliu/guojijiaoliu/gongzuodongtai/200709/t20070919_396234.html.

协会、皇家救生协会等进行具有较高专业化程度的培训，培训合格后还开展定期的训练和考核，以保证他们具备并不断提高参与海上搜救的应急反应能力。①

尤其值得一提的是，皇家救生艇协会是英国海上搜救的主要依靠力量。该协会有近200年的历史，是皇家慈善机构成立的一个自愿组织机构②，主要为联合王国和爱尔兰共和国的5000海里海岸线提供救生服务。③ 目前，它的救助范围已经从海上逐渐扩展至内陆水域，同时还提供海滩上的人命救助服务。该协会在英国和爱尔兰设有数量庞大的搜救船（艇）站和海滩救生站，能够对距岸100海里的海上遇险人员迅速作出反应。英国皇家救生艇协会有5000多名志愿者，他们的工作主要是预防性和季节性的，通常由协会为他们提供相应的业务培训和救生设备。协会所需的运行费用主要来自于社会捐助。英国皇家救生艇协会作为专门从事海上搜救的社会组织，年平均出动船艇7000余次，搜救遇险人员近7000人，在保障海上人命财产安全方面不仅发挥了英国其他涉海机构和组织难以替代的作用，也为全世界范围的海上搜救志愿组织树立了一个值得称颂的榜样。④

为了提高海上搜救的效率和效能，英国对海上搜救实行扁平式管理。海上搜救的组织协调机构不按行政区划而按地理位置设置，地方政府一般不干预海上搜救工作。海上突发事件发生以后，从接警、响应、指挥到搜救行动终止都由海上搜救的组织协调机构统一协调。在搜救组织协调机构内，值班人员同样被授予与其岗位相称的权力处置相应的搜救行动。同时，对于各海上搜救组织和志愿者

---

① 交通部海事局第一期赴英国海上搜救管理培训团. 对比中英两国海上搜救管理 [J]. 中国海事，2007（2）：53-54.

② 程明远. 中外海上救助的比较与借鉴 [J]. 世界海运，2011，34（12）：43-45.

③ 付玉慧，朱玉柱. 水上安全监督管理（下册）[M]. 大连：大连海事大学出版社，2001：152.

④ 员锡涛. 我国海上搜救志愿者管理研究 [D]. 大连：大连海事大学，2012：19.

的权力与义务，亦都作出明确的规定，让它（他）们可以主动自觉地参与配合，并按照规定程序进一步展开行动。①

英国参与海上搜救的政府机构和社会组织众多，而且都有相当程度的独立自主性，但它们在海上搜救中的定位清晰、分工明确、配合默契，具有高度的自律性、自觉性和协作精神。各类海上突发事件发生时，各机构、组织、人员在参与搜救行动的过程中均能服从指挥、相互配合，按照既定的程序开展工作。它（他）们平常还注意加强沟通，通过定期不定期地召开会议、通报信息，加深了解，增进共识。②

5.3 法国的海上搜救管理体制

位于西欧的法国，濒临北海、英吉利海峡、大西洋和地中海等四大海域。③ 法国管辖海域包含领海、专属经济区，面积约1000万平方公里，拥有海岸线5500公里。75%的进口物资和20%的出口物资通过海上交通运输。④ 为了有效地应对各类海上突发事件，早在20世纪70年代，法国就整合海军、海关、宪兵等机构，建立了海上搜救管理体制。目前，法国将与海上搜救相关的10个内阁部门纳入海上搜救管理体制，以达到保证海上人命财产安全、保障海上交通运输、促进对外贸易发展的目的。

法国海上搜救工作实行部长协商制度，由政府总理委托海洋部长，与国防部长、交通运输部长协商确定有关其管辖海域范围内搜救工作的全部政策，同时在海洋部设立研究调整机构——部际海洋联席会（SECMAR），SECMAR由海洋部、国防部和交通运输部部长代表组成。SECMAR的主要职责是对国际技术协作和海上搜救组

---

① 交通部海事局第一期赴英国海上搜救管理培训团. 对比中英两国海上搜救管理 [J]. 中国海事，2007（2）：53-54.
② 员锡涛. 我国海上搜救志愿者管理研究 [D]. 大连：大连海事大学，2012.
③ 金涛. 世界地理全知道 [M]. 南昌：百花洲文艺出版社，2011：196.
④ 金涛. 世界地理全知道 [M]. 南昌：百花洲文艺出版社，2011：197.

织进行研究并制定海上搜救的相关政策。遇有飞机发生事故，SECMAR 遵循和平时期遇难飞机搜救组织的有关条例，与航空局联络和协调活动。法国管辖海域出现海难事故时，则由海军有关军区司令负责组织对海上遇难者的搜救活动。①

为了有效地开展海上搜救工作，法国根据《1979 年国际海上搜寻与救助公约》的规定，在格里内角、若堡、科森、埃泰勒和拉加尔德 5 个地区设立了监视和救助中心（CROSS），协调海军、海警、海关、海事等行政部门处置海上搜救事务。CROSS 由海洋部长领导下的海事管理主管官员领导（发生大规模海难时，则由海军军区司令亲自指挥），其工作人员主要来自海洋部和海军。②

法国海上事务局是法国海事的主管行政机关，隶属于交通运输部，其主要职责是负责海上交通安全、搜寻救助、船员管理和公共安全等方面的事务。它在全国设有 6 个海事中心，这些海事中心沿海岸线总共设有 15 个分支机构，具体负责与海上交通安全事务相关的工作。③

此外，法国还有相当数量、比较活跃的民间海难救助志愿组织，其中，法国海难救助协会最广为人知，也最具有影响力。该协会在巴黎设有总部，在全国主要港口设有 260 个救难所，成员有数千人之众，可用于海上搜救的救助艇和救生筏的数量亦十分可观。④

5.4 澳大利亚的海上搜救管理体制

澳大利亚联邦是大洋洲最大的国家，由澳大利亚大陆和塔斯马

---

① 付玉慧，朱玉柱．水上安全监督管理（下册）[M]．大连：大连海事大学出版社，2001：150．

② 付玉慧，朱玉柱．水上安全监督管理（下册）[M]．大连：大连海事大学出版社，2001：150．

③ 庞耀云．论我国的内河海事管理体制[D]．上海：复旦大学，2008．

④ 付玉慧，朱玉柱．水上安全监督管理（下册）[M]．大连：大连海事大学出版社，2001：150．

尼亚等岛屿组成，介于南太平洋和印度洋之间，四面环海，海岸线较为平直，长达 36735 公里。① 由于澳大利亚远离其他大陆，海运港口是它与外界经济沟通的重要命脉，加之大洋洲是亚洲与南美洲、非洲与南北美洲之间船舶所需淡水、燃料及食物的供应站，澳大利亚沿海水域船舶交通异常繁忙。为了保障海上人命财产安全，澳大利亚历来非常重视海上搜救工作。

澳大利亚的海上搜救责任区包括印度洋、太平洋及贯穿澳洲大陆约 5300 万平方公里的广阔区域，约占全球海洋面积的 10%。澳大利亚国家搜寻救助理事会是海上搜救工作的最高领导机构，参与的成员单位主要有澳大利亚海事安全局、澳大利亚国防军事力量、州（领地）政府所属的警察力量等。它的主要职责包括：确定搜救责任区内的搜救力量部署，制定《国家搜救手册》，明确搜救反应和协调程序，促进各搜救力量之间的协调合作。②

澳大利亚海上搜救机构划分为联邦政府和州（领地）政府两个层次。联邦政府层次由澳大利亚海事安全局和澳大利亚国防军事力量组成，它们分别负责民事和军事方面的海上搜救工作。州（领地）政府层次的海上搜救工作则由其所属的警察（水警）部门负责。③

澳大利亚海事安全局作为联邦政府负责海上搜救工作的职能部门，下设搜救协调中心具体组织指挥搜救行动。搜救协调中心负责除军事航空器、渔船、游艇以外的船舶、设施及海上遇险人员的搜救工作。一般情况下，搜救协调中心收到海上遇险报警后，根据险情发生地点、船舶类型、险情类别等主要信息，确定由本级搜救协调中心组织搜救还是交由州（领地）搜救机构负责。当难以即刻

---

① 金涛. 世界地理全知道 [M]. 南昌：百花洲文艺出版社，2011：412.
② 章荣军，陶维功，张重阳，臧胜永. 澳大利亚海上搜救体系介绍 [J]. 中国海事，2009（11）：55-58.
③ 章荣军，陶维功，张重阳，臧胜永. 澳大利亚海上搜救体系介绍 [J]. 中国海事，2009（11）：55-58.

确定责任归属时，搜救协调中心全权指挥搜救行动。①

搜救协调中心通过设在首都堪培拉总部的计算机信息系统，与各州（领地）的警察、国防部队、国际海运组织和搜救机构、渔业合作团体、港口码头以及航运公司、游艇俱乐部、自愿海上救难组织等保持工作联系。一旦出现各类海上突发事件，搜救协调中心立即组织和协调上述机构或组织开展搜救活动。②

除了海事、警察、国防部队等专业搜救力量外，澳大利亚还拥有众多志愿者搜救队伍，它们由社会各界人士组成，主要任务是配合当地政府部门对沿岸航行小型船舶的海上安全实施监督，并协助有关部门开展搜救行动。这些志愿者组织在全澳大利亚沿海广泛设立搜救站点，并配有各种不同性能的救助船艇。它们实行全天候无线电值班，在警察部门的指导下开展搜救行动，成为政府力量的有效补充。若遇到海上突发事件报警，志愿者搜救队伍立即向当地警察部门报告，如有需要，警察部门指派它们前往事发海域开展海上搜救行动。③

澳大利亚海事安全局没有配置专门用于海上搜救的船艇和飞机，而以长期租赁的方式向商业机构租赁必要和适当的船艇和飞机，可以在规定的时间内到达澳大利亚海上搜救责任区的任何地点。④

澳大利亚海事安全局是一个自筹资金的政府部门，海上搜救经费的主要来源系其服务性的收费和征收的相关税收，还有一部分来自联邦政府拨付的航运服务基金，这部分基金专门用于海上搜救业

---

① 章荣军，陶维功，张重阳，臧胜永．澳大利亚海上搜救体系介绍［J］．中国海事，2009（11）：55-58．

② 付玉慧，朱玉柱．水上安全监督管理（下册）［M］．大连：大连海事大学出版社，2001：152．

③ 章荣军，陶维功，张重阳，臧胜永．澳大利亚海上搜救体系介绍［J］．中国海事，2009（11）：55-58．

④ 章荣军，陶维功，张重阳，臧胜永．澳大利亚海上搜救体系介绍［J］．中国海事，2009（11）：55-58．

务和海上安全教育等工作。①

为了指导和规范海上搜救工作，促进各搜救机构之间的协同与配合，澳大利亚制定了《联邦和州（领地）政府间国家搜寻救助反应协议》和《国家搜寻救助手册》。《联邦和州（领地）政府间国家搜寻救助反应协议》明确了联邦和州（领地）两级政府的搜救责任和资金安排，是澳大利亚海上搜救的重要指导性文件。《国家搜寻救助手册》则是各级政府搜救机构的参考性技术文件，是对海上搜救各项法律、规定的必要补充。②

澳大利亚实行海上搜救奖励制度。澳大利亚国家搜寻救助理事会设置了专门的海上搜救奖项，以表彰对海上搜救作出杰出贡献的个人和组织。假若没有成功申请到这个奖项，可以申请国家搜寻救助理事会的嘉奖证书或嘉奖信。不仅如此，参与海上搜救的志愿者，还可以申请国家勋章这一国家最高荣誉。③

5.5 日本的海上搜救管理体制

日本是欧亚大陆以东、太平洋西部的岛屿国家，由北海道、本州、四国、九州4个大岛和其他3900多个小岛屿组成。日本四面环海，东部和南部为一望无际的太平洋，西临东海、黄海、日本海，北接鄂霍次克海。④ 由于日本是狭长的岛国，其自然资源相对缺乏，经济的对外依赖性较强，国际贸易历来是国家发展的生命线，港口和海上交通运输因而占据特殊重要的地位。日本34400公里的海岸线上拥有近1100个港口，吞吐量约占世界海港总吞吐量

---

① 庞耀云. 论我国的内河海事管理体制 [D]. 上海：复旦大学，2008.
② 章荣军，陶维功，张重阳，臧胜永. 澳大利亚海上搜救体系介绍 [J]. 中国海事，2009（11）：55-58.
③ 朱玉柱，李勤荣，李小文. 各国对海上搜救的奖励机制 [J]. 中国海事，2010（12）：39-42.
④ 金涛. 世界地理全知道 [M]. 南昌：百花洲文艺出版社，2011：62.

的25%。① 同时，日本也是世界上受海洋灾害影响最大的国家之一。长期以来，海上搜救在日本海上突发事件应急反应中发挥了重要的作用。

日本的海上搜救网络以日本海上保安厅为中心，覆盖全日本海域。该网络将日本管辖的海域分成若干个管区，每个管区内都设有海上保安本部，其下再设若干海上保安部和海上保安署。②

日本海上保安厅是日本的海上执法机构，它的一项重要职责是负责海上搜寻与救助。根据日本的法律规定，在日本沿海和海上搜救区域发生的船舶火灾、倾覆、沉船等海上突发事件皆由日本海上保安厅负责处置。③

为了及时、快速、有效地组织开展海上搜救工作，日本海上保安厅建立了与之相适应的制度。一是信息搜集制度。日本海上保安厅依靠33个陆地通信站、24个救助方位测定站和巡逻艇昼夜不间断地监听遇难频率，并建立了平时测定来自遇难船舶的电波方位的制度，以期在广大海域迅速、准确、有效地实施海难救助。为了有效地运用船位通报制度，及时获得船位信息，日本海上保安厅还配备了能够与远海航行船舶进行短波通信的设施设备。二是海难应急制度。日本海上保安厅实行24小时值班制度，一旦发生各类海上突发事件，就迅速收集、整理、分析有关信息，研究搜寻区域和救助办法，并组织协调遇难船附近的巡逻艇和飞机立即赶赴现场，实施搜救行动。三是特殊救助制度。为了对特殊的海上突发事件实施救援，日本海上保安厅建立了羽田特殊救难基地，为潜水救助船配备巡逻艇。④

---

① 樊东方．日本交通运输管理体制概况 [J]．综合运输，2008（11）：77-82．

② 付玉慧，朱玉柱．水上安全监督管理（下册）[M]．大连：大连海事大学出版社，2001：150．

③ 刘必胜．我国海事部门海上搜救公共服务能力的研究 [M] // 吴兆麟．海事公共服务研究．大连：大连海事大学出版社，2014：222．

④ 付玉慧，朱玉柱．水上安全监督管理（下册）[M]．大连：大连海事大学出版社，2001：151．

日本海上保安厅是日本海上唯一的非军事编制的警察力量，其经费纳入国家年度财政预算，由国土交通省实行监督管理。日本海上保安厅配备了大量的各类职业人员、巡视船艇、固定翼飞机和直升飞机。① 同时，将海域分为远海、中远海、近海和港口附近海域，分别安排相应的人员、船艇、飞机进行24小时全天候不间断的巡视，一旦发现船舶遇险或收到船舶遇险的信息，能够迅速抵达现场并及时有效地开展海上搜救行动。②

日本海上搜救工作极为重视利用民间力量，这也是日本海上搜救管理体制的主要特点之一。其沿海民间较早自发地组织起日本水难救济会，总部设在东京，在沿海道、府、县设有分部，分部下再设救助所和分所。日本水难救济会实力雄厚，队伍庞大，拥有近百艘小型搜救船及近2万名志愿者。日本海上保安厅将该会视为海上搜救管理体制的一个重要组成部分，除了对其工作予以指导外，还给予一定的协助。③

日本是世界上发生地震、台风、海啸、暴雨等自然灾害最多的国家之一。为了防抗自然灾害，减少人命财产损失，日本在长期的实践中逐步形成了一套堪称世界上最齐备、最完善、最严密的防灾、减灾、救灾法律体系。在这庞大的法律体系中，涉及海上搜救的法律主要包括《灾害对策基本法》和《日本海上保安厅法》。《灾害对策基本法》是日本灾害预防、紧急应对及灾后重建的根本大法。《日本海上保安厅法》规定了日本海上保安厅的职责，赋予日本海上保安厅海上执法、海难的搜寻与救助、防止海洋污染、防御和控制海上犯罪、逮捕与调查海上犯罪行为、管理海上交通、管理海上和水道助航设施等多项职责，为日本海上保安厅组织协调海

---

① 刘必胜.我国海事部门海上搜救公共服务能力的研究[M]//吴兆麟.海事公共服务研究.大连：大连海事大学出版社，2014：223.

② 杜永东.我国海上搜救机制研究[M]//吴兆麟.海事公共管理研究.大连：大连海事大学出版社，2012：515.

③ 付玉慧，朱玉柱.水上安全监督管理（下册）[M].大连：大连海事大学出版社，2001：151.

上搜救提供了坚强有力的法律保障。①

5.6　西方海上搜救管理体制的经验借鉴

美、英、法、澳、日等主要发达国家都是在国际航运服务或国际海上贸易方面具有举足轻重影响的国家，其中，美国、英国、日本是国际海事组织 A 类理事国，法国是国际海事组织 B 类理事国，澳大利亚是国际海事组织 C 类理事国。② 同时，它们也都比较早地加入了《国际海上人命安全公约》和《1979 年国际海上搜寻与救助公约》。这些国家的海上搜救管理体制是随着各自国家的公共管理改革，在长期的具体实践中持续创新、逐步演进而成的，而且也必将随着经济社会的发展而不断变动。

由于受到本国基本政治制度、经济发展水平、民族文化传统、自然地理环境等诸多因素的影响，这些国家的海上搜救管理体制存在明显的差异性，并没有一套放之四海而皆准的准则、形态或做法。但是，尽管它们的构成要素、组织形式、规则体系和运行机制迥异，但不乏朝向海上搜救管理体制有效性方向的殊途同归的机制制度建构，这些既是对本国海上搜救管理具体实践深刻的检讨与反思，又是对新的国内国际生态环境主动适应的实践自觉，因而，"体现了公共管理方式的根本性的方向性调整"③，这对于当前和今后一个时期中国海上搜救管理体制创新具有非常积极的借鉴意义。归结起来，西方主要发达国家的海上搜救管理体制具有以下几个共同特点：

---

① 刘必胜. 我国海事部门海上搜救公共服务能力的研究 [M] // 吴兆麟. 海事公共服务研究. 大连：大连海事大学出版社，2014：220.

② 王宏伟. 中国连续第 13 次当选国际海事组织 A 类理事国 [EB/OL]. [2014-03-07]. http：//www. moc. gov. cn/zhuzhan/jiaotongxinwen/xinwenredian/201312xinwen/201312/t20131201_1520918. html.

③ [澳] 约翰·哈里甘. 澳大利亚和新西兰 [M] // 国家行政学院国际合作交流部. 西方国家行政改革述评. 北京：国家行政学院出版社，1998：101.

5.6.1 综合统筹的领导机构

人的生命是最为宝贵的。从某种意义上讲,"活的权利"或"生命平安的权利",可以称得上是人的一项最基本的权利,它是先于其他任何权利而产生的。正如美国前总统托马斯·杰弗逊(Thomas Jefferson)说过的,良善政府的首要正当目的就是关照每个人的生命,而不是毁灭生命。① 因此,评价一个政府的好坏,应该根据它对人们的行动,以及如何对待公民。② 进入现代以来,人们越来越深刻地认识到,对人的生命的尊重和保护,理应是国家与政府的最高使命和根本宗旨。海上交通运输在人类社会中扮演着不可替代的角色,为其发展进步提供了巨大的机遇,然而,它又是一个充满了危险和挑战的行业,海上从业人员及海上旅客遭遇生命危险的概率远大于其他的行业,海上搜救作为海上安全的最后一道防线,肩负着保证海上人命财产安全的神圣职责。基于此,美国等主要发达国家对海上搜救历来都高度重视,从国家层面设立了由各主要政府部门参加的领导机构,对海上搜救进行政策规划、综合统筹和部门间协调。如美国联邦政府搜救委员会、英国搜救战略委员会、法国部际海洋联席会、澳大利亚国家搜寻救助理事会等,它们是本国海上搜救的最高组织领导机构,主要负责确定海上搜救的方针政策、力量部署和应急反应程序等。这些国家的实践证明,不论采取什么样的公共管理方法与技术,也不论市场主体、公民社会组织和公民个人在海上搜救中扮演何种的角色、发挥怎样的作用,政府都是其中不可辩驳的重要行为主体之一。它们"对资源和价值进行权威性分配",并围绕着一个共同的规划和目标,把各种各样的其他行为者组织起来,以引导它(他)们共同有效地

---

① 黄小伟. 良善政府首要目的当为关照生命 [EB/OL]. [2014-03-13]. http://finance.ifeng.com/roll/20100106/1671496.shtml.

② [英] J.S. 密尔. 代议制政府 [M]. 汪暄,译. 北京:商务印书馆,1997:29.

应对危机。①

5.6.2 集中统一的协调中心

海上搜救面对的自然状况异常复杂多变，受天气、风力、海浪、潮汐等各种条件的影响非常大，所要担负的工作任务也十分繁重艰巨，不仅要保障海上人命财产安全，还要防止对海洋环境资源造成破坏，因此，海上搜救的成功组织离不开多方面、多领域的知识与技能，需要多单位、多部门的协同与联动，任何一个环节或方面出现问题都可能导致错过最佳的救助时机，导致巨大的人员伤亡、财产损失和环境资源破坏。② 而且，随着国际航行船舶的日益增多，加上海洋环境资源的重要性、特殊性、敏感性，不少的海上搜救行动还要涉及多个国家和地区，需要得到利益攸关方政府甚至国际组织的理解、支持和帮助，协调的任务极其繁重，从而增加了工作的难度。为此，美、英、法等主要发达国家的海上搜救管理体制，无论其组织机构如何设置、权责关系如何规定、运行机制如何建立，都设有一个明确的组织协调指挥中心，如美国的海岸警卫队，英国的海事和海岸警卫署，法国的监视和救助中心，澳大利亚的海事安全局，以及日本的海上保安厅等。这些协调中心主要负责有关海上搜救工作的政策研究、制度建立和规划制定，一旦发生各类海上突发事件，立即履行协调指挥职能，组织开展搜救行动。这不仅有利于各有关方资源和力量的整合利用，也保证了海上搜救工作的统一性和协调性，从而确保对各类海上突发事件实施迅速、果断、有效的应急处置。大量事实告诉我们，只有建立足以"支撑可持续的组织化行动和制度化协同的常设组织机构"③，海上搜救

---

① 刘霞，向良云. 公共危机治理：一种不同的概念框架 [J]. 新视野，2007（5）：50-53.

② 中国政府网. 水上救助的难度与危险性远大于一般的陆上救助 [EB/OL]. [2014-03-12]. http://news.xinhuanet.com/politics/2007-12/11/content_7230777.htm.

③ 刘霞，向良云，严晓. 公共危机治理网络：框架与战略 [J]. 软科学，2009（4）：1-6，12.

管理体制的正面效用才能得以充分发挥。

5.6.3 协同参与的各方机构

确认各参与机构在海上搜救中的主体地位，明确它们的权力和责任以及相互之间的权责关系，是确保各机构依法、有序、高效地参与海上搜救的重要前提和先决条件。在世界各主要发达国家，除了海上交通安全的行政主管机关在海上搜救工作中发挥主导作用外，许多涉海机构都参与其中，如军队、警察、渔业、气象、卫生部门，以及港口、码头和航运企业等。对各涉海机构在海上搜救中的权力、责任及其相互关系，往往都有具体、明确、翔实的规定，以确保各机构既能各司其职、各负其责，又能相互协调、相互配合，从而形成有利于海上搜救有效开展的强大合力。在美国，由联邦政府搜救委员会组成部门共同制定并签署的《美国国家搜救计划》，详细列明了参与海上搜救各部门的具体职责、工作内容和合作方式等。① 英国对海上搜救各行为主体一视同仁、平等对待，将它们都视为整个搜救链条中不可或缺的环节，并对它们的角色与职责进行了合理的界定，使之既分工明确又彼此合作。如英国海事和海岸警卫署与皇家救生艇协会都是独立运行的机构，但后者在设置救助艇基地时，必定听取前者的意见，后者的救助艇离开基地，在安排替代船艇待命的同时，也必定通报前者；前者通报海上险情时，后者则必定迅速参加救助。② 这表明，协同参与的各方机构不仅在资源上相互依赖，而且在信息与知识等方面全面共享，使得分散各处的多元行为主体最终构成治理网络。③

5.6.4 分级负责的运行机制

海上搜救是一种海上应急工作，它与其他应急工作的最大区别

---

① 刘必胜. 我国海事部门海上搜救公共服务能力的研究 [M] // 吴兆麟. 海事公共服务研究. 大连：大连海事大学出版社，2014：220.

② 程明远. 中外海上救助的比较与借鉴 [J]. 世界海运，2011，34（12）：43-45.

③ 刘霞，向良云，严晓，赵俊. 从"5·12"特大地震看我国公共危机治理网络建设 [J]. 中国应急管理，2008（12）：8-13.

在于工作环境的显著不同。一般来讲，越是容易发生海上险情的海域，潮流状况、气象条件、交通环境也越是恶劣，相应地，海上搜救往往在风大浪高、环境复杂的恶劣条件下开展，不可预测的因素非常多，因而救援的环境瞬息万变，救援的时机稍纵即逝，这不仅给海上搜救带来极大的困难，也对遇险船舶和人员安全造成严重的威胁。海上突发事件一旦发生，唯有及时、快速、有效地开展搜救行动，才能使效果达到最佳，并将损失降到最低。为了有效地调配救助力量、利用应急资源、缩短命令传递链条，提高海上搜救的效率和效能，美国等主要发达国家对海上突发事件的应急处置，在确保国家统一政令、统一布局、统一管理的前提下，大多采取统分结合的权力配置体制，实行分类、分级管理，即根据海上突发事件的性质、等级和影响程度，责成不同方面或不同层级的相应机构实施救助。如美国海岸警卫队根据收集到的海难事故信息，将事故分为不确定状态、警戒状态和危难状态三个等级，据以采取相应的搜救协调行动，并决定由哪些搜救力量参与救援。澳大利亚将海上搜救工作分为联邦政府和州（领地）政府两个层次，并明确了不同层次海上搜救工作的责任范围和参与力量。美国、澳大利亚根据和平年代和战争时期的不同特点，实行不同的管理体制，以满足各种情况下对海上搜救工作的不同要求。日本还建立了专门针对特殊的海上突发事件的救助基地。

5.6.5 专群结合的工作网络

"在现代社会，任何一个行动者，不论是公共的还是私人的，都没有解决复杂多样、不断变动的问题的知识和信息；没有一个行动者有足够的能力有效地利用所需要的工具；没有一个行动者有充分的行动潜力去单独地主导（一种特定的管理活动）。"① 海上搜救是一项风险高、投入大、任务重、涉及广的社会公益事业，单靠政府的专业救助力量难以有效应对，因此，需要社会各方力量的共

---

① J. Kooiman, M. Bavinck. Governance Perspective [M] //J. Kooiman et al. Fish for Life: Interactive Governance for Fisheries. Amsterdam: Amsterdam University Press, 2005: 18.

同参与。为了提高海上搜救效率,减少国家救助成本,主要发达国家在发挥专业搜救力量的主导和支柱作用的同时,普遍重视调动和利用各种民间资源,支持成立了大量的志愿者组织,并对它们提供必要和适当的引导、支持与帮助,包括培训人员、组织演练、实施奖励等,使之逐渐发展成为海上搜救的另一重要支柱。如英国目前90%的海上搜救工作由社会力量完成,海上人命救助主要依靠皇家救生艇协会负责实施,英国海事和海岸警卫署及其所属的海岸警卫队主要负责海上搜救的指挥协调。① 法国、澳大利亚的志愿者组织不仅人数众多,而且实力雄厚,拥有大量与海上搜救密切相关的设施、设备。日本水难救济会组织系统相当完备,建立了从总部到基层的多级、严密的工作网络。美国、英国采取多种方式对参与海上搜救的志愿者实行严格的训练和考核制度,以保证他们具有相应的适任能力。美国、澳洲等国家还普遍对包括志愿者在内的参与海上搜救的有功人员或组织实行奖励制度,有效地增强了他(它)们的责任心、荣誉感和积极性。

毫无疑义,海上搜救管理体制创新是公共管理改革中偏重技术性的部分内容。长期以来,国外特别是美、英、法、澳、日等主要发达国家在海上搜救管理体制创新方面有许多有益的做法和成功的经验值得中国学习、吸收和借鉴。事实上,这些年来,中国在海上搜救管理体制方面的许多改革创新也是在学习、吸收和借鉴国外先进经验的基础上,结合自身的实际情况加以创造而逐步形成的,而且,随着全面深化改革进程的不断推进,中国学习、吸收和借鉴国外先进经验的力度和广度都得到了显著的拓展。当然,中国有着自身特殊的国情,不应该超越本国国情、社会条件和发展阶段,照抄照搬国外的做法和主张,而应该将立足中国具体国情与体现世界普遍趋势紧密结合,通过改革创新推动中国海上搜救管理体制的逐步完善和发展。

---

① 交通部海事局第一期赴英国海上搜救管理培训团. 对比中英两国海上搜救管理 [J]. 中国海事,2007(2):53-54.

6
未来前瞻：中国海上搜救管理体制的创新对策

近年来，中国海上搜救工作发展迅速，在应急救援工作中取得了令人瞩目的非凡成绩，为中国海上交通运输和国内国际贸易乃至整个经济社会发展作出了不可磨灭的重要贡献，也彰显了中国负责任大国的良好形象。"十一五"期间，中国各级海上搜救中心共组织、协调海上搜救行动9447次，组织、协调各类船艇35275艘次、飞机1212架次；在中国搜救责任区范围内成功搜救102547名遇险人员，搜救成功率达96.3%，平均每天成功救助56人。中国海上搜救的能力和水平跨入国际先进行列。①

但也必须正视，尽管中国海上搜救管理体制总体上是合理的，是基本适应社会主义市场经济发展要求的，但正如前文所述，由于深受长期以来以政府为中心的传统的公共管理理念、价值取向和公共服务提供方式的影响，它依旧是一种高度依赖于政府、以政府一元管理为主要特征的传统的公共管理体制。随着经济社会尤其是海

---

① 刘兴增．"十一五"海上搜救成功率达96.3%［EB/OL］．［2012-11-22］．http：//www.zgjtb.com/content/2011-01/25/content_182823.htm.

上交通运输的持续发展，中国现行海上搜救管理体制的弊端和局限性将日益凸显出来。在日新月异的形势和任务面前，如果坚持守成而不锐意创新，它势必成为制约中国海上搜救乃至海上交通运输发展的桎梏。

德国著名社会学家、"风险社会"概念提出者乌尔里希·贝克（Ulrich Beck）教授认为，"在现代化的进程中，生产力的指数式增长，使危险和潜在威胁的释放达到了一个前所未有的程度。"① 毫不夸张地说，当前正处于一个"除了冒险别无选择的社会"②，而"人们生活在文明的火山上"③。进入21世纪以来，随着改革开放和社会主义现代化建设的全面深化，中国国内经济贸易、旅游观光运输和对外经济文化往来进一步发展，包括海上交通运输业在内的海洋经济对国民经济发展的贡献率日益提高，发生各类海上突发事件的风险也相应增加，海上搜救已经成为国家应急管理工作的重要组成部分。面对新的形势和任务，中国作为世界航运大国、国际海事组织（IMO）A类理事国、国际救助联盟（ISU）④ 成员，以及国际海上人命安全公约和国际海上搜寻与救助公约的缔约国，要从自身国情出发，认真学习、借鉴西方主要发达国家海上搜救的成功经验，加大海上搜救管理体制创新的力度，不断提高海上搜救的能力和水平，以适应海上交通运输和经济社会发展的需要。

---

① Ulrich Beck. Risk Society: Towards a New Modernity [M]. London: Sage Publication, 1992: 20.

② N. Luhmann. Risk: A Sociolonical Theory [M]. Berlin: De Gruyter, 1993: 218.

③ Ulrich Beck. Risk Society: Towards a New Modernity [M]. London: Sage Publication, 1992: 13.

④ 国际救助联盟（ISU）亦称"国际救助联合会"，是一个代表世界各地海上救助人利益的非政府间国际组织，总部设在伦敦。该组织成员承担了全球90%以上船舶救助、打捞作业。我国于1994年加入该组织。参见国际海事信息网. 国际救助联合会（ISU）[EB/OL].［2014-03-19］. http://www.simic.net.cn/news_show.php?id=9026.

6.1 海上搜救管理体制创新的内涵特点

尽管"创新"一词古已有之,源远流长,但创新成为一种理论走进人们的视野还是20世纪初的事情。1912年,美籍奥地利政治经济学家约瑟夫·熊彼特(Joseph Alois Schumpeter)在他的德文著作《经济发展理论》中,首次系统地阐发了"创新"的概念,并提出了"创新理论",这个理论又在他以后的其他著作中被加以进一步的运用和发挥。熊彼特认为,"创新"是一个经济范畴而非技术范畴,它不仅是指科学技术上的发明创造,而且更是指把已发明的科学技术运用到企业之中,形成一种新的生产能力。也就是说,"创新"就是把生产要素和生产条件的新组合引入生产体系,即"建立一种新的生产函数",其目的是为了获取潜在的利润。"创新"包括五种情形:①创造一种新的产品;②采用一种新的生产方法;③开辟一个新的市场;④取得或控制原材料或半制成品的一种新的供给来源;⑤实现任何一种新的产业组织方式或企业重组。概言之,熊彼特的创新理论主要包括六个要点:①创新是生产过程内生的;②创新是一种"革命性"的变化;③创新是创造性的"毁灭";④创新必须能够创造出新的价值;⑤创新是经济发展的本质规定;⑥"企业家"是创新的主体。①

创新作为社会科学中一个常用的术语,人们从不同的角度对它作出了各种的界定,揭示出了创新的某些特征。俞可平教授在他那篇系统地论述了创新的定义、种类及其对社会发展的意义的论文——《创新:社会进步的动力源》中,对目前有关创新的定义予以概括:①创新就是发明和创造出与现存事物不同的东西;②创新就是产生、接受并实现新的理想、新的产品和新的服务;③创新

---

① [美]熊彼特.经济发展理论[M].孔伟艳,朱攀峰,娄季芳,编译.北京:北京出版社,2008:37-39.

即是对事物进行创造性的改进。① 俞可平教授从既能抓住创新的实质，又能着重指明创新与人们通常所说的发明、创造和革新等概念之间的区别的目的出发，在综合上述定义的基础上，把创新界定为："将新的观念和方法诉诸实践，创造出与现存事物不同的新东西，从而改善现状。"②

对于创新与人类其他行为的比较，俞可平教授认为，创新有着许多明显的特征：①创新是一种创造性的行为，发现、发明、制造不同于现存事物的新生事物，是创新的本质特征；②创新是一种学习；③创新是一种自觉的行为；④创新是一种系统性的行为；⑤创新是一种风险行为，需要极大的勇气。③

俞可平教授将创新划分为三种基本类型，即：知识创新、技术创新和制度创新。其中，"知识创新的核心内容是新的思想观念和公理体系的产生，其直接结果是新的概念范畴和理论学说的产生。技术创新的核心内容是科学技术的发明和创造，其直接结果是推动科学技术的进步，提高社会生产力的发展水平，进而促进社会经济的增长。制度创新的核心内容是社会政治、经济和管理等制度的革新，其直接结果是激发人们的创造性和积极性，促使所有社会资源的合理配置，最终推动社会的进步。"④

关于创新对于社会发展进步的意义，俞可平教授主要将其归结为三个方面：①创新可以改变人们的思维方式和行为方式，激发人们的创造热情；②创新是科技进步的决定性因素；③创新直接推动

---

① 俞可平．创新：社会进步的动力源 [J]．马克思主义与现实，2000（4）：30-34．

② 俞可平．创新：社会进步的动力源 [J]．马克思主义与现实，2000（4）：30-34．

③ 俞可平．创新：社会进步的动力源 [J]．马克思主义与现实，2000（4）：30-34．

④ 俞可平．创新：社会进步的动力源 [J]．马克思主义与现实，2000（4）：30-34．

社会的变革。①

根据俞可平教授的上述观点，不难看出，海上搜救管理体制创新属于一种制度创新。同时，由于海上搜救的公共物品属性，海上搜救管理体制创新可以确定为一种公共管理体制创新。俞可平教授在他的另一篇论文《改革开放 30 年政府创新的若干经验教训》中对作为公共管理体制重要组成部分的政府的创新作了如此阐述："政府创新，就是公共权力部门为增进公共利益而进行的创造性改革。""没有创造性，不是为了公共利益的那些政府改革，不属于政府创新的范畴。"② 参考俞可平教授的观点，我们可以对"海上搜救管理体制创新"作出这样的理解：海上搜救管理体制创新，是指运用新的理念、技术和方法，从管理职能、管理机构、管理制度等诸多方面，对海上搜救管理体制与经济社会发展要求和社会公众需求不相适应的部分、方面或环节进行根本性、系统性、创造性的调整和变革，使得海上搜救工作消除弊端、增进效益，以最大限度地满足在新的形势和任务下保障海上人命财产安全、保护海洋环境资源和保持海上交通运输发展的要求。

6.2 海上搜救管理体制创新的影响因素

王沪宁教授认为，随着社会政治、经济、文化条件的不断革故鼎新，行政机制要发生总体性转换。③ 同时也正如怀特所指出的："现代国家政府行政的任务，深受这一时代政治、经济与文化环境的影响。"④ 因而，与公共管理其他领域的改革一样，海上搜救管理体制创新涉及面广、影响深远，既不能停步不前，又不能急功冒

---

① 俞可平. 创新：社会进步的动力源 [J]. 马克思主义与现实，2000 (4)：30-34.
② 俞可平. 改革开放 30 年政府创新的若干经验教训 [J]. 国家行政学院学报，2008 (3)：19-21.
③ 王沪宁. 中国现代化必须实现行政体制的总体性转换 [J]. 探索与争鸣，1994 (1)：3-7.
④ [美] 怀特. 行政学概论 [M]. 上海：商务印书馆，1947：2.

进，必须从世情、国情出发，通盘考虑、循序渐进。总体上说，海上搜救管理体制创新要考虑的各方面因素很多，但主要包括：

6.2.1 经济状况

海上搜救管理体制作为上层建筑的重要组成部分，是一定历史阶段的经济发展状况下的产物，决定于经济发展水平，又对经济发展产生一定的影响。海上搜救管理体制只有与经济发展状况相适应，才能促进经济的发展，否则，"便由生产力的发展形式变成生产力的桎梏"①，会严重制约甚至阻碍经济的发展。一方面，正如邓小平曾经强调的："行政管理属于上层建筑，总是要不断改进的。"② 随着经济发展水平的提高，海上搜救面对的形势和任务发生新的显著变化，大量新的情况和问题日益涌现，因而，海上搜救管理体制必须相应地作出调整和变革，以适应经济发展的需要。另一方面，只有当经济的发展要求海上搜救管理体制作出调整和变革时，海上搜救管理体制的创新才是必须的和现实的。当前，中国海上搜救管理体制创新是在发展中国特色社会主义市场经济这一宏大的历史背景和时代环境下进行的，适应和促进中国特色社会主义市场经济的发展，是中国海上搜救管理体制创新的根本目标之一，中国海上搜救管理体制创新的一切工作和全部措施都必须始终围绕而不是背离这一根本目标展开。一个与中国特色社会主义市场经济相适应的海上搜救管理体制应当也必须是一个高效的管理体制，这就需要通过改革创新，使海上搜救的组织结构更合理、制度程序更科学、管理活动更有效，从而提供更多数量、更高质量的公共物品和公共服务，最大程度地维护、实现和增进公共利益。

6.2.2 政治制度

尽管公共管理领域更多的是一种事务性的领域，但在美国学者

---

① 马克思恩格斯选集（第2卷）[M]. 北京：人民出版社，1995：32-33.
② 中共中央文献研究室. 邓小平思想年谱（一九七五——九九七）[M]. 北京：中央文献出版社，1998：47.

波兹曼（Barry Bozeman）与史陶斯曼（Jeffrey D. Straussman）看来，"公共管理的主要领域是在政治系统下，一旦政治权威进入管理戏局，管理的游戏规则就会改变"①。这显然表明，一个国家的基本政治制度与经济基础、经济制度一起对公共管理体制产生着重大而深远的影响。公共管理体制在上层建筑和整个政治体制中扮演着实施者的角色，政治体制不仅决定公共管理体制的性质和方向，而且决定公共管理体制的地位和作用；不仅决定公共管理体制的建立与运行原则，而且决定公共机构的设置和权限划分。因此，公共管理体制需要服务和服从于政治体制，否则将会危及自身的合法性。② 从这个意义上讲，海上搜救管理体制作为公共管理体制的有机组成部分，就不能不受到政治制度的影响；政治制度规定的基本原则，就要在海上搜救管理体制中加以贯彻落实，这必定要影响它的组织机构设置、权责分配关系和行政决策方式。中国是一个发展中的社会主义大国，具有明显区别于西方发达资本主义国家的政治制度。如果中国海上搜救管理体制创新的过程不贯彻其政治制度的基本要求，而是不加判断地照搬照抄西方发达资本主义国家的做法与主张，那么，这种创新行为就会失去方向，最终误入歧途。因此，中国海上搜救管理体制创新应当也必须在政治体制改革总体推进中进行。同时，也要清醒地认识到，中国的政治体制改革是在社会主义这个根本制度保持不变的前提下，逐步实现建立社会主义民主政治和法治国家目标的一种同型社会的变革，这是中国最大的政治现实。③ 这种同型社会的变革实质是社会有机体自我完善的变革。④ 这就决定了中国海上搜救管理体制创新必定是一种渐进式、

---

① 张成福，党秀云. 公共管理学 [M]. 北京：中国人民大学出版社，2001：3.

② 麻宝斌，等. 当代中国行政改革 [M]. 北京：社会科学文献出版社，2012：53.

③ 何增科. 治理、善治与中国政治发展 [J]. 中共福建省委党校学报，2002（3）：16-19.

④ 李庆钧，陈建. 中国政府管理创新 [M]. 北京：社会科学文献出版社，2007：46-47.

尝试式的改革，而不是断裂式、崩溃式的改革。

6.2.3 科技条件

科学技术在人类历史上一直扮演着推动力的角色。科技进步历来是人类社会发展进程的标志。① 杨雪冬研究员认为，科学技术的应用在一定程度上改进了制度的微观运行，并对整体制度结构的变革和绩效的提高产生了积极的影响。② 从另外一个方面看，正如俞可平教授指出的，没有技术创新，制度创新就如同无本之木、无源之水，不仅不能推动社会的进步，有时甚至会具有相反的效果，对社会进步起破坏和阻碍的作用。③ 公共管理发展的历史过程表明，科学技术在提高公共管理能力和扩展公共管理范围方面发挥了重要的作用。④ 可见，科技条件是影响海上搜救管理体制创新的重要因素之一，科技的发展进步对海上搜救管理体制创新发挥重要的支撑、依托和保障作用。当前，伴随着信息社会或者说知识经济时代的来临，以信息技术、人工智能、生物技术、材料科学为代表的高新技术革命正在以前所未有的速度和力度，深刻地改变着人类社会的经济结构、社会结构和生活方式，使"公共管理所面对的世界景象和社会生态发生了亘古未有的嬗变"⑤，这不仅对公共管理提出了变革社会管理和公共服务供给方式的新要求，也给公共管理的改革与创新提供了新的机遇。利用科学技术提高公共管理水平，推

---

① 唐丰义. 科技进步与体制创新 [EB/OL]. [2014-10-21]. http://www.gmw.cn/01gmrb/2000-11/17/GB/11%5E18607%5E0%5EGMB3-119.htm.

② 杨雪冬. 技术创新与地方治理改革：对三个案例的分析 [J]. 公共管理评论, 2004 (1): 63-81.

③ 俞可平. 创新：社会进步的动力源 [J]. 马克思主义与现实, 2000 (4): 30-34.

④ 杨雪冬. 技术创新与地方治理改革：对三个案例的分析 [J]. 公共管理评论, 2004 (1): 63-81.

⑤ 陈瑞莲. 论区域公共管理的制度创新 [J]. 中山大学学报（社会科学版）, 2005, 45 (5): 61-67.

动人类社会发展正成为全球潮流。① 由于新的科技手段的应用,信息交流和传递都更为便捷②,公共组织及公共管理人员的心理和行为也都发生了变化,从而削弱了政府的优势地位,促进了市场主体、公民社会组织和公民个人等非政府力量参与社会公共事务管理,最终推动公共组织的变革和公共管理方式的转型③,使得超越传统的公共管理模式成为可能,这必定对中国海上搜救管理体制创新产生积极而又重要的影响,为中国海上搜救管理体制创新提供必要的现实条件。

6.2.4 文化传统

文化的功用在于由它所生成的习惯势力。④ 钱穆曾经说过:"政治只是全部文化中一项目,我们若不深切认识到某一国家某一民族全部历史之文化意义,我们很难孤立抽出其政治一项目来讨论其意义与效用。"⑤ 其原因在于,一个国家或民族在长期的历史发展中形成了一定的思想观念和价值观念,这些观念又形成了一些约定俗成的传统习惯,深入到社会的各个角落,潜移默化地影响着人们思维方式和行为方式,"而人类的实践活动总是在一定的思维支配下发生的,什么样的思维方式和行为方式,决定什么样的实践活动"⑥,就连政治也不例外。因此,诺思一再告诫人们:"我们的社会演化到今天,我们的文化传统,我们的信仰体系,这一切都是

---

① 杨雪冬. 技术创新与地方治理改革:对三个案例的分析 [J]. 公共管理评论, 2004 (1):63-81.
② 张康之. 寻找公共行政的伦理视角 [M]. 北京:中国人民大学出版社, 2002:173.
③ 蔡立辉, 龚鸣. 整体政府:分割模式的一场管理革命 [J]. 学术研究, 2010;(5):33-42.
④ 汪丁丁. 制度创新的一般理论 [J]. 经济研究, 1992 (5):69-80.
⑤ 钱穆. 中国历代政治得失 [M]. 北京:三联书店, 2001:7.
⑥ 俞可平. 创新:社会进步的动力源 [J]. 马克思主义与现实, 2000 (4):30-34.

根本性的制约因素，我们必须仍然考虑这些制约因素。"① 而对于公共管理而言，正如亨利所说，它"其实更加富有人性，因此深深地植根于当地文化之中"②。所以，一个国家或民族的文化传统必然会对公共管理体制的形成、发展和演变产生不可忽视的影响。中国民间历来有着崇善尚义、救死扶伤的优良传统，这对中国海上搜救管理体制创新来讲无疑是积极因素。但与此同时，中国也有着两千多年的封建专制历史和"大一统"的管理意识，一些落后的思想观念，如官本位意识、等级观念和特权思想等仍然残存，有时还很有市场，产生着较大的影响③，这显然会对中国海上搜救管理体制创新产生困扰和妨碍。因此，中国海上搜救管理体制创新要重视本国文化传统的因素，客观、全面、辩证地分析其影响和作用，以期发挥积极因素，克服消极影响。

6.3 海上搜救管理体制创新的基本原则

中国海上搜救管理体制的萌芽、形成、发展和演变并不是由单方面因素造成的，而是各种因素发挥综合性影响的结果。同样的道理，中国海上搜救管理体制创新也涉及诸多因素，是一项复杂的、综合的、宏大的系统工程。为了保证中国海上搜救管理体制创新的积极稳妥进行，需要有组织、有计划、有步骤地推进，这就需要遵循若干基本原则：

6.3.1 立足当前与着眼长远相统一

《吕氏春秋·察今》里说："世易时移，变法宜矣。"④ 马克思

---

① [美] 道格拉斯·C.诺思.制度变迁理论纲要——在北京大学中国经济研究中心成立大会上的演讲 [J].张帆，整理，易纲，校对.改革，1995（3）：52-56.

② [美] 尼古拉斯·亨利.公共行政学（第七版）[M].项龙，译.北京：华夏出版社，2002：3.

③ 薛刚凌，潘波.从经济调适到社会回应——行政体制改革目标模式分析 [J].行政管理改革，2010（7）：51-55.

④ （战国）吕不韦.吕氏春秋 [M].陆玖，译注.北京：中华书局，2011：516.

主义认为，生产力与生产关系、经济基础与上层建筑的矛盾，构成人类社会的基本矛盾，它们制约着其他各种社会矛盾的存在和变化，决定着社会的形态和发展。随着经济社会的发展，科学技术的进步，中国海上搜救管理体制必然会出现诸多与生产力发展不相适应的方面，需要及时、恰当地进行调整，"同时以更新更好的制度取代原来的与现实需要不相适应的旧制度"①，以适应不断发展了的生产力的要求。然而，正如王沪宁教授指出的："社会快速发展的过程中，需要行政系统的相对稳定性，来稳定社会各种基本关系。"② 由于海上搜救管理体制对海上搜救的全盘工作发挥着重要的基础性作用，在一定的时期内也要保持一定的稳定性，不能朝令夕改、频繁变动，让人无所适从。因此，中国海上搜救管理体制创新既是一项系统的工程，也是一个长期的过程，既要有责任感、使命感、紧迫感，以只争朝夕、时不我待的态度认识、对待和推进创新，集中力量解决中国海上搜救管理体制当前存在的主要问题或问题的主要方面，又要有一定的前瞻性、预见性、系统性，对创新的整个过程和各个方面作出科学的设计和精心的安排，使之具有连续性和可持续性。不能只顾眼前、草率行事，忽视了长远发展，也不能以长远发展为借口而裹足不前、无所作为。

6.3.2 重点突破与整体推进相统一

任何一项改革都必须付出成本，公共管理体制改革也概莫能外。③ 无论经济社会发展到多高的程度和水平，相对于繁重而又艰巨的公共管理任务而言，公共管理的资源总是有限的。在有限的公共管理资源条件下，推进中国海上搜救管理体制创新，就不能不考虑创新的预期成本与预期收益，不能不分主次、轻重、缓急，或

---

① 俞可平．创新：社会进步的动力源 [J]．马克思主义与现实，2000（4）：30-34．

② 王沪宁．中国现代化必须实现行政体制的总体性转换 [J]．探索与争鸣，1994（1）：3-7．

③ 唐铁汉．行政管理体制改革的前沿问题 [M]．北京：国家行政学院出版社，2008：103．

"胡子眉毛一把抓"。为此，要把握牵一发而动全身的突破口，尤其是抓住海上搜救管理体制的重要方面和重点环节，突出主要矛盾和矛盾的主要方面，着力采取措施，逐步加以解决，使之对全面创新起到带动、示范的效应。同时，正如习近平总书记所强调的："改革开放是一场深刻而全面的社会变革，每一项改革都会对其他改革产生重要影响，每一项改革又都需要其他改革协同配合。"①中国海上搜救管理体制是一个由许多要素组成的宏大系统，其创新涉及方方面面，而任何一个方面都不是孤立的、封闭的，而是彼此联系、相互影响的。如果创新缺乏整体考虑和谋划，难免顾此失彼，许多单项的创新也难以顺利推进，取得预期的效果。因此，要坚持整体性的策略，从全局出发，注重创新的整体安排，注重创新措施之间的协调性，使各项创新措施相互促进、良性互动，形成推进创新的整体合力，从而防止单兵作战和短期行为，避免出现"头疼医头，脚疼医脚"的问题。

6.3.3 先易后难与攻坚克难相统一

任何一个领域的创新从来都是千头万绪，不可能一蹴而就，也不可能毕其功于一役，中国海上搜救管理体制创新也丝毫不例外。它不可避免地会受到诸多因素的影响和制约，遭遇来自方方面面的压力，甚至是阻挠，这就意味着各项创新不可能齐头并进、均衡发展。有的创新属于微观层面，仅仅涉及局部调整或技术因素，推进起来相对容易；有的创新居于宏观层面，关系到方向性、根本性、全局性的重大问题，因而复杂程度更高、涉及范围更广、影响力度更大，需要付出更为长期艰苦的努力，如果对此不加以认真的区别对待，把握好创新的节奏，势必影响到创新的整体进度和效果。因此，中国海上搜救管理体制创新要采取渐进式的策略，先易后难，稳步推进。当然，先易后难并非对难题视而不见，也不是逃避了事，而是要通过先易后难、分步实施，循序渐进、逐步到位，取得

---

① 新华网. 习近平强调：以更大的政治勇气和智慧深化改革［EB/OL］.［2014-03-20］. http：//news. xinhuanet. com/politics/2013-01/01/c_114223419. htm.

实实在在的效果，赢得各方面的理解、认同和支持，从而增强其对创新的信心和决心，以期最大限度地凝聚各方面的共识，汇集各方面的力量，进而从政策、物质、舆论等诸多方面为攻克难题创造更加有利的环境和条件。

6.3.4 顶层设计与基层创新相统一

从过去60多年的变迁历程不难看出，中国海上搜救管理体制每一次重大的创新都是在中国共产党和中国政府的领导下加以推进而实现的，这是被多年的具体实践所反复证明了的一条成功经验，也是当前和今后一个时期中国海上搜救管理体制创新所必须牢牢坚持的一条基本经验。海上搜救管理体制创新是一个非常复杂的系统工程，牵一发而动全身，必须在宏观的层面进行全局性的统筹规划和战略布局。加强顶层设计，不仅有利于节约创新的成本，提高创新的效率，而且容易保持创新的统一性和协调性。因此，要坚持始终服从和服务于经济社会全局和长远发展的创新方向，以宽广的视野和系统的思维，对中国海上搜救管理体制创新进行专门研究，形成推进中国海上搜救管理体制创新的总体规划和实施方案，做到既明确海上搜救管理体制创新的近期目标，也要设计海上搜救管理体制创新的中长期目标。同时也要看到，改革开放以来，中国海上搜救工作的许多成功做法和有益经验都源于地方的创新，源于基层的实践。近年来，不少地方和部门从自身特点和实际情况出发，围绕海上搜救的组织结构、层级体制和运行机制、管理制度等方面都进行了诸多富有价值的探索。一方面，要对这些探索措施进行深入研究和客观评价，将那些被实践证明是行之有效的措施上升为法规制度，使之在更高的层面和更大的范围得到肯定和推广，这不仅能够避免这些探索措施成为短期行为，也可以从制度上解决海上搜救管理体制创新的动力问题。另一方面，要倡导和激励各级政府和政府各部门针对新的形势和任务下海上搜救工作面临的新的情况和问题，以创新的态度和勇气，发挥各方面的积极性和主动性，进行切合实际、各具特色的创造性探索，为全国范围的海上搜救管理体制创新提供更多可复制、可推广的有益经验。

6.4 海上搜救管理体制创新的对策措施

在经济全球化、政治民主化、文化多元化的今天，中国正在经历一个深层的转变，这种转变的核心是一种基本社会典范的变革。① 因此，中国海上搜救管理体制创新必须适应这一基本社会典范变革的要求，确立新的公共管理范式。当前，中国市场经济深入发展、民主政治不断推进、公民社会日益兴起，"政府、工商界和市民社会之间的合作正成为民族国家竞争力和国家繁荣的基本构成要素"②。这就决定了这种新的公共管理范式必须是多元、民主、合作的，而非一元、强制、垄断的。简言之，就是要实现从一元管理向多元治理的转变。故此，中国海上搜救管理体制创新的主要价值取向和路径选择在于在继续发挥政府主导作用的同时，重新审视和调整政府与市场、政府与社会、政府与公民等各种关系，并在此基础上更广泛、更充分、更有效地将市场主体、公民社会组织和公民个人引入进来，使它（他）们和政府进行良好合作，共同承担海上搜救的责任，以便形成多元的、灵活的海上搜救管理模式，从而更好地应对日益复杂多变的海上突发事件，达到保障海上人命财产安全，保护海洋环境资源，保持海上交通运输发展，进而最大程度地维护、实现和增进公共利益的目的。

6.4.1 继续优化组织结构

组织结构是组织躯体的骨架，是使组织实现其目标的基本管理工具，它表现为工作分工的几何图式及其等级上的排列③，决定了组织的权威、权力的分配，决策和沟通的布置，以及效率和效能的

---

① 张成福，党秀云．公共管理学［M］．北京：中国人民大学出版社，2001：367．
② 陈振明．公共管理学——一种不同于传统行政学的研究途径（第二版）［M］．北京：中国人民大学出版社，2003：80．
③ 陈振明．公共管理学——一种不同于传统行政学的研究途径（第二版）［M］．北京：中国人民大学出版社，2003：49．

达成。① 组织结构是影响组织运作的关键因素②，不同的组织结构对组织的过程、行为与效率会产生不同的影响。③ 公共组织是一个不断与社会环境发生作用的开放系统，随着社会环境的变化，必然要通过对其组织结构进行适应性的变革来化解外界冲突，提高自身生命力。④

众所周知，治理是在公共事务日趋复杂、科学技术迅猛发展以及公民社会力量蓬勃兴起的现实发展态势下而逐步形成、发展起来的。⑤ 它是一个比统治或政府更为宽泛的概念，它的实质是建立在市场原则、公共利益和广泛认同之上的合作。与传统公共管理显著不同的是，治理所拥有的管理机制主要不是依靠政府的权威，而是由多元参与主体形成的合作网络的权威。⑥ 换言之，治理的权威不是来自于外在的强制力，而是来自于利益攸关方的互动与共识。⑦ 亨利指出："权力是变化的发动机，而组织如何变化取决于'谁或哪个机构拥有权力'。"⑧ 由于治理是由多元参与主体在互动过程中运用非强制性权力进行协作，因而，在治理这样一种崭新的公共管理体系当中，就需要有一种具有合作性质而且能够实现合

---

① 张成福，党秀云. 公共管理学 [M]. 北京：中国人民大学出版社，2001：134.

② 张成福，党秀云. 公共管理学 [M]. 北京：中国人民大学出版社，2001：134.

③ 陈振明. 公共管理学——一种不同于传统行政学的研究途径（第二版）[M]. 北京：中国人民大学出版社，2003：49.

④ 陈振明. 公共管理学——一种不同于传统行政学的研究途径（第二版）[M]. 北京：中国人民大学出版社，2003：72-73.

⑤ 郭蕊. 从"先赋"到"自致"：治理时代公务员责任的嬗变 [J]. 长白学刊，2014（3）：66-70.

⑥ 俞可平. 引论：治理与善治 [M] // 俞可平. 治理与善治. 北京：社会科学文献出版社，2000：6.

⑦ 张昕. 转型中国的治理新格局：一种类型学途径 [J]. 中国软科学，2010（1）：182-188.

⑧ [美] 尼古拉斯·亨利. 公共行政学（第七版）[M]. 项龙，译. 北京：华夏出版社，2002：69.

作、促进合作、维护合作并为合作提供一切必要保障的组织结构出现。① 这正如英国学者雷纳特·梅因茨所指出的,社会子系统的组织能力和行动能力与治理能力之间的正向关系是治理形式的基础。②

信任是任何社会发展进步不可或缺的因素。③ 治理意味着众多权威和责任领域的交叠共存。④ 故此,良好的治理离不开两个根本的前提条件:其一,成熟的多元主体的存在以及它们之间的合作伙伴关系;其二,具备民主、协作和妥协的精神。⑤ 随着中国海上搜救工作的复杂性、不确定性及其参与主体的多元性、多样性的日趋增加,加之各参与主体因机构性质、组织背景、专业职能以及资源获取量等因素的不同而存在较大差异,海上搜救管理体制内的信任和合作面对诸多新的情况、问题和挑战。如何优化组织结构,更好地整合各方的资源和力量,以使各参与主体携手合作、共同有效地应对各类海上突发事件,愈来愈成为中国海上搜救管理体制创新的一项重要而又紧迫的任务。究其原因,正如杰索普所认为的,随着越来越多的成员加入,各个参与主体要做到内部既有凝聚力又有适应性已经不容易,要使它们各自的运作保持统一和独立,同时又要与其他参与主体在物质、资源和空间、时间等诸多方面相互依赖、和谐共存就更加显得困难;而且,跨越体制边界所建立的合作还要遇到另外的一些困难,因为不同的体制有着各自独特的运作逻辑,

---

① 张康之.论政府从官僚制向合作制的转变[J].江苏行政学院学报,2012(3):97-103.

② [英]雷纳特·梅因茨.统治失效与治理能力问题:对一个理论范式的评价[M]//俞可平.治理与善治.北京:社会科学文献出版社,2000:213-214.

③ 胡象明,唐波勇.整体性治理:公共管理的新范式[J].华中师范大学学报(人文社会科学版),2010,49(1):11-15.

④ 薛澜,张帆.治理理论与中国政府职能重构[J].人民论坛·学术前沿,2012(6):6-15.

⑤ 臧志军."治理":乌托邦还是现实?[J].探索与争鸣,2003(3):9-10.

而不同逻辑的体制之间协调难度更大。①

诚如陈振明教授所言:"公共问题是公共管理实践的现实基础。"② 由于制度背景与西方世界的明显差异,在中国的治理结构中,必须以政府为主导,通过政府的力量来塑造市场和社会。③ 这就是说,在治理的所有行为主体中,政府无疑具有压倒一切的重要性,它仍然是社会进步的火车头,对治理有着决定性的作用。④ 因此,政府要切实发挥好在治理中的"元治理",即"自组织的组织"作用,承担设计机构制度、提出远景设想等任务,从而不仅促进各方面的自组织,而且还能使各方面的自组织安排相对协调。⑤ 对于中国海上搜救而言,这一点就显得更为突出,这不仅因为海上搜救是国际海上人命安全公约和国际搜寻与救助公约赋予缔约国政府的强制性义务,更是由于在这样一种特殊的应急管理工作过程中,没有任何其他行为主体具备足够的资源和能力可与政府并驾齐驱。

尽管政府的角色不可替代,甚至"仍然处于独占鳌头的地位"⑥,但它也只是为数众多的参与主体中的平等一元,主要发挥"掌舵"和"导航"的作用,大量具体的工作和"划桨"之类的事务应该发挥好其他参与主体的作用。⑦ 所以,政府必须适应公民社会运行主体多元化的要求,改变传统模式下以管制为特征、以命令为内核的管理理念,逐步树立以分担为特征、以协同为内核的治理

---

① [英]鲍勃·杰索普.治理的兴起及其失败的风险:以经济发展为例的论述[M]//俞可平.治理与善治.北京:社会科学文献出版社,2000:68.

② 陈振明,等.政府工具导论[M].北京:北京大学出版社,2009:323.

③ 包国宪,郎玫.治理、政府治理概念的演变与发展[J].兰州大学学报(社会科学版),2009,37(2):1-7.

④ 俞可平.论政府创新的若干基本问题[J].文史哲,2005(4):138-146.

⑤ [英]鲍勃·杰索普.治理的兴起及其失败的风险:以经济发展为例的论述[M]//俞可平.治理与善治.北京:社会科学文献出版社,2000:79.

⑥ 俞可平.论政府创新的若干基本问题[J].文史哲,2005(4):138-146.

⑦ 李程伟.社会管理体制创新:公共管理学视角的解读[J].中国行政管理,2005(5):39-41.

理念。① 正如格里·斯托克所说的："置身于治理环境中的政府必须学习一种适宜的、和往昔那种等级制度思想模式相反的运作规范。"② 这就意味着，在中国海上搜救的治理网络中，政府不能再像以往那样居高临下，简单地仰赖自上而下的单向的、封闭的行政手段行事，而是要通过与市场主体、公民社会组织和公民个人等的协商与合作，达到对各类海上突发事件有效治理的目的。

过去30多年来，中国海上搜救管理体制虽然历经数度创新和不断演变，但迄今依然是以政府为中心的一元管理模式。它在组织结构上的一大特点是，依然沿用根据传统公共管理理论范式建立起来的层级节制的金字塔式等级结构。这样的组织结构如同一把双刃剑，利弊互现。一方面，它凸显政府尤其是交通运输部门和海事机构的中心地位，并且强调专业性和效率，这显然有利于发挥政府尤其是交通运输部门和海事机构在各类海上突发事件应急处置中的组织协调功能，这样的特点对于海上搜救而言是有一定的现实合理性的。另一方面，由于过分地强调政府与其他参与主体的命令——服从关系，这样的组织结构不可避免地在相当大的程度上弱化了其他参与主体的地位与作用，使它们实际上处于一种难以作为甚至无所作为的尴尬状态，进而导致了整个海上搜救管理体制缺乏应有的生机与活力。这正如同罗伯特·内斯比特在其著作《社群与权力》中所指出的那样，国家干预的不断扩张，必然导致自愿组织的功能性萎缩，同时也必然损害自愿组织赖以维持的共同体精神。③ 为此，必须打破固有的层级节制的金字塔式等级结构，代之以扁平化、网络状的多元治理结构。这种多元治理结构就是"一种直接对立于一元或单中心权威秩序的思维，它意味着地方组织为了有效地进行公共事务管理和提供公共服务，实现持续发展的绩效目标，

---

① 燕继荣. 服务型政府的研究路向——近十年来国内服务型政府研究综述 [J]. 学海，2009 (1)：191-201.

② [英] 格里·斯托克. 作为理论的治理：五个论点 [M] // 俞可平. 治理与善治. 北京：社会科学文献出版社，2000：46.

③ R. A. Nisbet. Community and Power [M]. New York：Oxford University Press, 1962：121.

由社会中多元的独立行为主体（个人、商业组织、公民组织、政党组织、利益团体、政府组织）基于一定的集体行动规则，通过相互博弈、相互调适、共同参与合作等互动关系，形成多样化的公共事务管理制度或组织模式"①。总体上讲，它比市场组织稳定，比层级组织灵活。②

归结起来，对于中国海上搜救管理体制而言，为了适应多元主体共同治理的要求，政府要在国家海上搜救部际联席会议制度的总体框架下，继续发挥主导作用，并通过一系列的合作制度设计，重塑各个层级、各种形式的政府部门内部、政府和非政府、不同区域之间的合作关系。一方面，政府职能部门尤其是居于主导地位的交通运输部门和海事机构，与市场主体、公民社会组织等非政府力量协商制定具有较强可行性的合作协议，打破彼此之间的阻隔与边界，塑造一个彼此依赖、互相协作的极具包容性和参与性的网络系统，达到整合相互独立的各个组织和各方面力量，共同谋求公共利益最大化的目的。在这个网络系统中，政府不再扮演"看门人"（Gatekeeper）的角色，决定谁可以加入，谁被排斥在外；它主要作为一个"通道"（Gateway）存在，为各方直接联系提供条件。③另一方面，通过完善海上搜救"一案三制"（即应急预案及应急体制、机制、法制），进一步细化各行为主体在海上搜救中的参与和协作的方式，确保它们能够持续有序地投入海上搜救行动，并且充分发挥自身的专业特长，实现它们功能和优势的有效互补，从而最大限度地减少海上突发事件应急反应的缝隙和空白。

6.4.2 着力健全权责体系

权力与责任是一对矛盾统一体。学术界较为一致地认为，权力

---

① [美]迈克尔·麦金尼斯. 多中心体制与地方公共经济 [M]. 毛寿龙，译. 上海：上海三联书店，2000：69-75.
② 张康之，程倩. 网络治理理论及其实践 [J]. 新视野，2010（6）：36-39.
③ 朱德米. 网络状公共治理：合作与共治 [J]. 华中师范大学学报（人文社会科学版），2004，43（2）：5-13.

的授予是为了保证责任的实现，责任的实现是权力授予的目的，两者相互依存，缺一不可。① 形象地说，它们犹如一块硬币的两面。

正如张康之教授所说："在某种意义上，组织之所以展现出共同行动的优势，恰在于通过其结构、规则等实现了动机不同、目标殊异的个人力量的整合，特别是通过角色分配、职能明确和规则的强制性等而把人们的行动整合到同一个方向上去。"② 与人类历史上其他有组织的管理活动一样，公共管理活动自诞生之日起，就面临着权力与责任的运用、处理、选择和平衡的问题。③ 诚然，作为一种历史范畴，公共管理主体之间的权责关系在不同的时代背景、经济状况和社会环境下具有不同的表现形态。④ 然而，无论时代背景、经济状况和社会环境如何变化，公共组织的权责关系总是围绕着公共利益的实现而作出调整的。⑤ 权责关系不同会影响公共组织的集权、分权以及上下级管制的程度和组织形式。⑥

由于治理的兴起，公共领域的结构发生了重大的变化，公共管理活动呈现出了新的显著特征。和统治不同，治理的主要特征，"不再是监督，而是合同包工；不再是中央集权，而是权力分散；不再是由国家进行再分配，而是国家只负责管理；不再是行政部门的管理，而是根据市场原则的管理；不再是由国家'指导'，而是由国家和私营部门合作"⑦，因而，"国家必须停止把自己放在统治权威的位置上，而应以在与发展有关的行动网络中占有重要地位的

---

① 杨淑萍，李红艳. 论政府权责关系 [J]. 成都行政学院学报，2009（4）：11-13.

② 张康之. 从协作走向合作的理论证明 [J]. 江苏行政学院学报，2013（1）：95-106.

③ 郭蕊. 权责关系的行政学分析 [D]. 长春：吉林大学，2009.

④ 郭蕊. 从"先赋"到"自致"：治理时代公务员责任的嬗变 [J]. 长白学刊，2014（3）：66-70.

⑤ 郭蕊. 权责关系的行政学分析 [D]. 长春：吉林大学，2009.

⑥ 丁煌，柏必成，魏红亮. 行政管理学 [M]. 北京：首都经济贸易大学出版社，2009：6.

⑦ [瑞士] 佛朗索瓦—格扎维尔·梅里安. 治理问题与现代福利国家 [M] // 俞可平. 治理与善治. 北京：社会科学文献出版社，2000：111.

调停者身份行事。"① 当然，这并不是否认国家政府的作用，而是要恰如其分地界定国家政府、市场主体和公民社会组织在公共管理中的角色和责任。② 因为只有这样，才有可能促使参加治理的各行为主体不只是追求各自的私利，而是追求大家共同需求的公共利益。

置于当代中国经济社会全面变迁的大背景下进行考察，我们不难得出这样的结论，对于中国海上搜救管理体制而言，在由一元管理向多元治理的转变过程中，迫切需要构建一种新型的权责关系，以期在各参与主体共同分享权力、共同分担责任的基础上形成一种新的行为联合体，使得它们能够据以正确地行使自己的权力，全面地履行自己的责任，以及有效地化解彼此之间可能潜存的矛盾与冲突。之所以有这样的一个判断，其中一个重要的原因是，随着中国经济体制由高度集中的传统社会主义计划经济体制向中国特色社会主义市场经济体制转轨，国家政府对社会公共资源的独占优势逐渐削弱。其结果，一方面，各种参与主体之间的关系，尤其是政府对市场主体和公民社会组织的控制变得日益宽松，使得它们都拥有相当程度的运作自主权，彼此之间的相互依赖关系已经不像以往那样，通过市场和等级制就能轻而易举地得到协调；另一方面，由于各参与主体在资源、技术和能力等诸多方面存在差异，在客观上强化了不同参与主体之间的权力与责任的相互依赖程度，这就使得政府与市场主体、公民社会组织曾经存在的自上而下的支配性权力运行方式必须逐渐转变为平等主体之间的协调与配合。而对于海上搜救来说，这种协调与配合的程度和质量决定着多元主体参与的有序性和有效性。因为，如果各行为主体之间不能实现合理有效的协调与配合，就必然要付出信息搜寻、谈判甚至于冲突的成本，从而导

---

① ［瑞士］佛朗索瓦—格扎维尔·梅里安. 治理问题与现代福利国家［M］//俞可平. 治理与善治. 北京：社会科学文献出版社，2000：109.
② 张成福. 重建公共行政的公共理论［J］. 中国人民大学学报，2007（4）：1-7.

致整体交易成本的浪费。① 由此可见，各行为主体之间的权责分配关系是否恰当、合理，对海上搜救的成败影响甚大。

考夫曼（Kaufmann）明确指出，内部分工较大的组织中的社会互动比起其他类型的社会互动更容易服从法律规范。并且，正式组织由于其恰当的结构和程序安排，不仅会表现得更加理性，而且与单个的个人行动的累积结果相比较，增加了对外部控制的机会。② 反观中国现行的海上搜救管理体制，政府依然统得过多、管得过死、介入得过深，权力与责任过度集中于政府尤其是交通运输部门和海事机构，这样一来，政府就成为各类海上突发事件应急处置的焦点和唯一责任主体，无论发生什么问题，它都脱不了干系。这样政府不仅要对每一起海上突发事件的应急处置直接负责，对应急处置过程中的每一个环节也都要直接过问，防止出现任何的纰漏或差池，这使得政府在搜救压力加剧与资源控制弱化的夹缝中左冲右突、苦不堪言，同时也严重地挤压了非政府主体参与海上搜救的空间，造成了许多原本可开采利用的社会资源的闲置或浪费，最终不利于海上搜救的效率、效益和效能的提升。

要解决上述问题，必须将重塑权责体系作为中国海上搜救管理体制创新的一大重点。通过权责体系的重塑，使得中国海上搜救管理体制更加合理、高效和优化。首先，坚持"政府主导、企业协同、社会参与"的原则，确认各参与主体在海上搜救工作中拥有平等的法律地位，并明确它们参与海上搜救的权力、责任和权利、义务，尤其要对它们在海上搜救工作中的参与程度、参与方式和参与责任等各方面作出明确、具体、详细的界定，确保各参与主体尤其是非政府主体参与海上搜救的权力得到应有的承认、尊重和重视，从而真正成为相对独立的行为主体，避免政府主体习惯性或不自觉的行政干预与操纵，同时也防止政府主体利用行政权力侵害非

---

① 陈宝胜. 公共危机治理的新制度主义阐释 [J]. 南昌大学学报（人文社会科学版），2010，41（5）：18-24.

② ［英］雷纳特·梅因茨. 统治失效与治理能力问题：对一个理论范式的评价 [M] // 俞可平. 治理与善治. 北京：社会科学文献出版社，2000：213.

政府主体的合法权益。其次，在确保政府部门对海上搜救依法行使主导权的前提下，对市场主体、公民社会组织等参与主体给予更直接、更广泛和更充分的授权，拓展它们自主参与海上搜救的空间，尤其是通过让它们介入海上搜救的重大决策和日常管理，激发和调动它们参与海上搜救的积极性、主动性和创造性，使得它们与政府主体在海上搜救的各个阶段和各个环节彼此互动、相互合作。最后，按照系统性、整体性的原则，注重平衡各参与主体的权责关系，防止各参与主体的权力与责任破碎化以及由此而产生的各主体自我中心主义，从而"排除相互拆台与腐蚀的政策环境"①，有效地促进海上突发事件的多元共治，提高海上突发事件的应急处置能力。

　　同时，必须引起注意的是，在中国海上搜救管理体制从一元管理到多元治理的转变过程中，权力和责任必将日益分散到越来越多的参与主体当中，这在客观上必然将削弱政府的权威。在这样一种公共管理的新格局下，政府应当扮演何种角色显得尤为重要，这是新的海上搜救管理体制下最为重要和关键的一个方面。在传统的一元管理体制下，政府作为唯一的权力中心完全地、绝对地、无可争辩地控制着整个海上搜救工作，而且由于实行传统的、封闭的、科层制的等级管理，权力和责任基本上集中于中央政府。这就好像托克维尔在他的名著《旧制度与大革命》一书中所说的那样，"它（中央政权）将从前分散在大量从属权力机构、等级、阶级、职业、家庭、个人，亦即散布于整个社会中的一切零散权力和影响，全部吸引过来，吞没在它的统一体中。"② 随着多元治理的逐步实现，这种单中心的命令——控制型的关系显然将被打破，取而代之的将是多中心的合作关系。在这种新型的关系下，一方面，中央政府不断向地方政府分权，赋予地方政府更多的自由裁量权和更大的

---

① Christophe Pollit. Joined-up Government: A Survey [J]. Political Studies Review, 2003 (1): 34-39.
② [法]托克维尔. 旧制度与大革命 [M]. 冯棠，译，桂裕芳，张芝联，校. 北京：商务印书馆，2012: 49.

自主空间；另一方面，政府向市场主体、公民社会组织和公民个人进行授权，使它（他）们更广泛、深入、主动地参与到海上搜救中来。由于各方都不存在绝对的权威，没有哪一个参与主体可以有足够的能力去独自完成任务，这样在权责关系上，多元主体之间便形成了强烈的依赖关系。① 所以，在多元治理中，政府不再是唯一的行为主体，"它必须——事实上也不得不——吸纳其他众多的行为主体参与并共同应对危机，与其他行为主体进行协作而形成多元组织、多重层次和多种行为主体共存共荣的格局。"② 然而，尽管政府的凌驾地位不存在了，但这并不意味着在多元治理中充当"元治理"角色的政府的作用被削弱了，恰恰相反，政府的作用是加强了。当然，"元治理不可混同于建立一个至高无上、一切治理安排都要服从的政府"③，因为，"政府的任务是使社会——政治活动具有能动性，鼓励出现多种多样的解决问题和分配服务的安排。"④ 这意味着政府需要变以前的控制力为影响力，在多元主体之间更好地发挥沟通和协调的功能。

6.4.3 积极完善激励约束机制

公共管理作为公共利益的实践场所，需要扮演公共利益的倡导者、教育者、捍卫者和践行者的角色。⑤ 当公共管理者的行为未能符合公共利益要求时，便可能要受到把部门利益或个人私利置于公

---

① 郭蕊. 权责关系的行政学分析 [D]. 长春：吉林大学，2009.
② 刘霞，向良云. 公共危机治理：一种不同的概念框架 [J]. 新视野，2007（3）：50-53.
③ [英] 鲍勃·杰索普. 治理的兴起及其失败的风险：以经济发展为例的论述 [M] // 俞可平. 治理与善治. 北京：社会科学文献出版社，2000：79.
④ [英] 罗伯特·罗茨. 新的治理 [M] // 俞可平. 治理与善治. 北京：社会科学文献出版社，2000：93.
⑤ 张成福，李丹婷. 公共利益与公共治理 [J]. 中国人民大学学报，2012（2）：95-103.

共利益之上的批评。① 然而，事实却并非总是如此，有些公共管理者的公共行动恰恰起到相反的作用，它们对社会的作用是"负效应"而不是"正效应"。② 海上搜救同样常常为所谓"诺思悖论"③ 这样的问题所困扰。那么，如何正确理解、认识和防范这些问题的发生，促使公共管理者正确地行使公共权力，实现公共利益？公共选择理论给出了一个适当的指引。

所谓公共选择理论，是将经济学的原理、工具及方法运用于集体或非市场决策而产生的一种新的公共经济理论。④ 简单地说，它是应用经济学去研究政治学。⑤ 丁煌教授认为，公共选择理论不仅是当代西方经济学的一个重要分支，对于现代政治学和公共管理学

---

① ［美］戴维·H. 罗森布鲁姆，罗伯特·S. 克拉夫丘克. 公共行政学：管理、政治和法律的途径（第五版）［M］. 张成福，等，校译. 北京：中国人民大学出版社，2002：9.

② 丁煌. 西方公共行政管理理论精要［M］. 北京：中国人民大学出版社，2005：316.

③ "诺思悖论"是其他学者根据美国制度经济学家道格拉斯·C. 诺思的思想提出的概念，其原意说的是这样一种情况：在经济活动当中，国家提供的基本服务是制定游戏规则，特别是界定产权制度的基本规则。没有国家权力及其代理人的介入，财产权利就无法得到有效的保护和实施。因此，国家积极发挥作用是保障有效产权安排和经济发展的必要条件，没有国家就没有产权。另外，国家权力的介入又容易侵害个人的财产权利，危及有效的产权安排。国家常常会建立和维持无效的产权制度，从而导致所有权残缺，造成无效产权，妨碍经济发展。它描述的是国家与社会经济相互联系、相互矛盾的状态，即"国家的存在是经济增长的关键，然而国家又是人为经济衰退的根源"，后来被引申为政府部门本来应该提供公共物品，但由于种种原因，提供的却可能是公共灾祸。参见王跃生，马相东. 从"诺思悖论"看政府与市场关系［N］. 人民日报，2013-06-04；张成福，李丹婷. 公共利益与公共治理［J］. 中国人民大学学报，2012（2）：95-103.

④ ［美］詹姆斯·M. 布坎南. 自由、市场与国家［M］. 平新乔，莫扶民，译. 上海：上海三联书店，1989：18.

⑤ ［英］丹尼斯·C. 缪勒. 公共选择理论［M］. 韩旭，杨春学，等，译. 北京：中国社会科学出版社，2010：1.

而言，也是一个极为重要的研究领域。① 公共选择理论的基本假定认为："人是自我的，理性的，效用最大化的。"② 也就是说：无论一个人处于什么样的地位或状况，他（她）在人的本性上都是相同的、不会改变的，都以追求个人利益的最大化，实现自己的满足程度最高为最基本的行为动机。③ 这就是所谓的"经济人"假定。对于"经济人"假定，布坎南曾经非常深刻地指出，国家（政府）不是神的造物，它并没有无所不在和正确无误的天赋，因为国家（政府）仍然是众多的人类组织中的一种，在这种组织中做决定的人其实和其他人没有什么两样，既不会更好，也不至于更坏，这些人一样会犯错误。因此，建立在所谓道德神话基础之上的国家政治理论一遇上"经济人"这一现实的问题便陷入难以自拔的困境。所以，我们必须从一方面是受利己主义和狭隘个人利益所驱使的经济人，另一方面又是超凡入圣的国家（政府）这一逻辑虚构中完全摆脱出来，将原来用于对市场经济的缺陷和过失进行调查的方法应用于国家和公共经济的一切部门。这样一来，就使得所有的分析有了一个共同的出发点："经济人"假定——当人们必须在若干取舍面前进行选择时，他们将更倾向于选择那种能为自己带来较多好处和效用的方法。④ 可见，公共选择理论将"经济人"假定引入政治领域，从而将人类行为的两个方面——经济活动和政治活动置于统一的框架下，这对于认识和解释公共领域的诸多现象具有重要的理论价值和现实意义。如同张康之教授所言，对于公共行政而言，如果说官僚制理论是 20 世纪前半期影响最大的理论的话，那么，"经济人"假定则是 20 世纪后半期最为引人注目的概念之一，许

---

① 丁煌. 西方公共行政管理理论精要 [M]. 北京：中国人民大学出版社，2005：315.

② [英] 丹尼斯·C. 缪勒. 公共选择理论 [M]. 韩旭，杨春学，等，译. 北京：中国社会科学出版社，2010：2.

③ 丁煌. 西方公共行政管理理论精要 [M]. 北京：中国人民大学出版社，2005：315-316.

④ [美] 詹姆斯·M. 布坎南. 自由、市场与国家 [M]. 平新乔，莫扶民，译. 上海：上海三联书店，1989：23.

多学者都是使用这一概念对公共领域的各种现象作出"科学"的解释的。①

毕竟，正如 1957 年美国经济学家安东尼·唐斯（Anthony Downs）在他的《民主的经济理论》一书中指出："政治家为了实现他们个人的目的，他们制定他们相信能获得最多选票的政策，正像企业家生产能获得最多利润的产品一样。"②反观海上搜救的各参与主体，无论是政府机构，抑或是市场主体、志愿组织，它们并不会因为投入到海上搜救这一公共物品的生产和供给中就自然而然地高尚起来，故而在具体的行为上依然会表现出明显的逐利性，所不同的只是利益的表现形式，有的追求政绩，有的着眼于经济，而有的则是讲究名誉。在中国海上搜救管理体制由一元管理走向多元治理的转型过程中，参与主体的愈益增加和复杂化势必导致各式各样的价值取向并存的局面愈益加剧，海上搜救管理体制非同质化的趋势越来越明显。因而，运用公共选择理论来审视传统公共管理的缺陷，防范各种参与主体由于"经济人"本性出现的自利行为，实现各参与主体自我利益与公共利益的共容，这对于构建中国特色社会主义市场经济条件下的以多元治理为主要特征的新的中国海上搜救管理体制显然有着积极而又重要的作用。

对于公共物品的供给而言，单一主体的单一行动往往难以取得最优的绩效，因而，共同的集体行动成为必要。③但正如英国著名经济学家、古典经济学的创始人之一詹姆斯·密尔（James Mill）曾经指出的："毫无疑问，假如把权力授予一群称之为代表的人，如果可能的话，他们也会像任何其他人一样，运用手中的权力谋求

---

① 张康之. 寻找公共行政的伦理视角 [M]. 北京：中国人民大学出版社，2002：139.

② Anthony Downs. An Economic Theory of Democracy [M]. New York：Harper & Row，1957：295.

③ 佘湘. 城市社区治理中的集体行动困境及其解决——基于理性选择制度主义的视角 [J]. 湖南师范大学社会科学学报，2014，43（5）：32-38.

自身的利益,而不是谋求社会的利益。"① 由于"经济人"的行为倾向,海上搜救的各参与主体,不论是政府机构,还是市场主体、公民社会组织以及公民个人,"各方的理性、利益和策略都不尽相同,而且往往是相互冲突的"②,因而在行使它(他)们被赋予的权力的过程中都不可避免地要体现出自身的意志,这可能导致它(他)们的行为背离公共利益的目标,出现利用参与机会谋取私利的自利行为。埃莉诺·奥斯特罗姆指出:"在每一个群体中,都有不顾道德规范,有可能采取机会主义行为的人,也都存在这样的情况,其潜在的收益是如此之高,以至于极守信用的人也会违反规范,有了行为规范也不可能完全清除机会主义行为。"③ 这就需要建立强有效的权力监督约束机制,包括建立海上搜救管理体制内的分权制衡机制,以及来自海上搜救管理体制之外的责任监督和责任追究机制。通过建立完善有效的权力监督约束机制,确保海上搜救的各参与主体在行使权力的过程中最大程度地体现公共意志,满足公共需求,实现公共利益。

也即是说,对于中国海上搜救而言,多元治理取得成功的关键之一,"在于把参加治理的单位锁定在涉及短期、中期和长期并存运作、相互依赖的一系列决定之中,从而减少机会主义的危害。"④ 首先,非政府部门要通过参与监督和制约政府部门的不法行为,譬如政府部门利用自己手中所掌握的权力,采取提高服务代价、降低服务质量的方式,变相地谋取自身利益的做法,从而有效地防止"政府失灵",同时通过监督和制约,防止政府部门利用公共权力侵害市场主体、公民社会组织和公民个人的合法权益,为非政府主

---

① [英] 丹尼斯·C. 缪勒. 公共选择理论 [M]. 韩旭,杨春学,等,译. 北京:中国社会科学出版社,2010:393.

② 胡象明,唐波勇. 整体性治理:公共管理的新范式 [J]. 华中师范大学学报(人文社会科学版),2010,49(1):11-15.

③ [美] 埃莉诺·奥斯特罗姆. 公共事物的治理之道 [M]. 余逊达,陈旭东,译. 上海:上海三联书店,2000:61.

④ [英] 鲍勃·杰索普. 治理的兴起及其失败的风险:以经济发展为例的论述 [M] // 俞可平. 治理与善治. 北京:社会科学文献出版社,2000:65-66.

体更广泛、深入地介入和参与海上搜救提供坚强的保障。其次,政府部门要通过对市场主体、公民社会组织、公民个人等非政府力量的监管,引导和促进非政府力量加强自我管理、自我监督、自我发展,防止它(他)们在参与海上搜救的过程中滥用信任,自觉不自觉地出现搭便车、敲竹杠等不良倾向,以解决"市场失灵""志愿失灵"的问题。再次,要充分发挥新闻媒体的功能,鼓励和支持新闻媒体利用自身对信息反应灵敏的优势,及时、准确、完整地向社会公众公布各类海上突发事件应急处置的真实信息,使之公开化、透明化,从而形成对各参与主体的有效监督。最后,还要强化社会公众监督,通过拓宽沟通渠道、改进沟通办法、提高沟通质量等多项措施,及时了解、掌握社会公众对海上突发事件应急处置的看法、意见和建议,共同打击在海上搜救行动过程中发生的各种侵害公共利益的行为。

不仅如此,各参与主体由于自身的"经济人"本性,在参与各类海上突发事件的应急反应时还可能存在不愿参与的问题。这种问题通常发生在各参与主体自我利益的追求与公共利益的实现难以协调或发生冲突的时候。对此,通过有利于产出某种结果的可预期性和规则性、有利于制度之下的所有参与者的制度安排,可以促成集体行动。① 美国著名经济学家曼瑟尔·奥尔森(Mancur Lloyd Olson)认为:"只有一种独立的或'选择性激励'会驱使潜在集团中的理性个体采取有利于集团的行动。"② 因为,只有区别对待集体行动积极者和集体行动冷漠者,有选择性地对个体进行激励,才能达成集体行动的目的。这种选择性激励,既可以是经济的,也可以是声望、尊敬、友谊、信任等情感的。③ 为此,可以采取以下

---

① 佘湘.城市社区治理中的集体行动困境及其解决——基于理性选择制度主义的视角[J].湖南师范大学社会科学学报,2014,43(5):32-38.
② [美]曼瑟尔·奥尔森.集体行动的逻辑[M].陈郁,郭宇峰,李崇新,译.上海:上海三联书店,上海人民出版社,2007:41.
③ 沈荣华,何瑞文.奥尔森的集体行动理论逻辑[J].黑龙江社会科学,2014(2):49-53.

措施加以解决，首先，利用"经济人"自利性追求的双向调节作用①，采取物质奖励和精神激励并用的方法，激发各主体参与海上搜救的热情。如给长期参与海上搜救的人员提供意外保险，对参与海上搜救的组织和人员给予经济补偿，弥补它（他）们在参与海上搜救行动过程中的燃油和船期损失②，以及对海上搜救有功人员进行褒扬等。其次，拓宽激励的对象范围，对那些没有参与海上突发事件应急处置但为海上搜救提供了巨大支持与帮助的团体和个人同样给予必要和适当的奖励③，以引导、带动和号召更多的组织、团体和个人投身到海上搜救中来。最后，还可以通过吸收市场主体、公民社会组织、公民个人等非政府主体的代表参与海上突发事件的应急决策，让它（他）们更全面、准确、及时地理解掌握政府部门的意图，从而更有效地配合和协助政府部门的行动。

6.4.4 大力培育志愿服务机构

从某种意义上说，治理的成功实施离不开一个健全和发达的公民社会。④ 所谓公民社会，是指和国家相对应的促进公益的社会领域。⑤ 它是国家或政府之外所有民间组织或民间关系的总和，其构成要素是各种非国家或非政府所属的公民社会组织，非营利组织是其中不可或缺的组成部分。⑥ 一般认为，非营利组织是指那些介于

---

① "经济人"自利性的双向调节作用，是指它既可以成为公共管理人员以公谋私的重要心理诱因，又可以被用来激励公共管理人员的工作积极性。参见伍洪杏. 基于理性"经济人"人性假设的行政伦理建设 [J]. 湖南师范大学社会科学学报，2010（1）：104-107.

② 谢伟基. 论如何提升社会力量的搜救作用 [J]. 世界海运，2013，36（6）：31-33.

③ 朱玉柱，李勤荣，李小文. 各国对海上搜救的奖励机制 [J]. 中国海事，2010（12）：39-42.

④ 俞可平. 中国公民社会的兴起与治理的变迁 [M] //俞可平. 治理与善治. 北京：社会科学文献出版社，2000：326.

⑤ 王怀兴. 治理理论视野中的非营利组织 [J]. 中国科技博览，2008（21）：172.

⑥ 俞可平. 中国公民社会的兴起与治理的变迁 [M] //俞可平. 治理与善治. 北京：社会科学文献出版社，2000：327-328.

政府与企业之间，从事它们无力、无法或无意作为的公益事业的社会组织。①

志愿服务机构属于人们通常所说的"非政府组织""非营利组织"或"第三部门"，这种既非政府又非营利性的组织是一种具有逻辑一致性的现代社会的产物，它是随着社会政治经济发展到一个相当程度而发展起来的。研究者普遍认为，所谓"政府失灵"和"市场失灵"是志愿服务机构产生的直接原因和根本动力。② 在"政府失灵"和"市场失灵"的症状下，志愿服务机构可以展现其自身多样性公共服务和公共物品供给的优势，与作为公共管理专门机构的政府形成互补关系。③ 在德国当代最重要的哲学家之一尤尔根·哈贝马斯（Jürgen Habermas）教授看来，要克服政府的合法性危机，出路在于让自发、非政治化的社会有机体健康发展起来，第三部门可部分释放政府的合法性危机。④

志愿服务机构的组织结构灵活多样，同政府部门相比，志愿服务机构具有灵活性、创新性等特征；同市场主体相比，志愿服务机构具有"非分配约束"的特征，不像企业那样难以摆脱增加利润的需要。⑤ 加之志愿服务机构具有专业、技术和人才等方面的优势，它能够弥补政府部门和市场主体能力与力量的不足，发挥它们所不能发挥的作用。正因如此，西方学者对志愿服务机构的产生、发展及其意义、作用给予了极高的评价。当代著名的、最具影响力的著名非营利组织研究者之一莱斯特·M. 萨拉蒙（Lester

---

① 陈振明. 公共管理学——一种不同于传统行政学的研究途径（第二版）[M]. 北京：中国人民大学出版社，2003：387.

② 秦晖. 全球化进程与入世后的中国第三部门 [EB/OL]. [2014-08-03]. http://www.southcn.com/weekend/culture/200208290026.htm.

③ 王敏，王乐夫. 公共事务的责任分担与利益共享——公共事务管理体制改革与开放的思考 [J]. 学术研究，2001（11）：73-78.

④ 顾雅洁，王世彤. 第三部门介入公共危机管理时序分析 [J]. 社会科学家，2006（2）：35-37, 46.

⑤ 彭小玲. 试论我国非营利组织在应对突发事件中的优势与作用 [J]. 山东行政学院山东省经济管理干部学院学报，2009（1）：127-129.

M. Salamon）教授就曾经明确说道："我们正置身于一场全球性的'结社革命'之中。历史将证明，这场革命对 20 世纪后期世界的重要性丝毫不亚于民族国家的兴起对于 19 世纪后期世界的重要性。其结果，出现了一种全球性的数量众多的自我管理的非营利组织，它们不是致力于分配利润给股东或董事，而是在正式的国家机关之外追求公共目标。"① 英国学者安·吉登斯（Anthony Giddens）在他的著作《第三条道路及其批评》中指出："政府、国家同市场一样也是社会问题的根源。一个强大的市民社会对有效的民主政府和良性运转的市场体系都是必要的。"② 美国学者、非营利财政管理和控制专家里贾纳·E.赫兹琳杰（Regina. E. Herzlinger）也感慨道："公众日益倾向于依靠非营利组织去寻求解决困扰美国的各种社会问题，这些问题，企业和政府都未能解决。"③

在中国，志愿服务机构是市场化改革进程中出现的新鲜事物，"但它一旦产生后反过来又对整个中国的政治经济改革进程有着重大的影响。"④ 改革开放和社会主义现代化建设 30 多年来，中国海上搜救的志愿服务机构随着经济社会生活的深刻变化呈现出蓬勃发展的态势，在发生各类海上突发事件时，它们能够积极响应，提供多领域、多层次、多样化的救援，因而具有不可替代的作用，是海上搜救工作中不可或缺的一支重要力量。但从总体上讲，这些志愿服务机构仍然处于初级发展阶段，还远未定型和成熟。目前，由于受到现有制度的影响，中国海上搜救志愿服务机构不仅数量少、规模小，而且它们基本上是在政府部门的主导下，通过获取自上而下的资源建立和发展起来的。由于这些志愿服务机构的资源主要来源

---

① [美] 莱斯特·M.萨拉蒙.非营利部门的崛起 [J].谭静，译.马克思主义与现实，2002（3）：57-63.
② [英] 安·吉登斯.第三条道路及其批评 [M].孙相东，译.北京：中共中央党校出版社，2002：29.
③ [美] 里贾纳·E.赫兹琳杰，等.非营利组织管理 [M].北京新华信商业风险管理有限责任公司，译校.北京：中国人民大学出版社，2000：29.
④ 俞可平.中国公民社会的兴起与治理的变迁 [M]//俞可平.治理与善治.北京：社会科学文献出版社，2000：341.

于政府部门，它们不可避免地在活动方式、运行模式、管理体制上都严重依赖于政府部门，其独立性和自主性往往都比较差，还不能够通过自身的力量和机制参与海上突发事件的应急处置。而且，它们绝大多数是由政府机构发起的，而非自愿结社，所以更多代表的是政府机构的利益①，这在一定程度上使得它们的志愿精神发生扭曲。因而，目前中国志愿服务机构对海上搜救的支持、保障作用只是显露端倪，尚没有充分体现出来，还不足以独立承担重任。

诚如格里·斯托克所指出的，"治理理论要求这些属于第三种势力的志愿社团组织按照它们不依靠政府手中的正式资源而为解决集体关切的问题所作出的贡献的规模和范围得到承认。""这样的一种成就使问题不仅仅是寻求承认若干社团之对政府产生影响，而是要承认它们把传统上属于政府的许多任务接收了过去。"② 较之于西方社会相对成熟的志愿社团组织，中国海上搜救志愿服务机构尽管已经成为海上搜救多元化主体的一部分，但还带有十分明显的过渡性质，而要成为海上搜救真正的多元治理主体，其发展任重道远。这正如郑永年教授所讲的，中国正在进行的社会改革，从长远看，"还有一个核心任务，就是向社会赋权，也就是逐渐培植包括非政府组织在内的社会力量。"③

因而，要保证志愿服务机构在应对各类海上突发事件时发挥更广泛、更充分、更直接的作用，需要从多个方面加强志愿服务机构的培育与建设：

首先，弘扬志愿精神，提高社会公众参与志愿服务机构的积极性。道格拉斯·C. 诺思认为："当个人深信习俗、规则和法律是正当的时候，他们也会服从它们。"④ 诺思的基本理念是：由家庭和

---

① 谭日辉. 社会组织发展的深层困境及其对策研究 [J]. 湖南师范大学社会科学学报, 2014, 43（1）: 32-37.

② [英] 格里·斯托克. 作为理论的治理: 五个论点 [M] // 俞可平. 治理与善治. 北京: 社会科学文献出版社, 2000: 40.

③ 郑永年. 保卫社会 [M]. 杭州: 浙江人民出版社, 2011: 121.

④ [美] 道格拉斯·C. 诺思. 经济史中的结构与变迁 [M]. 陈郁, 罗华平, 等, 译. 上海: 上海三联书店, 上海人民出版社, 1994: 12.

教育所灌输的价值观念导致人们限制自利的行为。换言之，人类社会强有力的道德伦理法则是使经济体制可行的社会稳定的要素。①参与性是志愿服务机构区别于政府部门和市场主体的一大特性，几乎所有的志愿服务机构都在一定程度上依赖于人们的志愿参与。②这就需要人们具有志愿精神。志愿精神的实质，"是人们基于一定的公共意识、关怀意识、责任意识、参与意识、合作意识、利他精神和奉献精神，受个人偏好（如自愿、追求生命的意义和价值）影响的自觉行动。"③ 在西方国家，社会组织之所以发展，是因为有着包括志愿精神在内的来自文化方面的深厚积淀。④ 海上搜救志愿服务是一项崇高而又神圣的事业，需要志愿者具有高度的志愿精神，志愿精神是海上搜救志愿服务机构的精髓。毕竟，志愿服务机构介入海上搜救是基于志愿精神而不是行政权力。对人们而言，志愿精神不是与生俱来的，需要后天持续不断的培育和训练。由于中国的公民社会发展目前尚处于起步的阶段，人们对作为公民精神一部分的志愿精神的认识、理解还过于简单⑤，所以，有时候不少人参加海上搜救志愿服务机构、投入志愿活动仅凭一腔热情，甚至是出于一时冲动，这样志愿服务机构往往就难以为继，更遑论可持续发展。为此，要通过报刊、广播、电视、互联网和手机等各种大众媒体，广泛传播志愿文化，积极挖掘、培树、宣传志愿服务的先进典型，"把志愿服务精神的种子播撒到人们的心中"⑥，引导社会公

---

① ［美］道格拉斯·C. 诺思. 经济史中的结构与变迁［M］. 陈郁，罗华平，等，译. 上海：上海三联书店，上海人民出版社，1994：50-51.

② 蔡旻. 论发挥社会组织在公共危机管理中作用［J］. 金卡工程，2009（2）：105-106.

③ 夏建中，张菊枝. 我国社会组织的现状与未来发展方向［J］. 湖南师范大学社会科学学报，2014，43（1）：25-31.

④ 谭日辉. 社会组织发展的深层困境及其对策研究［J］. 湖南师范大学社会科学学报，2014，43（1）：32-37.

⑤ 宿玥. 我国非营利组织中志愿者管理的问题及对策研究［J］. 理论界，2010（10）：194-195.

⑥ 于德生. 浅谈志愿服务精神的价值［EB/OL］.［2014-08-02］. http://www.gmw.cn/01gmrb/2008-11/26/content_862671.htm.

众转变长期以来形成的"政府是海上搜救的唯一主体"以及"海上搜救唯有依靠政府"的传统观念，正确理解志愿精神，接受志愿服务理念，从而形成良好的社会参与氛围，促使越来越多的志愿服务机构和志愿服务者投身到海上搜救工作中来。

其次，改变现行的志愿服务机构管理制度，由控制型转向培育服务型。① 从无数的海上搜救行动案例中我们可以看到，当较大范围或较高等级的海上突发事件发生时，仅靠政府的力量实难有效全面地应对，这就使志愿服务机构介入海上搜救成为必要。然而，当前中国社会组织管理体制仍然属于控制管理型体制，表现出政府对社会组织强大的政治控制与行政干预特征。② 因此，政府部门必须调整并转变自身的角色定位，从过去单纯的管制者与监督者转变为掌舵者与合作者③，与志愿服务机构一道应对日益复杂多样、多发频发的海上突发事件。为此，要进一步明确志愿服务机构在各类海上突发事件应急行动中的活动边界，从制度层面规定政府与志愿服务机构两者之间是"指导与被指导、扶持与被扶持的关系"④，保证它们的合法性、自主性和独立性，避免政府部门对它们的过多过度干预，提升它们的社会公信度和参与海上搜救的积极性，这是海上搜救工作中志愿服务机构得以完善和发展的重要前提。同时，要在保证质量的前提下，适当降低志愿服务机构的准入门槛，减少限制性条件，着力培育和发展一大批志愿服务机构，以承接由政府逐步转移出来的部分海上搜救工作事项。

最后，加大对志愿服务机构的帮助扶持力度，发展壮大志愿

---

① 徐祖荣. 我国非政府组织参与公共危机治理的现实分析 [J]. 武汉科技大学学报（社会科学版），2008，10（6）：53-57.
② 周红云. 中国社会组织管理体制改革：基于治理与善治的视角 [J]. 马克思主义与现实，2010（5）：113-121.
③ 党秀云. 公共治理的新策略：政府与第三部门的合作伙伴关系 [J]. 中国行政管理，2007（10）：33-35.
④ 蔡旻. 论发挥社会组织在公共危机管理中作用 [J]. 金卡工程，2009（2）：105-106.

服务机构。里贾纳·E.赫兹琳杰曾经提到，非营利组织和政府必须运行良好，因为公众托付给它们的是最重要的社会职能——启迪心智、升华灵魂、保护健康、维护安全。① 目前中国海上搜救志愿服务的具体实践表明，由于中国公民参与公共危机治理的组织基础依然薄弱，海上搜救志愿服务机构、志愿服务者及其志愿服务活动仍然缺乏规范化、制度化、系统化，还远不能胜任公众赋予它（他）们的使命与责任。理论和实践都告诉我们，志愿服务机构只有不断增强自身的自治能力，才能在公共危机多元治理中取得话语权、树立社会公信力、获得合作与支持力量，最终体现出应有的作用和价值。基于此，要通过建立完善海上搜救志愿服务机构资金筹集和管理办法，实行政府采购制度，以及给予一定金额的资金补助等措施，为志愿服务机构的发展提供安全可靠的资金保障；定期、不定期地对志愿服务机构开展免费的人员培训，提高志愿服务机构的管理水平和运作能力；支持和帮助志愿服务机构从自身的特性、职能和优势出发，抓紧制定完善组织章程，并加强管理制度建设，重点是建立完善的财务、人事、激励、日常管理等方面的制度，从而提高组织化和制度化水平，使之走上内部控制良好、外部关系融洽的良性发展轨道。

6.4.5 努力推进机制制度建设

"手段创新是良好治理的先决条件。"② 而只有支撑良好治理的机制制度得到确立和巩固，手段创新才能对治理产生深刻而又长久的影响，真正激发出人们追求良好治理的热情、意志和创造性智慧。因为，正如研究制度问题的理论家奥兰·杨（Oran R. Young）教授指出的："规章制度、法律、程序与准则使得人们能够在一个相对而言可以预见的、公平的局面内保护各自的利益，而这一

---

① [美]里贾纳·E.赫兹琳杰，等. 非营利组织管理 [M]. 北京新华信商业风险管理有限责任公司，译校. 北京：中国人民大学出版社，2000：3.
② 陈振明，等. 政府工具导论 [M]. 北京：北京大学出版社，2009：1.

切合到一起便构成良好治理的根基。"① 因而，世界银行把治理与"对发展的健全管理"紧密联系起来，认为有必要建立标准和规章制度，以便为社会公共事务的管理提供一个可靠而透明的框架。②

尽管治理理论在西方国家大放异彩，但作为一朵异域之花，它在中国的绽放需要一个与之相契合的制度环境。毕竟，"任何从外部植入的新的文明成果，如果不能落实到现实社会的制度安排之中，……它就不可能找到现实的社会生长点，而只能成为少数人拥有的时髦物品。"③ 诚如诺思教授所认为的，制度变迁是一个制度供需不平衡时追求潜在获利机会的自发交替过程。④ 目前，中国政府高度垄断海上搜救的一元管理模式正被逐步打破，多元治理模式已悄然形成。多元治理模式的兴起，使现有的制度安排存在的各种缺陷和弊端暴露无遗，因而提出了新的制度需求。多元主体的共同参与需要共同认可的行为框架和机制制度保障，以规范各行为主体的自主行为。只有通过适当的制度安排，各方才能明确各自的利益范围，妥善解决应急行动中所产生的利益冲突，形成有利于多元行动的合力，快速解决应急行动中所面临的种种问题。⑤

改革开放30多年来，为了推进海上搜救的规范化建设，适应海上交通运输乃至经济社会发展的需要，中国中央政府和一些地方都采取了一系列积极有效的措施，加大了海上搜救的立法工作力

---

① [瑞士] 皮埃尔·德·赛纳克伦斯. 治理与国际调节机制的危机 [M] // 俞可平. 治理与善治. 北京：社会科学文献出版社，2000：243.

② [瑞士] 皮埃尔·德·赛纳克伦斯. 治理与国际调节机制的危机 [M] // 俞可平. 治理与善治. 北京：社会科学文献出版社，2000：241.

③ 何显明，揭艾花. 制度变迁与中国现代化进程 [J]. 浙江社会科学，1999（2）：59-65.

④ [美] 道格拉斯·C. 诺思. 制度变迁理论纲要——在北京大学中国经济研究中心成立大会上的演讲 [J]. 张帆，整理，易纲，校对. 改革，1995（3）：52-56.

⑤ 贾学琼，高恩斯. 应急管理多元参与的动力与协调机制 [J]. 中国行政管理，2011（1）：70-73.

度。譬如，国务院批准了交通运输部组织编写的《国家海上搜救应急预案》，沿海和内陆许多省（自治区、直辖市）也相继颁布了《海上搜救应急预案》，有的地方还出台了海上搜救地方性法规。① 但同时也要清醒地认识到，所有这些法规制度据以建立的指导思想依然是传统的政府一元管理的思想，它们所关注的焦点始终在于如何保证政府统治权威的实现，而不是"客观世界的结构发生了根本变化，而法规制度所围绕的重心也相应发生了变化"②。这表明，目前中国海上搜救的法规制度还在相当程度上延续着全能主义政府的管制思维，因而，用郑永年教授的话，"这些制度化建设的努力在总体上还属于制度维持，而非制度创新。"③ 而要使参与治理的多元主体达成系统协作的关系，它所涉及的是"关于规则的游戏"（Games about Rules）而非"遵守规则的游戏"（Games under Rules），因为系统协作必须意图分明地设计、选择和采用某些治理规则和结构，以防止由于缺乏必要的准备，在各种意外情况相继而至时手足无措。④

要达到上述这一目标，实现海上搜救各参与主体的系统协作，关键在于在其中发挥"元治理"作用的政府。治理理论认定，在多层次的治理结构中，为了实现良好的治理，政府可以不运用自身权力和权威，而是动用不同于以往的新的工具和技术来控制和指引，而这恰恰是政府的能力和责任之所在。⑤ "具体说来，就是要高瞻远瞩，超越一个个子系统的立场以思考和行动，避免不良的副

---

① 邓顺华，冯世栋，刘凯然.十年搜救彰显负责任政府形象——中国海事局建局十周年成就之水上搜寻救助篇 [J].中国海事，2008（12）：15-17.

② [英] 鲍勃·杰索普.治理的兴起及其失败的风险：以经济发展为例的论述 [M] // 俞可平.治理与善治.北京：社会科学文献出版社，2000：60.

③ 郑永年.保卫社会 [M].杭州：浙江人民出版社，2011：18.

④ [英] 格里·斯托克.作为理论的治理：五个论点 [M] // 俞可平.治理与善治.北京：社会科学文献出版社，2000：42.

⑤ [英] 格里·斯托克.作为理论的治理：五个论点 [M] // 俞可平.治理与善治.北京：社会科学文献出版社，2000：45.

作用，建立必要的机制以保证协调和效率。"① 这就要求政府摒弃过去那种等级制度思想，以一种与治理相适宜的运作规范重新构建机制制度。只有这样，才能聚合政府以外的市场主体、公民社会组织和公民个人，充分发挥它（他）们的专有资源和比较优势。②

为了适应中国海上搜救从一元管理走向多元治理的需要，目前应当在机制制度建设方面重点抓好以下两个方面的工作：

第一，加快推进海上搜救立法。亚里士多德曾经强调法律是最优良的统治者，指出"法治应当优于一人之治"③。对于"法治"，他进一步解释，法治应当包含两重意义：其一，已成立的法律获得人们普遍的服从；其二，人们所服从的法律本身应该是所谓的良法。④ 正如陈振明教授告诉我们的："法治是政治文明发展到一定历史阶段的标志，凝结着人类的智慧，为各国人民所向往和追求。"⑤ 对于现代公共管理而言，法治是其最重要的特征之一，国家法律法规以国家强制力和严肃性对公共管理活动的有效运转发挥保障作用，在公共管理中占据十分重要的地位。⑥ 怀特认为："政策的基本制定，尤其为在政治生活之新领域中者，必自演绎为通则化，形成法制；再经行政经验之归纳的通则化，形成行政条例；继则借行政条例促成之法治表现之；最后则于若干特别重要机会中，制定成宪法条文。"⑦

对于一个多元和开放的社会而言，法律是最大的公约数。海上

---

① ［英］格里·斯托克. 作为理论的治理：五个论点［M］// 俞可平. 治理与善治. 北京：社会科学文献出版社，2000：46.

② 胡象明，唐波勇. 整体性治理：公共管理的新范式［J］. 华中师范大学学报（人文社会科学版），2010，49（1）：11-15.

③ ［古希腊］亚里士多德. 政治学［M］. 吴寿彭，译. 北京：商务印书馆，2014：165-166.

④ ［古希腊］亚里士多德. 政治学［M］. 吴寿彭，译. 北京：商务印书馆，2014：202.

⑤ 陈振明，等. 政府工具导论［M］. 北京：北京大学出版社，2009：323.

⑥ 丁煌. 西方公共行政管理理论精要［M］. 北京：中国人民大学出版社，2005：77.

⑦ ［美］怀特. 行政学概论［M］. 上海：商务印书馆，1947：443.

搜救工作的涉及面大、影响广泛，往往一起海上突发事件的应急处置，涉及事故船舶、政府有关部门、参与救助单位和保险机构、船舶检验机构等多个方面的"权""责""利"，加之中国正处于社会转型期和矛盾凸显期，对海上突发事件的应急处置稍有不慎，不仅会发生次生灾害，而且极可能引发社会突发事件或治安问题，这就需要更完备的法律的支撑。① 为此，要着眼于海上搜救多元治理的目标，在现有法律制度的基础上，尽快颁布实施《中华人民共和国海上搜寻救助条例》，并将《国家海上搜救应急预案》从国务院办公厅文件等级提高到国家行政法规，从而为建立权责明确、行为规范、保障有力的中国现代海上搜救管理体制提供法制保障。② 需要特别强调的是，在多元治理的环境下，海上搜救的成效取决于政府部门、市场主体、公民社会组织和公民个人等一系列公共和私人的行动者协调互动的结果，如果立法过分强调政府甚至是交通运输部门和海事机构的地位和作用，必将导致治理难以付诸实践。当前，中国一些地方为了更好地吸纳非政府主体参与海上搜救采取了不少切实可行的措施，海上搜救立法应当注意参考它们的成功经验和有益做法，并适时吸纳进来，使之合法化。总之，要通过立法，改变以往那种以政府为中心的海上搜救模式，为非政府主体介入海上搜救提供强有力的保障。

　　第二，抓紧完善海上搜救规章制度。海上搜救管理体制的有效运行依赖于机制、制度、规则的有效设置与供给。只有在日常管理中形成一个常规化、制度化的框架设计和制度性安排，才能充分发挥多元主体的作用。③ 改革开放以来，中国各级政府高度重视海上搜救的规章制度建设，各方面的规章制度从无到有，正在逐步完善。但是，正像研究转轨经济学和比较制度经济学的钱颖一教授曾

---

① 郑卓凡. 创新科学搜救机制的理论与实践 [J]. 中国海事，2012 (2)：43-46.

② 杜永东. 我国海上搜救机制研究 [M] // 吴兆麟. 海事公共管理研究. 大连：大连海事大学出版社，2012：516.

③ 刘霞，向良云. 公共危机治理：一种不同的概念框架 [J]. 新视野，2007 (5)：50-53.

经讲过的，中国需要弥合多年来经济的高速增长与漏洞百出的制度体系之间的冲突①，面对经济社会的剧烈变动，中国海上搜救的规章制度建设还是相当滞后的，必须抓紧加以完善。

目前，经过各方的共同努力，中国海上搜救的规章制度已然不少，但是它们都过分的分散化和多元化，各项规章制度之间缺乏必要的衔接、整合和协调，这使得各参与主体之间相互掣肘、争功诿过，在造成巨大的制度浪费的同时，严重损害了海上搜救的时效性和实效性。因此，要建立完善包括组织、动员、培训、评估、考核、奖惩等方面的文件化、系统化、结构化、全覆盖、可操作的规章制度体系，使各参与主体之间尤其是非政府主体对政府部门的行为能够作出比较稳定可信的预期，以利于更好地反应、协作。

托马斯·杰弗逊曾经说过这样一席发人深省的话："人类思想日趋发展、开明，新的发现不断涌现，新的真理被揭示出来，习俗和观点随着环境的变化而变化，因此制度也应该前进，与时代同步。如果我们要求文明社会停留于野蛮的祖制之下，那无异于要求成人仍穿着孩提时代的服装。"② 放眼当今中国，经济体制变革之烈、社会结构变动之剧、利益格局调整之深、思想观念变化之著，为新中国成立以来所未见，置身于经济社会发展大变局的中国海上搜救管理体制应当也必须适应政治民主化、经济市场化、价值多元化的要求，告别以一元、垄断、控制为特征的传统公共管理范式，走向以多元、民主、协商为内核的新的公共管理实践。

---

① 李剑阁. 改革 27 年，我们到底想学什么？(2) [EB/OL]. [2014-10-30]. http://finance.people.com.cn/GB/1046/4156263.html.
② [英] 丹尼斯·C. 缪勒. 公共选择理论 [M]. 韩旭，杨春学，等，译. 北京：中国社会科学出版社，2010：740.

7
结论与讨论

　　这是一个风云激荡的变革时代。对于我们所处的这个时代而言，"变革与其说是一种特例，不如说是一种惯例。"①

　　在这个以全球化和民主化为最主要特征的时代，我们同样需要公共权威和公共秩序，但这是一种新的公共权威和公共秩序。② 正如托克维尔在《旧制度与大革命》一书中分析法国大革命没有带来自由，反而是更加中央集权的政治时所透辟指出的那样，"他们（革命者）利用了旧制度的瓦砾来建造新社会的大厦"③，我们这个时代所需要的这种新的公共权威和公共秩序同样不可能由传统的

---

① ［美］B. 盖伊·彼得斯. 政府未来的治理模式［M］. 张成福，校对，吴爱明，夏宏图，译. 北京：中国人民大学出版社，2001：5.
② 俞可平. 引论：治理和善治［M］//俞可平. 治理与善治. 北京：社会科学文献出版社，2000：14.
③ ［法］托克维尔. 旧制度与大革命［M］. 冯棠，译. 北京：商务印书馆，2013：29.

国家政府来创立①,只能通过新的技术工具、组织框架和理论范式来实现。正是基于这样的原因,自20世纪80年代开始,一场席卷全球的公共管理改革运动风起云涌、方兴未艾,一直持续了20多年,至今未见消退的迹象。② 可以这样毫不夸张地说,一个公共管理体制只要不够完美,人们就会持续不断地寻求理想的形态。③

事实也的确如此,各国的公共管理体制都处在不断的调整、变动和改革之中。各国公共管理改革既是对前期行政管理实践的自觉反思,又是对新时代社会转型的能动适应。④ 从各国公共管理改革的生动实践来看,虽然它们各有侧重,采取的策略和技术手段也有所差异,但累计出一系列可资比较借鉴的新的公共管理的方式与技术。⑤ 可以肯定的是,各国公共管理改革所导入的这些新的理论工具或政府之"箭"⑥,是人类共同的文明成果,可供其他国家在改革中借鉴使用。

1978年中国共产党十一届三中全会后,随着经济体制的根本性变革,中国的行政管理体制也在进行着深刻的改革。这30多年中国行政管理体制改革的总趋势,是从一元主体到多元主体,从集权到分权,从人治到法治,从管制政府到服务政府,从党内民主到

---

① 俞可平. 引论:治理和善治 [M] //俞可平. 治理与善治. 北京:社会科学文献出版社,2000:14.

② 夏镇平. 译者序言 [M] // [英] 克里斯托弗·波利特,[比] 海尔特·鲍克尔特. 公共管理改革——比较分析. 夏镇平,译. 上海:上海译文出版社,2003:1.

③ [美] B. 盖伊·彼得斯. 政府未来的治理模式 [M]. 张成福,校对,吴爱明,夏宏图,译. 北京:中国人民大学出版社,2001:5.

④ 周志忍. 当代西方行政改革与管理模式转换 [J]. 北京大学学报(哲学社会科学版),1995(4):81-87.

⑤ 黄建洪,金太军. 当代西方行政改革:整体态势及其启示 [EB/OL]. [2014-08-25]. http://www.cssn.cn/zzx/zzxll_zzx/201311/t20131128_886241.shtml.

⑥ [美] 戴维·奥斯本,特德·盖布勒. 改革政府:企业家精神如何改革着公共部门 [M]. 周敦仁,等,译. 上海:上海译文出版社,2006:7-9.

社会民主。① 用一句话概括：从行政管理走向公共管理。事实证明，改革开放以来，中国之所以能够在社会基本稳定的前提下取得经济的长期发展，首先得益于中国公共管理改革的成功。②

我们也必须深刻而又清醒地认识到，与中国正在发生的巨大而深刻的社会变迁、中国公民日益强烈的民主追求和国际环境越来越复杂多变相比，上述这些变化仅仅是一个良好的开端，中国公共管理仍然存在许多明显的误区和缺陷。其核心问题在于，没有正确处理好政府与市场、政府与社会的关系，政府过强、市场扭曲、社会太弱的局面长期得不到解决③，经济与社会发展表现出"政府密集"的特点。④ 当前，中国改革开放进入到了攻坚期、深水区⑤，触及深层次矛盾和重大利益的调整，这势必要求对公共管理体制进行突破性的改革，实现中国政府从经济建设主导型政府向社会服务主导型政府的转变⑥，将市场和社会纳入公共管理的主体范畴，把应该由市场和社会发挥作用的交给市场和社会，使政府、市场和社会各归其位、各尽其能而又相互制约、相互支撑。⑦

孙中山曾经写下千古名言："世界潮流，浩浩荡荡，顺之则

---

① 俞可平. 中国治理变迁 30 年（1978—2008）[J]. 吉林大学社会科学学报，2008（5）：5-17.

② 俞可平. 推进国家治理体系和治理能力现代化 [EB/OL]. [2014-08-21]. http://theory.people.com.cn/n/2014/0227/c83859-24485027.html.

③ 和讯网. 周瑞金：我国面临政府太强社会太弱市场扭曲局面 [EB/OL]. [2014-08-22]. http://news.hexun.com/2013-01-19/150347504.html.

④ 王丽萍. 走出中国式公共管理困境 [EB/OL]. [2014-08-25]. http://zqb.cyol.com/html/2013-05/02/nw.D110000zgqnb_20130502_2-02.htm.

⑤ 新华网. 习近平在广东考察时强调：做到改革不停顿开放不止步 [EB/OL]. [2014-08-21]. http://news.xinhuanet.com/politics/2012-12/11/c_113991112.htm.

⑥ 诸大建. 总序 [M] // [英] 克里斯托弗·波利特，[比] 海尔特·鲍克尔特. 公共管理改革——比较分析. 夏镇平，译. 上海：上海译文出版社，2003：1.

⑦ 李树林. 推进国家治理体系与治理能力的现代化 [EB/OL]. [2014-08-25]. http://theory.people.com.cn/n/2013/1220/c40531-23902227.html.

昌，逆之则亡。"① 综观20世纪70年代以来各国公共管理改革实践，其在改革的总方向上趋于一致，而且这种趋同似乎超越了意识形态上的差别。② 从总体上看，各国公共管理改革都强烈地体现出尝试用新的理论对公共管理进行根本性或方向性的调整，实现从传统公共管理范式向新的公共管理范式的转换的基本走向。③ 这是公共管理改革的一股世界潮流④，反映了公共管理改革的客观规律。当前中国正处于社会转型加速期，其公共管理改革的核心和要害在于对国家与社会、政府与市场、政府与公民的关系进行深刻的调整和现代性塑造。⑤ 这与各国公共管理改革总的趋向是一致的。因而，中国应当及时改变传统的公共管理思路，跟上公共管理发展的潮流，使公共管理实践与世界同步。⑥ 面对新的历史时期对公共管理提出的新的任务和要求，中国共产党和中国政府必须积极回应，而不能消极躲避。

中共十八届三中全会《关于全面深化改革若干重大问题的决定》明确提出，全面深化改革的总目标是"完善和发展中国特色

---

① 徐迅雷. 辛亥革命后孙中山来过浙江四次 两次凭吊秋瑾墓 两次观看钱塘潮 留下千古名言 世界潮流 浩浩荡荡 顺之则昌 逆之则亡[EB/OL]. [2014-08-22]. http://hzdaily.hangzhou.com.cn/dskb/html/2011-10/09/content_1147301.htm.
② 周志忍. 当代西方行政改革与管理模式转换[J]. 北京大学学报（哲学社会科学版），1995（4）：81-87.
③ 孙浩然. 当代西方行政改革及其启示[J]. 广西社会科学，2005（3）：18-20.
④ 夏镇平. 译者序言[M] // [英]克里斯托弗·波利特，[比]海尔特·鲍克尔特. 公共管理改革——比较分析. 夏镇平，译. 上海：上海译文出版社，2003：6.
⑤ 黄建洪，金太军. 当代西方行政改革：整体态势及其启示[EB/OL]. [2014-08-25]. http://www.cssn.cn/zzx/zzxll_zzx/201311/t20131128_886241.shtml.
⑥ 孙浩然. 当代西方行政改革及其启示[J]. 广西社会科学，2005（3）：18-20.

社会主义制度,推进国家治理体系和治理能力现代化"①。从统治走向治理,不是简单的词语变化,而是中国共产党和中国政府治国理政理念的变化。纵观人类的政治发展历程,从统治到治理是普遍趋势和基本方向。进入 21 世纪,"多一些治理,少一些统治"成为世界主要国家政治变革的主要特征。② 因此,推进国家治理体系和治理能力现代化表明中国共产党和中国政府对社会政治发展规律有了新的认识③,也标志中国的公共管理改革进入了整体推进制度创新、制度建设的新时期。④

推进国家治理体系和治理能力现代化是一项重大的历史任务,对于中国的公共管理改革和发展乃至整个中国的社会主义现代化建设事业具有深远的理论意义和现实意义。⑤ "改革呼唤新的理论。"⑥ 这样一项艰巨而又伟大的任务,无疑对公共管理理论界赋予了新的使命,要求公共管理理论界进行积极的探索。否则,公共管理理论界将愧对这个伟大的变革时代。正如美国著名公共行政学家杰伊·D. 怀特和盖·B. 亚当斯所言:"如果我们不能对我们这个时代的重大问题作出建设性贡献的话,我们作为一个领域又有什么可取之处呢?"⑦

选定"中国海上搜救管理体制创新研究——基于治理理论的

---

① 中国共产党中央委员会. 中共中央关于全面深化改革若干重大问题的决定 [EB/OL]. [2014-08-20]. http://www.sn.xinhuanet.com/2013-11/16/c_118166672.htm.

② 俞可平. 推进国家治理体系和治理能力现代化 [EB/OL]. [2014-08-21]. http://theory.people.com.cn/n/2014/0227/c83859-24485027.html.

③ 俞可平. 沿着民主法治的道路 推进国家治理体系现代化 [EB/OL]. [2014-08-25]. http://news.xinhuanet.com/politics/2013-12/01/c_125788564.htm.

④ 秋石. 国家治理现代化将摆脱人治走向法治 [EB/OL]. [2014-08-25]. http://www.chinanews.com/gn/2014/01-01/5686495.shtml.

⑤ 俞可平. 沿着民主法治的道路 推进国家治理体系现代化 [EB/OL]. [2014-08-25]. http://news.xinhuanet.com/politics/2013-12/01/c_125788564.htm.

⑥ 周志忍. 当代西方行政改革与管理模式转换 [J]. 北京大学学报(哲学社会科学版), 1995 (4): 81-87.

⑦ [美] 杰·怀特, 盖·亚当斯. 公共行政研究:理论与实践的反思 [M]. 刘亚平, 高洁, 译. 北京:清华大学出版社, 2005: 20.

视角"这一研究课题,作为对笔者长达 6 年行政管理专业博士研究生学习成果的集中检阅,主要原因有二,一是源于我对海上搜救的深刻理解。在长达 20 年的职业生涯中,我长期或直接或间接地与海上搜救工作打交道。海上搜救是一种关乎海上人命财产安全和海洋环境资源保护的典型的公共物品,它也是一项与生命和时间赛跑的工作。① 它的状况如何在很大程度上反映着一个国家或地区公共管理和公共服务的能力和水平,因此,需要得到理论界和实务界乃至全社会的共同关心。我作为一名攻读行政管理专业博士学位的实务工作者,更是责无旁贷,难以袖手旁观。二是源于我对社会变革的深切关注。我参加工作的这 20 年,正是中国经济社会发生巨变的转型加速期。得益于改革开放和社会主义现代化建设的不断深化,中国海上搜救与中国经济社会的其他领域一样,取得了前所未有的巨大进步,与我当初参加工作时的情形有如天壤之别,不可同日而语。但也毋庸讳言,这种巨大的进步更多地表现在海上搜救的方法技术、设施装备和人员队伍方面,而在海上搜救工作中具有基础性、保障性和全局性作用的海上搜救管理体制尽管朝着适应中国特色社会主义市场经济方向出现了一些可喜的变化,但仍然存在许多亟待解决的重大问题,无法满足中国经济社会全面转型条件下加强和改进海上搜救工作的要求。目前,中国海上搜救管理体制就其实质而言,依然是以政府为中心的传统的一元管理模式。如何让中国海上搜救管理体制的改革创新跟上当今这个日新月异的变革时代的步伐,是理论界和实务界理应给予足够重视和关心的重大问题。然而,由于海上搜救工作的自身特点,理论界和实务界一直较多倾心于技术变革、设备更新和队伍保障层面的研究,因此,实事求是地讲,当下对中国海上搜救管理体制改革创新这方面的研究可谓寥寥无几,亟待加强。以我的专业知识勉力进行研究,并为此作出自己应有的贡献,当是我难以推卸之责任和使命。

正是基于上述这样一种朴素而又强烈的职业情感和责任意识,

---

① 中国网. 交通部副部长:海上应急就是在与生命和时间赛跑 [EB/OL]. [2014-09-03]. http://www.china.com.cn/news/2007-12/11/content_9372252.htm.

我虽然深知其中的困难和艰辛，仍然义无反顾地选择了这一课题。这一课题研究，是我认真学习了公共管理特别是治理理论的众多重要理论专著和学术论文，查阅了多年来有关海上搜救的大量工作资料，在导师的悉心指导下，反复修改，几易其稿，最终得以完成的。检视本书，可以得出以下几个方面的主要结论：

第一，随着海上交通运输的持续发展和各类海上作业活动的日益增多，中国发生海上突发事件的风险大幅增加，海上搜救的重要性、复杂性和艰巨性显著提高，实现海上搜救这种典型公共物品的充分有效生产与供给，需要从行政管理转向公共管理。

第二，海上搜救管理体制对于整个海上搜救工作具有基础性、保障性、全局性的重要意义，海上搜救的得失成败在很大程度上由海上搜救管理体制的科学性、合理性和适应性决定。

第三，海上搜救管理体制是一定经济社会条件下的产物，随着经济社会的发展和变迁，海上搜救管理体制应当作出必要的适应性调整，否则，将会影响和制约海上搜救工作的发展。

第四，在已经发生转型巨变的经济社会面前，中国现行海上搜救管理体制实质还未完成与之相适应的总体性转换，这种传统的单向度的、半封闭式的"政府单一供给"的管理模式已经越来越多地暴露出了巨大的局限性，难以应对愈加频繁、复杂、多样的海上突发事件。

第五，中国海上搜救管理体制创新的根本路径，在于摆脱传统的公共管理模式的束缚，在治理理论这一崭新的理论框架下，最大可能地吸纳包括市场主体和公民社会组织在内的各种社会力量，并通过有效的制度安排，调动各种社会资源共同参与海上搜救，形成社会整体的海上搜救网络，实现海上搜救从一元管理到多元治理的转变。

应当承认，本书对中国海上搜救管理体制改革创新的研究还仅仅是一种初步的探索，还有不少值得进一步深入研究和探讨的空间。首先，本书主要是适应海上搜救从一元管理到多元治理的变化，从政府部门的角度出发，研究了政府部门与政府部门之间、政府部门与市场主体之间、政府部门与公民社会组织之间的权责关系及其运行方式，对于市场主体与公民社会组织之间、市场主体与市场主体之间、公民社会组织与公民社会组织之间的权力、责任如何界定，关系如何明确，虽有所涉及，但还远不够深入。其次，本书着重从制度的视角，分析了中国海上搜救管理体制存在的主要缺陷与弊端，并运用治理理论提出了相应的对策建议，但如何从政府机构、市场主体、公民社会组织和公民个人的意愿出发，即从行为的视角开展研究则是付之阙如。最后，多元治理更多体现的是一种价值追求，在中国当前特定的政治经济环境下，如何付诸实施，涉及众多的方面，这也是本书所未能触及的。上述所有这些问题，都还有待以后作进一步的深入探讨，努力加以完善。

参考文献①

一、中文文献

[1] [美] 怀特. 行政学概论 [M]. 上海：商务印书馆，1947.
[2] 马克思恩格斯全集（第1卷）[M]. 北京：人民出版社，1956.
[3] [古希腊] 亚里士多德. 政治学 [M]. 吴寿彭，译. 北京：商务印书馆，2014.
[4] [英] 凯恩斯. 就业、利息和货币通论 [M]. 徐毓枬，译. 北京：商务印书馆，1983.
[5] [美] 丹尼尔·A. 雷恩. 管理思想的演变 [M]. 孙耀君，等，译. 北京：中国社会科学出版社，1986.
[6] [美] 加布里埃尔·A. 阿尔蒙德，小 G. 宾厄姆·鲍威尔. 比较政治学：体系、过程和政策 [M]. 曹沛霖，等，译. 上海：上海译文出版社，1987.

---

① 以出版时间先后为序，同一年度按图书、学位论文、期刊、会议录、报纸、电子文献顺序排列，同类文献中国外文献在先。

[7] [美] 威尔逊. 行政学研究 [J]. 国外政治学, 1987 (6).

[8] [美] 詹姆斯·M. 布坎南. 自由、市场与国家 [M]. 平新乔, 莫扶民, 译. 上海: 上海三联书店, 1989.

[9] [美] 塞缪尔·P. 亨廷顿. 变化社会中的政治秩序 [M]. 王冠华, 等, 译. 北京: 三联书店, 1989.

[10] 肖前, 李秀林, 汪永祥. 历史唯物主义原理（修订本）[M]. 北京: 人民出版社, 1991.

[11] 汪丁丁. 制度创新的一般理论 [J]. 经济研究, 1992 (5).

[12] [美] 库伊曼, 等. 管理公共组织 [M]. 利希尔: 萨吉出版公司, 1993.

[13] 邓小平文选（第3卷）[M]. 北京: 人民出版社, 1993.、

[14] 袁林新. 海上搜寻与救助 [M]. 大连: 大连海运出版社, 1993.

[15] [美] 道格拉斯·C. 诺思. 经济史中的结构与变迁 [M]. 陈郁, 罗华平, 等, 译. 上海: 上海三联书店, 上海人民出版社, 1994.

[16] 邓小平文选（第2卷）[M]. 北京: 人民出版社, 1994.

[17] 王沪宁. 中国现代化必须实现行政体制的总体性转换 [J]. 探索与争鸣, 1994 (1).

[18] 孙立平, 王汉生, 王思斌, 林彬, 杨善华. 改革以来中国社会结构的变迁 [J]. 中国社会科学, 1994 (2).

[19] 皮明勇. 海权论与清末海军建设理论 [J]. 近代史研究, 1994 (2).

[20] 马克思恩格斯选集（第2卷）[M]. 北京: 人民出版社, 1995.

[21] 马克思恩格斯选集（第3卷）[M]. 北京: 人民出版社, 1995.

[22] 全球治理委员会. 我们的全球伙伴关系 [M]. 牛津: 牛津大学出版社, 1995.

[23] 智贤. Governance: 现代"治道"新概念 [M] // 刘军宁. 市场逻辑与国家观念. 北京: 三联书店, 1995.

[24] [美] 道格拉斯·C. 诺思. 制度变迁理论纲要——在北京大

学中国经济研究中心成立大会上的演讲 [J]. 张帆, 整理. 易纲, 校对. 改革, 1995 (3).

[25] 周志忍. 当代西方行政改革与管理模式转换 [J]. 北京大学学报 (哲学社会科学版), 1995 (4).

[26] 里程. 海洋——世界各国竞争的新领域 [J]. 经济世界, 1996 (8).

[27] [英] 弗里德利希·冯·哈耶克. 自由秩序原理 [M]. 邓正来, 译. 北京: 三联书店, 1997.

[28] [英] 约翰·密尔. 代议制政府 [M]. 汪瑄, 译. 北京: 商务印书馆, 1997.

[29] 彭和平, 竹立家. 国外公共行政理论精选 [M]. 北京: 中央党校出版社, 1997.

[30] 邓正来. 国家与社会——中国市民社会研究 [M]. 成都: 四川人民出版社, 1997.

[31] [美] A.T.马汉. 海权对历史的影响 (1660—1783) [M]. 安常容, 成忠勤, 译. 北京: 解放军出版社, 1998.

[32] 国家行政学院国际合作交流部. 西方国家行政改革述评 [M]. 北京: 国家行政学院出版社, 1998.

[33] 余起芬. 国际战略论 [M]. 北京: 军事科学出版社, 1998.

[34] 毛寿龙. 西方政府的治道变革 [M]. 北京: 中国人民大学出版社, 1998.

[35] 中共中央文献研究室. 邓小平思想年谱 (一九七五——一九九七) [M]. 北京: 中央文献出版社, 1998.

[36] [美] 保罗·A.萨缪尔森, 威廉·D.诺德豪斯. 经济学 [M]. 萧琛, 主译. 北京: 华夏出版社, 1999.

[37] 郑中义, 杨丹. 水上安全监督管理 (上册) [M]. 大连: 大连海事大学出版社, 1999.

[38] 何显明, 揭艾花. 制度变迁与中国现代化进程 [J]. 浙江社会科学, 1999 (2).

[39] [美] 埃莉诺·奥斯特罗姆. 公共事物的治理之道 [M]. 余逊达, 陈旭东, 译. 上海: 上海三联书店, 2000.

[40] [美] 迈克尔·麦金尼斯. 多中心体制与地方公共经济 [M]. 毛寿龙,译. 上海:上海三联书店,2000.

[41] [美] 里贾纳·E. 赫兹琳杰,等. 非营利组织管理 [M]. 北京新华信商业风险管理有限责任公司,译校. 北京:中国人民大学出版社,2000.

[42] 俞可平. 治理与善治 [M]. 北京:社会科学文献出版社,2000.

[43] 王诗成. 欲国家富强不可置海洋于不顾(一)——郑和海洋战略思想研究 [J]. 齐鲁渔业,2000,17(1).

[44] 俞可平. 创新:社会进步的动力源 [J]. 马克思主义与现实,2000(4).

[45] 汪向阳,胡春阳. 治理:当代公共管理理论的新热点 [J]. 复旦学报(社会科学版),2000(4).

[46] [美]B. 盖伊·彼得斯. 政府未来的治理模式 [M]. 吴爱明,夏宏图,译. 北京:中国人民大学出版社,2001.

[47] [美] 詹姆斯·N. 罗西瑙. 没有政府的治理——世界政治中的秩序与变革 [M]. 张胜军,刘小林,等,译. 南昌:江西人民出版社,2001.

[48] 钱穆. 中国历代政治得失 [M]. 北京:三联书店,2001.

[49] 朱敏彦,李学昌,齐卫平. 中国共产党80年事典 [M]. 上海:上海人民出版社,2001.

[50] 付玉慧,朱玉柱. 水上安全监督管理(下册)[M]. 大连:大连海事大学出版社,2001.

[51] 高培勇,崔军. 公共部门经济学 [M]. 北京:中国人民大学出版社,2001.

[52] 张成福,党秀云. 公共管理学 [M]. 北京:中国人民大学出版社,2001.

[53] 徐勇. 治理转型与竞争——合作主义 [J]. 开放时代,2001(7).

[54] 王敏,王乐夫. 公共事务的责任分担与利益共享——公共事务管理体制改革与开放的思考 [J]. 学术研究,2001(11).

[55] 王学政．市场与政府关系（上）［EB/OL］．［2014-10-01］． http：//www.macrochina.com.cn/economy/lltd/20010710012397. shtml.

[56] ［美］拉塞尔·M.林登．无缝隙政府：公共部门再造指南［M］.汪大海，吴群芳，等，译.汪大海，校.北京：中国人民大学出版社，2002.

[57] ［英］安·吉登斯．第三条道路及其批评［M］.孙相东，译.北京：中共中央党校出版社，2002.

[58] ［美］尼古拉斯·亨利．公共行政与公共事务（第八版）［M］.张昕，等，译.张成福，张昕，校.北京：中国人民大学出版社，2002.

[59] ［美］尼古拉斯·亨利．公共行政学（第七版）［M］.项龙，译.北京：华夏出版社，2002.

[60] ［美］戴维·H.罗森布鲁姆，罗伯特·S.克拉夫丘克．公共行政学：管理、政治和法律的途径（第五版）［M］.张成福，等，校译.北京：中国人民大学出版社，2002.

[61] 林毅夫．关于制度变迁的经济学理论——诱致性变迁与强制性变迁［M］//R.科斯，A.阿尔钦，D.诺思，等．财产权利与制度变迁——产权学派与新制度学派译文集．上海：上海三联书店，上海人民出版社，2002.

[62] 张树义．中国社会结构变迁的法学透视——行政法学背景分析［M］.北京：中国政法大学出版社，2002.

[63] 张康之．寻找公共行政的伦理视角［M］.北京：中国人民大学出版社，2002.

[64] 丁煌．政策执行阻滞机制及其防治对策——一项基于行为和制度的分析［M］.北京：人民出版社，2002.

[65] ［英］托尼·麦克格鲁．走向真正的全球治理［J］.陈家刚，编译．马克思主义与现实，2002（1）.

[66] ［美］莱斯特·M.萨拉蒙．非营利部门的崛起［J］.谭静，译．马克思主义与现实，2002（3）.

[67] 俞可平．全球治理引论［J］.马克思主义与现实，2002（1）.

[68] 臧旭恒，曲创．从客观属性到宪政决策——论"公共物品"概念的发展与演变［J］．山东大学学报（人文社会科学版），2002，34（3）．

[69] 何增科．治理、善治与中国政治发展［J］．中共福建省委党校学报，2002（3）．

[70] 任维德．社会转型与政府管理创新［J］．内蒙古大学学报（人文社会科学版），2002，34（3）．

[71] 张璋．20世纪80年代以来的全球行政改革：背景、理论、举措与经验［J］．北京行政学院学报，2002（4）．

[72] 秦晖．全球化进程与入世后的中国第三部门［EB/OL］．［2014-08-03］．http：//www.southcn.com/weekend/culture/200208290026.htm．

[73] ［英］克里斯托弗·波利特，［比］海尔特·鲍克尔特．公共管理改革——比较分析［M］．夏镇平，译．上海：上海译文出版社，2003．

[74] 陈振明．公共管理学——一种不同于传统行政学的研究途径（第二版）［M］．北京：中国人民大学出版社，2003．

[75] 滕世华．公共治理理论及其引发的变革［J］．国家行政学院学报，2003（1）．

[76] 谢庆奎．职能转变与政府创新［J］．新视野，2003（2）．

[77] 邓莉雅．"小政府、大社会"理念的再认识——兼论发展第三部门对政府机构改革的意义［J］．云南行政学院学报，2003（4）．

[78] 张康之，王喜明．公共性、公共物品、自利性的概念辨析［J］．行政论坛，2003（7）．

[79] 林志豪．运用经济手段完善深圳溢油应急反应机制［J］．交通环保，2003（12）．

[80] 林红梅．我国救捞体制改革正式启动 国家组建专业海上救助队伍［EB/OL］．［2012-11-21］．http：//news.xinhuanet.com/zhengfu/2003-03/11/content_771103.htm．

[81] 林红梅．三大救助局成立 我国海上专业救助队伍诞生

[EB/OL]. [2012-11-21]. http://www.jxgdw.com/jxgd/news/gnxw/userobject1ai593490.html.

[82] [美] 赫伯特·A. 西蒙. 管理行为 [M]. 詹正茂, 译. 北京: 机械工业出版社, 2004.

[83] [美] 珍妮特·V. 登哈特, 罗伯特·B. 登哈特. 新公共服务: 服务, 而不是掌舵 [M]. 丁煌, 译. 方兴, 丁煌, 校. 北京: 中国人民大学出版社, 2004.

[84] 龚维斌. 公共危机管理 [M]. 北京: 新华出版社, 2004.

[85] 李汉林. 中国单位社会: 议论、思考与研究 [M]. 上海: 上海人民出版社, 2004.

[86] 吴兆麟, 朱军. 海上交通工程 [M]. 大连: 大连海事大学出版社, 2004.

[87] 丁煌. 西方行政学说史 (修订版) [M]. 武汉: 武汉大学出版社, 2004.

[88] 胡仙芝. 治理理论与公共管理变革 [C] // 董克用. 公共治理与制度创新 (第一届中美公共管理学术研讨会论文集). 北京: 中国人民大学出版社, 2004.

[89] 黄军根, 王盛明, 孔祥昆. 按市场机制构建深圳海上污染应急反应体系 [C] // 中国航海学会 2004 年度学术交流会优秀论文集专刊. 航海技术, 2004.

[90] 杨雪冬. 技术创新与地方治理改革: 对三个案例的分析 [J]. 公共管理评论, 2004 (1).

[91] 朱德米. 网络状公共治理: 合作与共治 [J]. 华中师范大学学报 (人文社会科学版), 2004, 43 (2).

[92] 陈振明. 政府工具研究与政府管理方式改进——论作为公共管理学新分支的政府工具研究的兴起、主题和意义 [J]. 中国行政管理, 2004 (6).

[93] 吴志成. 西方治理理论述评 [J]. 教学与研究, 2004 (6).

[94] 张晋文, 邓顺华. 前进中的中国搜救事业 [EB/OL]. [2014-02-05]. http://www.zgsyb.com/thread-147597-1.html.

[95] [美] 杰伊·D. 怀特, 盖·B. 亚当斯. 公共行政研究: 对

理论与实践的反思［M］．刘亚平，高洁，译．北京：清华大学出版社，2005．

［96］丁煌．西方公共行政管理理论精要［M］．北京：中国人民大学出版社，2005．

［97］张戎．救捞体制改革中的公共管理问题初探［D］．上海：复旦大学，2005．

［98］彭信发．海上交通突发公共事件搜寻救助研究［D］．武汉：华中科技大学，2005．

［99］王晓青，苑丰，刘武芳．治理理论在我国的适用性探析［J］．新疆社科论坛，2005（2）．

［100］孙浩然．当代西方行政改革及其启示［J］．广西社会科学，2005（3）．

［101］李程伟．社会管理体制创新：公共管理学视角的解读［J］．中国行政管理，2005（5）．

［102］陈瑞莲．论区域公共管理的制度创新［J］．中山大学学报（社会科学版），2005，45（5）．

［103］祝瑞洪，庞迅，张峥嵘．京口救生会与镇江义渡局［J］．东南文化，2005（6）．

［104］［美］戴维·奥斯本，特德·盖布勒．改革政府：企业家精神如何改革着公营部门［M］．周敦仁，等，译．上海：上海译文出版社，2006．

［105］江泽民文选（第1卷）［M］．北京：人民出版社，2006．

［106］顾雅洁，王世彤．第三部门介入公共危机管理时序分析［J］．社会科学家，2006（2）．

［107］张健．浅析治理理论及其中国化的路径选择［J］．市场论坛，2006（3）．

［108］彭信发．海上搜救存在的主要问题与对策研究［J］．珠江水运，2006（7）．

［109］魏涛．公共治理理论研究综述［J］．资料通讯，2006（7，8）．

［110］孙之祜．中国古代救生文化面面观［J］．中国海事，2006

(10).

[111] 杨仲林,朱玉柱,许志远. 国内外海上救助分级体系分析[J]. 中国海事,2006(11).

[112] 交通部救捞局. 中国救捞成立五十五周年暨救捞体制改革三周年[N]. 中国交通报,2006-08-24.

[113] 交通部海事局第一期赴英国海上搜救管理培训团. 赴英国海上搜救管理培训情况报告[EB/OL].[2014-03-29]. http://www.moc.gov.cn/zizhan/siju/soujiuzhongxin/hezuojiaoliu/guojijiaoliu/gongzuodongtai/200709/t20070919_396234.html.

[114] [澳] 欧文·E.休斯. 公共管理导论(第三版)[M]. 张成福,王学栋,等,译. 北京:中国人民大学出版社,2007.

[115] [美] 曼瑟尔·奥尔森. 集体行动的逻辑[M]. 陈郁,郭宇峰,李崇新,译. 上海:上海三联书店,上海人民出版社,2007.

[116] 李庆钧,陈建. 中国政府管理创新[M]. 北京:社会科学文献出版社,2007.

[117] 张维平. 论行政发展视野中的公共利益[J]. 甘肃行政学院学报,2007(1).

[118] 交通部海事局第一期赴英国海上搜救管理培训团. 对比中英两国海上搜救管理[J]. 中国海事,2007(2).

[119] 陈振明,薛澜. 中国公共管理理论研究的重点领域和主题[J]. 中国社会科学,2007(3).

[120] 蓝志勇,陈国权. 当代西方公共管理前沿理论述评[J]. 公共管理学报,2007,4(3).

[121] 周江华. 宁波舟山港海上搜救资金补偿机制研究[J]. 浙江海洋学院学报(自然科学版),2007(3).

[122] 王春福. 公共产品多元治理模式的制度创新[J]. 管理世界,2007(3).

[123] 顾建光. 从公共服务到公共治理[J]. 上海交通大学学报(哲学社会科学版),2007,15(3).

[124] 龙献忠,杨柱.治理理论:起因、学术渊源与内涵分析[J].云南师范大学学报(哲学社会科学版),2007,39(4).

[125] 周俊.治理结构中的全球公民社会与国家[J].中共浙江省委党校学报,2007(5).

[126] 刘霞,向良云.公共危机治理:一种不同的概念框架[J].新视野,2007(5).

[127] 尼树会.浅议我国海上搜寻救助存在的问题及对策[J].珠江水运,2007(9).

[128] 党秀云.公共治理的新策略:政府与第三部门的合作伙伴关系[J].中国行政管理,2007(10).

[129] 薛忠义,刘舒.试论公共治理的兴起与服务型政府的构建[J].行政与法,2007(12).

[130] 中国政府网.水上救助的难度与危险性远大于一般的陆上救助[EB/OL].[2014-03-12].http://news.xinhuanet.com/politics/2007-12/11/content_7230777.htm.

[131] 中国网.交通部副部长:海上应急就是在与生命和时间赛跑[EB/OL].[2014-09-03].http://www.china.com.cn/news/2007-12/11/content_9372252.htm.

[132] [英]亚当·斯密.国民财富的性质和原因的研究[M].郭大力,王亚南,译.北京:商务印书馆,2008.

[133] [美]熊彼特.经济发展理论[M].孔伟艳,朱攀峰,娄季芳,编译.北京:北京出版社,2008.

[134] [美]道格拉斯·C.诺思.制度、制度变迁与经济绩效[M].杭行,译.上海:格致出版社,上海三联书店,上海人民出版社,2008.

[135] 唐铁汉.行政管理体制改革的前沿问题[M].北京:国家行政学院出版社,2008.

[136] 朱晓鸣.新时期中国海上危机管理研究[D].上海:华东师范大学,2008.

[137] 零建广.北部湾海上交通突发公共事件搜寻救助问题的研

究［D］．南宁：广西大学，2008.

[138] 陈远亮．广东省海上搜救现状分析及对策研究［D］．广州：中山大学，2008.

[139] 周江华．宁波舟山港海上搜救体系模式的研究［J］．宁波大学学报（理工版），2008，21（1）.

[140] 史伟锋．政府治理理论研究综述［J］．江西行政学院学报，2008（Ⅱ）.

[141] 黎映桃，汪玉凯．中国海事管理体制改革研究——背景、问题与现实愿景［J］．中共浙江省委党校学报，2008（2）.

[142] 刘鸿翔．论治理理论的起因、学术渊源与内涵特点［J］．云梦学刊，2008，29（2）.

[143] 俞可平．改革开放30年政府创新的若干经验教训［J］．国家行政学院学报，2008（3）.

[144] 俞可平．中国治理变迁30年（1978—2008）［J］．吉林大学社会科学学报，2008（5）.

[145] 施向红，黄志球，陈伟建．加强政府职能转变 提高海上搜救水平［J］．中国海事，2008（6）.

[146] 孙之祜．中国古代水上救生组织的多样性（上）［J］．中国海事，2008（9）.

[147] 孙之祜．中国古代水上救生组织的多样性（下）［J］．中国海事，2008（10）.

[148] 王怀兴．治理理论视野中的非营利组织［J］．中国科技博览，2008（21）.

[149] 徐祖荣．我国非政府组织参与公共危机治理的现实分析［J］．武汉科技大学学报（社会科学版），2008（12）.

[150] 刘霞，向良云，严晓，赵俊．从"5·12"特大地震看我国公共危机治理网络建设［J］．中国应急管理，2008（12）.

[151] 邓顺华，冯世栋，刘凯然．十年搜救彰显负责任政府形象——中国海事局建局十周年成就之水上搜寻救助篇［J］．中国海事，2008（12）.

[152] 吴珊珊，李永昌．中国古代海洋观的特点与反思［J］．海洋

开发与管理，2008（12）．

[153] 陈振明．构建公共治理体系［N］．社会科学报，2008-10-23．

[154] 中国国际海运网．船员的机遇与挑战［EB/OL］．［2014-09-11］．http：//info.shippingchina.com/blueview/index/detail/id/68.html．

[155] 朱婧．中国救捞改革开放30年发展剪影［EB/OL］．［2014-03-24］．http：//www.zgsyb.com/GB/Article/ShowArticle.asp? ArticleID=34194．

[156] 颜晓峰．创新：民族进步的灵魂［EB/OL］．［2014-10-13］．http：//theory.people.com.cn/GB/49150/49152/8456124.html．

[157] 张涛．十年改革与创新 中国海事护航水运新跨越［EB/OL］．［2014-03-13］．http：//www.zgsyb.com/GB/Article/ShowArticle.asp? ArticleID=32844．

[158] 中央机构编制委员会办公室．我国行政管理体制改革进程的回顾：细数6次机构改革［EB/OL］．［2012-11-17］．http：//politics.people.cn/GB/1026/8537797/html．

[159] ［美］艾尔·巴比．社会研究方法（第十一版）［M］．邱泽奇，译．北京：华夏出版社，2009．

[160] ［法］托克维尔．论美国的民主［M］．董果良，译．上海：商务印书馆，2009．

[161] ［英］约翰·洛克．政府论［M］．杨思派，译．北京：中国社会科学出版社，2009．

[162] 丁煌，柏必成，魏红亮．行政管理学［M］．北京：首都经济贸易大学出版社，2009．

[163] 陈振明，等．政府工具导论［M］．北京：北京大学出版社，2009．

[164] 季国兴．中国的海洋安全和海域管辖［M］．上海：上海人民出版社，2009．

[165] 郭蕊．权责关系的行政学分析［D］．长春：吉林大学，2009．

[166] 燕继荣. 服务型政府的研究路向——近十年来国内服务型政府研究综述 [J]. 学海, 2009 (1).

[167] 彭小玲. 试论我国非营利组织在应对突发事件中的优势与作用 [J]. 山东行政学院山东省经济管理干部学院学报, 2009 (1).

[168] 蔡旻. 论发挥社会组织在公共危机管理中作用 [J]. 金卡工程, 2009 (2).

[169] 刘霞, 向良云, 严晓. 公共危机治理网络: 框架与战略 [J]. 软科学, 2009, 23 (4).

[170] 曾婧. 公共选择理论的 "政府失败说" 及其对我国政府管理的启示 [J]. 科技创业, 2009 (8).

[171] 徐雯梅. 我国海上搜救现状及建议 [J]. 水运管理, 2009, 31 (8).

[172] 沈满洪, 谢慧明. 公共物品问题及其解决思路——公共物品理论文献综述 [J]. 浙江大学学报 (人文社会科学版), 2009 (10).

[173] 蒋虹. 论有中国特色的治理理论 [J]. 法制与社会, 2009 (10).

[174] 任声策, 陆铭, 尤建新. 公共治理理论述评 [J]. 华东经济管理, 2009, 23 (11).

[175] 孙之祜. 康熙皇帝与中国古代水上救生事业 [J]. 中国海事, 2009 (11).

[176] 徐磊. 治理理论与我国政府管理创新 [J]. 理论前沿, 2009 (12).

[177] 林红梅. 救生救难 造福百姓: 我国首支海上救助志愿者队伍诞生 [EB/OL]. [2012-11-21]. http://news.xinhuanet.com/fortune/2009-07/21/content_11746099_1.htm.

[178] 林红梅, 章冉. 守护海上生命平安——新中国海上搜救60年巡礼 [EB/OL]. [2014-02-05]. http://news.xinhuanet.com/society/2009-09/03/content_11991349.htm.

[179] [英] 丹尼斯·C. 缪勒. 公共选择理论 [M]. 韩旭, 杨春

学，等，译．北京：中国社会科学出版社，2010.

[180] 傅崐成，等．弗吉尼亚大学海洋法论文 30 年精选集：1977—2007［M］．厦门：厦门大学出版社，2010.

[181] 李煜．水上搜救危机管理研究——以长江泰州段为例［D］．上海：上海交通大学，2010.

[182] 胡象明，唐波勇．整体性治理：公共管理的新范式［J］．华中师范大学学报（人文社会科学版），2010，49（1）.

[183] 马骏．经济、社会变迁与国家重建：改革以来的中国［J］．公共行政评论，2010（1）.

[184] 伍洪杏．基于理性"经济人"人性假设的行政伦理建设［J］．湖南师范大学社会科学学报，2010（1）.

[185] 张昕．转型中国的治理新格局：一种类型学途径［J］．中国软科学，2010（1）.

[186] 薛冰．论公共管理的历史与逻辑［J］．西北大学学报（哲学社会科学版），2010，40（3）.

[187] 周红云．中国社会组织管理体制改革：基于治理与善治的视角［J］．马克思主义与现实，2010（5）.

[188] 沈卉．履行国际公约义务　完善我国搜救机制［J］．黑龙江科技信息，2010（5）.

[189] 郭雄创．我国海上搜救工作面临的相关问题及对策［J］．珠江水运，2010（5）.

[190] 许晓江．我国水上搜救工作现状与对策［J］．物流工程与管理，2010，32（7）.

[191] 刘凯然．海上搜救志愿者队伍建设［J］．中国海事，2010（8）.

[192] 宿玥．我国非营利组织中志愿者管理的问题及对策研究［J］．理论界，2010（10）.

[193] 郁建兴，王诗宗．治理理论的中国适用性［J］．哲学研究，2010（11）.

[194] 朱玉柱，李勤荣，李小文．各国对海上搜救的奖励机制［J］．中国海事，2010（12）.

[195] 黄小伟．良善政府首要目的当为关照生命［EB/OL］．［2014-03-13］．http：//finance.ifeng.com/roll/20100106/1671496.shtml．

[196] 杨红岩，邓顺华．天津成立省级海上搜救志愿者队伍［EB/OL］．［2012-11-21］．http：//www.zgjtb.com/content/2010-12/06/content_177557.htm．

[197] 郑永年．保卫社会［M］．杭州：浙江人民出版社，2011．

[198] 吴松江，李燕凌．行政体制新论［M］．北京：北京理工大学出版社，2011．

[199] 陈伟建．治理理论视阈下的海域溢油应急反应体系建设——基于深圳的考察［D］．上海：复旦大学，2011．

[200] 贾学琼，高恩斯．应急管理多元参与的动力与协调机制［J］．中国行政管理，2011（1）．

[201] 王春福．公共治理变革中的理性谱系解析［J］．浙江社会科学，2011（11）．

[202] 程明远．中外海上救助的比较与借鉴［J］．世界海运，2011，34（12）．

[203] 沈尚．中国救捞 大爱无疆60年［N］．中国水运报，2011-08-31．

[204] 刘兴增．"十一五"海上搜救成功率达96.3%［EB/OL］．［2012-11-22］．http：//www.zgjtb.com/content/2011-01/25/content_182823.htm．

[205] 中央机构编制委员会办公室理论学习中心组．改革开放以来我国行政管理体制改革的光辉历程［EB/OL］．［2013-07-01］．http：//theory.people.com.cn/GB/15232531.html．

[206] 林红梅，陆文军，何欣荣．海上救生全球重视 中国救捞筑成特色发展之路［EB/OL］．［2014-03-24］．http：//news.xinhuanet.com/2011-08/24/c_131071797.htm．

[207] 麻宝斌，等．当代中国行政改革［M］．北京：社会科学文献出版社，2012．

[208] 吴兆麟．海事公共管理研究［M］．大连：大连海事大学出

版社，2012.

[209] 员锡涛. 我国海上搜救志愿者管理研究 [D]. 大连：大连海事大学，2012.

[210] 韦长庆. 广西海上搜救应急管理对策研究 [D]. 大连：大连海事大学，2012.

[211] 刘华山. 防城港海上搜救应急管理研究 [D]. 大连：大连海事大学，2012.

[212] 马珺. 公共物品问题：文献述评 [J]. 中华女子学院学报，2012（1）.

[213] 张成福，李丹婷. 公共利益与公共治理 [J]. 中国人民大学学报，2012（2）.

[214] 娄成武，谭羚雁. 西方公共治理理论研究综述 [J]. 甘肃理论学刊，2012（2）.

[215] 郑卓凡. 创新科学搜救机制的理论与实践 [J]. 中国海事，2012（2）.

[216] 张康之. 论政府从官僚制向合作制的转变 [J]. 江苏行政学院学报，2012（3）.

[217] 梁学平. 公共物品内涵的多角度诠释 [J]. 商业时代，2012（3）.

[218] 俞可平. 重构社会秩序　走向官民共治 [J]. 国家行政学院学报，2012（4）.

[219] 薛澜，张帆. 治理理论与中国政府职能重构 [J]. 人民论坛·学术前沿，2012（6）.

[220] 和讯网. 周瑞金：我国面临政府太强社会太弱市场扭曲局面 [EB/OL].［2014-08-22］. http：//news.hexun.com/2013-01-19/150347504.html.

[221] 中国共产党新闻网. 解曼莹：现代综合运输体系中水运举足轻重 [EB/OL].［2012-10-28］. http：//cpc.people.com.cn/n/2012/0704/c77791-18440927.html.

[222] 王德颖，苏超，冯俏彬. 深入推进行政体制改革（前沿关注）——我国行政体制改革近10年的回顾与前瞻 [EB/

OL］． ［2014-03-08］． http：//news. sina. com. cn/c/2012-09-10/054625136967. shtml.

［223］ 牛新春． "摸着石头过河"可能会错过改革的最佳时机［EB/OL］． ［2014-03-10］． http：//www. takungpao. com. hk/sy/2012-11/05/content_1343298. htm.

［224］ 郭军，谢薇． 中国交通部南海航海保障中心挂牌［EB/OL］． ［2012-11-28］． http：//www. chinanews. com/gn/2012/11-26/4359487. shtml.

［225］ 新华网． 习近平在广东考察时强调：做到改革不停顿开放不止步［EB/OL］． ［2014-08-21］． http：//news. xinhuanet. com/politics/2012-12/11/c_113991112. htm.

［226］ ［法］托克维尔． 旧制度与大革命［M］． 冯棠，译． 北京：商务印书馆，2013.

［227］ 蓝志勇． 从十八大的大政方针看深化中国行政改革的策略［M］// 俞可平． 中国治理评论（第3辑）． 北京：中央编译出版社，2013.

［228］ 范希伟． 海上搜救环境研究［D］． 大连：大连海事大学，2013.

［229］ 俞可平． 大力建设创新型政府［J］． 探索与争鸣，2013（5）.

［230］ 谢伟基． 论如何提升社会力量的搜救作用［J］． 世界海运，2013，36（6）.

［231］ 张磊，罗思洁，于洋航． 关于治理理论的研究综述［J］． 长春教育学院学报，2013，29（14）.

［232］ 霍晓英． 公共危机多元治理中的障碍及其消除［J］． 中国市场，2013（31）.

［233］ 薛忠义． 海洋交通运输发展是衡量海洋强国的重要指标［EB/OL］． ［2014-09-11］． http：//www. zgsyb. com/html/news/159068. html.

［234］ 王丽萍． 走出中国式公共管理困境［EB/OL］． ［2014-08-25］． http：//zqb. cyol. com/html/2013-05/02/nw. D110000 zgqnb_

20130502_2-02.htm.

[235] 蒋希华. 增强"问题意识"[EB/OL].[2014-09-15]. http：// www.jxnews.com.cn/jxrb/system/2013/06/17/012470020.shtml.

[236] 新华网. 习近平：关于《中共中央关于全面深化改革若干重大问题的决定》的说明[EB/OL].[2014-09-15]. http：//news.xinhuanet.com/2013-11/15/c_118164294.htm.

[237] 中国共产党中央委员会. 中共中央关于全面深化改革若干重大问题的决定[EB/OL].[2014-03-08]. http：//news.xinhuanet.com/mrdx/2013-11/16/c_132892941.htm.

[238] 黄建洪, 金太军. 当代西方行政改革：整体态势及其启示[EB/OL].[2014-08-25]. http：//www.cssn.cn/zzx/zzxll_zzx/201311/t20131128_886241.shtml.

[239] 俞可平. 沿着民主法治的道路 推进国家治理体系现代化[EB/OL].[2014-08-25]. http：//news.xinhuanet.com/polictics/2013-12-01/c_125788564.html.

[240] 王宏伟. 中国连续第13次当选国际海事组织A类理事国[EB/OL].[2014-03-07]. http：//www.moc.gov.cn/zhuzhan/jiaotongxinwen/xinwenredian/201312xinwen/201312/t20131201_1520918.html.

[241] 李树林. 推进国家治理体系与治理能力的现代化[EB/OL].[2014-08-25]. http：//theory.people.com.cn/n/2013/1220/c40531-23902227.html.

[242] [古希腊] 柏拉图. 理想国[M]. 郭斌和, 张竹明, 译. 北京：商务印书馆, 1986.

[243] 吴兆麟. 海事公共服务研究[M]. 大连：大连海事大学出版社, 2014.

[244] 谭日辉. 社会组织发展的深层困境及其对策研究[J]. 湖南师范大学社会科学学报, 2014, 43 (1).

[245] 朱海波. 行政体制改革世界潮流的中国逻辑——评《论部门行政职权相对集中》[J]. 广东行政学院学报, 2014, 26 (1).

[246] 夏建中，张菊枝．我国社会组织的现状与未来发展方向 [J]．湖南师范大学社会科学学报，2014，43（1）．

[247] 沈荣华，何瑞文．奥尔森的集体行动理论逻辑 [J]．黑龙江社会科学，2014（2）．

[248] 郭蕊．从"先赋"到"自致"：治理时代公务员责任的嬗变 [J]．长白学刊，2014（3）．

[249] 佘湘．城市社区治理中的集体行动困境及其解决——基于理性选择制度主义的视角 [J]．湖南师范大学社会科学学报，2014，43（5）．

[250] 唐昊．社会是治理的对象也是治理的主体 [N]．深圳特区报，2014-02-18．

[251] 彤新春．通往海运强国之路 [N]．人民日报，2014-02-21．

[252] 詹勇．用问题意识积聚改革力量 [N]．人民日报，2014-03-10．

[253] 张天赦．海员给我们带来了…… [N]．中国水运报，2014-06-23．

[254] 中国水运报编辑部．如果没有海员的贡献 [N]．中国水运报，2014-06-23．

[255] 秋石．国家治理现代化将摆脱人治走向法治 [EB/OL]．[2014-08-25]．http：//www.chinanews.com/gn/2014/01/01/5686495.shtml．

[256] 俞可平．推进国家治理体系和治理能力现代化 [EB/OL]．[2014-08-21]．http：//theory.people.com.cn/n/2014/0227/c83859-24485027.html．

二、英文文献

[1] John Dewey. The Public and Its Problems [M]. New York：Henry Holt & Company，1927.

[2] Paul A. Samuelson. The Pure Theory of Public Expenditure [J]. The Review of Economics and Statistics，1954，36（4）．

[3] Anthony Downs. An Economic Theory of Democracy [M]. New York：Harper & Row，1957.

[4] Richard Abel Musgrave. The Theory of Public Finance [M]. New York: McGraw-Hill, 1959.

[5] R. A. Nisbet. Community and Power [M]. New York: Oxford University Press, 1962.

[6] James Mcgill Buchanan. An Economic Theory of Clubs [J]. Economic, 1965, 32 (125).

[7] Harold L. Wilensky. Organizational Intelligence [M]. New York: Basic Books, 1967.

[8] James Mcgill Buchannan. The Demand and Supply of Public Goods [M]. Chicago: Rand McNally & Company, 1968.

[9] Richard Abel Musgrave. Provision for Social Goods [C] // J. Margolis, H. Guitton. Public Economy. London: MacMillan, 1969.

[10] Dwight Waldo. The Enterprise of Public Administration [M]. San Francisco: Chandler and Sharp, 1980.

[11] James Mcgill Buchanan. Liberty, Market and State [M]. Brightom: The Harvester Press, 1986.

[12] Kenneth Woodside. Policy Instruments and the Study of Public Policy [J]. Canadian Journal of Political Science, 1986, 19 (4).

[13] A. Hirschman. The Rhetoric of Reaction [M]. Cambridge, Mass: Harvard University Press, 1991.

[14] David Osborne, Ted Gaebler. Reinventing Government: How the Entrepreneurial Spirit is Transforming the Public Sector [M]. New York: Addison-Wesley Publishing Company, 1992.

[15] N. Luhamann. Social Systems [M]. Stanford: Stanford University Press, 1992.

[16] J. N. Rosenau, E. O. Czempiel. Governance without Government: Order and Change in World Politics [M]. Cambridge: Cambridge University Press, 1992.

[17] Ulrich Beck. Risk Society: Towards a New Modernity [M]. London: Sage Publication, 1992.

[18] D. Kettle. Sharing Power: Public Governance and Private Markets [M]. Washington, D. C.: Brookings Institution, 1993.

[19] Al Gore. From Red Tape to Results: Creating a Government That Works Better& Costs Less. The Report of the National Performance Review [M]. Government Printing Office, 1993.

[20] J. Kooiman. Social-Political Governance: Introduction [M] // J. Kooiman. Modern Governance. London: Saga, 1993.

[21] J. Kooiman, M. Van Vliet. Governance and Public Management [M] // K. Eliassen, J. Kooiman. Managing Public Organisations (2nd ed.). London: Sage, 1993.

[22] N. Luhmann. Risk: A Sociological Theory [M]. Berlin: De Gruyter, 1993.

[23] Yanjie Bian. Work and Inequality in Urban China [M]. Albany: State University of New York Press, 1994.

[24] Henry J. Aaron, Thomas E. Mann, Timothy Taylor. Values and Public Policy [M]. Washington, D. C.: Brookings Institution, 1994.

[25] John Clayton Thomas. Public Participation in Public Decisions: New Skills and Strategies for Public Managers [M]. San Francisco: Jossey-Bass, 1995.

[26] The Commission on Global Governance. Our Global Neighborhood [M]. Oxford: Oxford University Press, 1995.

[27] N. Rosenau. Governance in the Twenty-first Certury [J]. Global Governance, 1995, 1 (1).

[28] B. Guy Peters. The Future of Governing: Four Emerging Models [M]. Lawrence: University Press of Kansas, 1996.

[29] R. Rhodes. The New Governance: Governing without Government [J]. Political Studies, 1996 (44).

[30] Hindy Lauer Schachter. Reinventing Government or Reinventing Ourselves: The Role of Citizen Owners in Making a Better Government [M]. Albany, New York: State University of New York Press, 1997.

[31] Paul C. Light. The Tides of Reform: Making Government Work, 1945-1995 [M]. New Haven and London: Yale University Press, 1997.

[32] Gerry Stoker. Public-Private Alternative Perspectives on Economic and Political Change [J]. Economy and Society, 1997, 24 (3).

[33] Terry L. Cooper. The Responsible Administrator: An Approach to Ethics for the Administrative Role (Forth Edition) [M]. San Francisco: Jossey-Bass Publishers, 1998.

[34] Gerry Stoker. Governance as Theory: Five Propositions [J]. International Social Journal, 1998, 50 (155).

[35] Robert B. Denhardt. Public Administration: An Action Orientation (Third Edition) [M]. New York: Harcourt Brace & Company, 1999.

[36] Beate Kohler-Koch, Rainer Eising. The Transformation of Governance in the European Union [M]. London: Routledge Press, 1999.

[37] E. Mamolo. Constitutional Theory of Public Goods [J]. Journal of Economic Behavior & Organization, 1999 (38).

[38] J. Pierre, B. G. Peters. Governance, Politics and the State [M]. London: Palgrave MacMillan Press, 2000.

[39] David H. Rosenbloom, Robert S. Kravchuk. Public Administration: Understanding Management, Politics, and Law in the Public Sector (Fifth Edition) [M]. New York: McGraw-Hill Company, 2002.

[40] Janet V. Denhardt, Robert B. New Public Service: Serving, Not Steering [M]. Armonk, New York: M. E. Sharpe, 2003.

[41] Christophe Pollit. Joined-up Government: A Survey [J]. Political Studies Review, 2003 (1).

[42] J. Kooiman, M. Bavinck. Governance Perspective [M] // Kooiman et al. Fish for Life: Interactive Governance for Fisheries. Amsterdam: Amsterdam University Press, 2005.

后　记

子在川上曰："逝者如斯夫，不舍昼夜。"从2008年我开始攻读武汉大学行政管理专业博士学位，到论文答辩通过，书稿出版发行，不知不觉已经6年多逝去。回首过去这6年的求学之路，我有不尽的感慨，更有不尽的感激之意。

过去这6年的求学经历，对于我是一段艰难跋涉的人生苦旅。在这6年的学习研究期间，公共管理学科浩若烟海的文献，单是进行甄别、选择和借阅，都颇费周章，实非易事。学习经典著作，不仅要潜心研读，更要透彻理解，使其真正转化为自己的知识，并为己所用，避免断章取义，贻笑大方。这6年的时间，适逢我由青年转入中年，工作上也历经了几次管理体制改革、组织机构变动和工作岗位调整，处理好学习和工作的矛盾，对我也是极大的考验。

非常幸运的是，我这一段人生苦旅并不寂寞。自始至终，我都得到了师长、家人和同事、朋友的关心、指导和支持、帮助。武汉大学政治与公共管理学院丁煌教授是我步入公共管理殿堂的引路人，在我攻读公共管理硕士专业学位的时候便担任我的导师，他始终对我给予了倾心的指导和热情的帮助，不仅让我学习掌握了公共管理的学科体系和工具方法，帮助我确定了研究的选题，而且在论文写作乃至修改出版的整个过程，都不时询问、经常督促，提出了大量宝贵的意见和建议。尤其难以忘怀的是，丁煌教授几次到深圳讲课、教学、科研期间，都不辞辛苦、不顾劳顿，与我促膝长谈、指点迷津，让我醍醐灌顶、茅塞顿开。李和中、陈广胜、刘家真、吴湘玲、陈世香等业师，对我也多有教诲和关切。能够师承上述诸位老师是我人生之大幸，他们的学养、品格、风范永远是我仰止的高山，不论过去、现在还是将来都激励和鞭策我在学术乃至整个人生的道路上不断奋力前行，须臾不敢懈怠。

大连海事大学吴兆麟教授、上海海事大学袁林新教授在繁重的教学、研究和管理工作之余，对我的学习特别是博士学位论文的撰写给予了热心帮助和鼎力支持。他们在海上交通工程领域深厚的理论素养和学术造诣，不仅帮助我解决了不少专业技术上的困惑，弥补了我专业知识结构上的不足，更让我加深了对海上交通工程特别是海上搜救理论及其前沿发展的认识。在此，对长期以来一直给予我教育、指导、帮助的老师们表示诚挚的谢意！

我要特别感谢我的妻子、父母和孩子。是妻子的反复鼓励和无私支持，让我在取得公共管理硕士专业学位3年后，又毅然踏上了新的求学旅程，进行更高学位、更为系统、更加深入的学习。在我的学习和论文写作期间，在职攻读公共管理硕士专业学位的妻子尽管工作和学业都十分繁重，仍时常与我就有关的公共管理问题进行热切的讨论，给了我不少的启发和灵感。在我学习遇挫、情绪低落的时候，她一再给我以慰藉，让我坚定了学习的信心和决心。在我求学期间，勤劳善良的父母默默承担了大量繁杂琐碎的家务劳动，给了我无微不至的照顾，让我可以心无旁骛、潜心学业。孩子尽管年纪小，还不能从知识、理论、方法上给予我实质性的帮助，但孩子的勤奋好学、积极上进，是对我最大的安慰。家人的关心、理解和支持，永远是我学习、工作和生活的强大的精神支撑和力量源泉，让我得以直面困难、勇往直前。

在我的学习研究、论文写作和书稿编写期间，我也得到了深圳海事局诸多同仁的关心、支持和帮助。他们不仅竭尽所能地为我提供了大量难得的参考资料，而且与我就海上交通安全管理特别是海上搜救的各方面问题多次展开坦率、真诚、深入的讨论，这些对我也多有助益。在这里，要特别感谢耿佳、管洵、刘凯然、刘昭男、陈武红、彭鹏飞、陈晔、范丽芳、钟政文、王东一众同事。

当然，还要感谢邓明辉、杨立青、杨俊凯、杨显宇、蔡冬峻、钱正荣和王曾等众多的博士研究生同学。来自不同行业和工作岗位、具有不同学术背景和人生经历的他们，犹如一本本精彩的书籍，背后都有着深邃的故事，让我在过去几年和他们一起学习、成长的过程中吸取了不少思想和知识的养分。

最后，感谢武汉大学出版社的韩秋婷、胡国民两位编辑，他们对本书的出版发行给予了许多富有建设性的帮助。没有他们卓有成效的工作，本书的顺利面世是不可想象的。

正如法国哲学家、社会理论家、思想史学家米歇尔·福柯（Michel Foucault）所言，每一本书都不是单一的作者。本书引用了公共行政学、政治学、经济学、管理学、社会学、哲学、法学和海上交通工程学等领域许多专家、学者的研究成果，他们的思想结晶给了我不少的启发。除了在参考文献中列出表示敬意外，在此再次表示谢忱！

屈子言："路漫漫其修远兮，吾将上下而求索。"博士学位论文通过答辩，并修改出版发行，意味着我的专门学习研究工作即将结束，但作为一名工作在一线的实务工作者，我对中国海上搜救管理体制的创新以至于整个海上交通安全管理工作的探索不会也不应该止步。我将把自己这6年多来系统学习的所思、所感、所获带到实际工作中去，努力以一己绵薄之力，为中国海上交通安全管理的改革和发展作出自己应有的贡献，以此回报一直关心、支持、帮助我的师长、同事、朋友和家人。

由于自身理论水平有限，加上资料、时间和精力等各种原因，本书的缺失与错漏在所难免，也有不少方面需要进一步丰富、完善，恳请各位批评指正。

黄志球
于蛇口